HISTOIRE

DE

RENÉ D'ANJOU.

ANGERS. — IMPRIMERIE DE COSNIER ET LACHÈSE.

HISTOIRE

DE

RENÉ D'ANJOU,

PAR

M. LE COMTE DE QUATREBARBES.

ANGERS,
COSNIER ET LACHÈSE, IMPRIMEURS-LIBRAIRES,
CHAUSSÉE-SAINT-PIERRE, 15.
—
1853.

HISTOIRE
DE
RENÉ D'ANJOU.

———◦◦———

L'épée de Philippe-Auguste avait enlevé l'Anjou à l'indigne frère de Richard-Cœur-de-Lion. Depuis le meurtre du jeune Arthur de Bretagne, cette belle province, berceau des Plantagenêts, et illustrée par les merveilleux exploits du héros d'Ascalon, des Foulques, des Geoffroy, de Robert-le-Fort et de Roland, ne devait plus appartenir à l'Angleterre. Saint Louis en avait donné l'investiture à un prince de la maison de France (1246); et sous le belliqueux Charles Ier, le nom et la vaillance des chevaliers angevins étaient devenus célèbres des rivages de Sicile et d'Afrique aux rochers du Bosphore.

Charles-le-Boiteux, aussi brave et plus généreux, succéda à son père. Il avait épousé Marie de Hongrie, qui lui donna quinze enfants. Dix-sept couronnes tombèrent en moins d'un siècle sur ce noble rameau de la maison de France, qui voyait fleurir tour à tour des héros et des saints. L'aîné de tous, Charles Martel, remplissait la Hongrie de sa gloire, lorsque son jeune frère faisait revivre les vertus et le nom de saint Louis (1).

Le mariage du premier Valois et de Marguerite, fille de Charles, réunit une seconde fois l'Anjou à la France. Leur petit-fils Jean-le-Bon l'en sépara de nouveau, et l'érigea en duché en faveur d'un de ses fils (1369). Louis avait paru, bien jeune encore, à cette grande bataille de Poitiers, « où le roi Jehan feist merveilles d'armes (2). » Entraîné loin de la mêlée, avec le dauphin et le duc de Berry, il avait laissé à Philippe de Bourgogne, à peine sorti de l'enfance, l'honneur de défendre les jours de son père.

Tant que Charles V vécut, Louis d'Anjou mérita l'amour et la reconnaissance de la France. « Il s'employa vertueusement, avec le bon connétable et Olivier de Clisson, à bouter les Anglois hors du royaume des lys, et le sage monarque, qui se fioit

---

(1) Saint Louis, religieux cordelier et archevêque de Toulouse, fils puîné de Charles le Boiteux.

Douze béatifications, « rayons de la gloire éternelle, dit Bollandus, jettent leur céleste éclat sur cette grande maison de France, qui compte cent quatorze rois, sept empereurs, deux cent quatre-vingt-neuf princes souverains, soixante-douze chevaliers morts sur le champ de bataille, et peut seule, parmi toutes les familles royales de l'Europe, faire remonter son origine au-delà des épaisses ténèbres du IXe siècle. »

(2) Froissard.

du tout à luy à cause de sa prud'hommie (1) » lui recommanda au lit de mort le trône chancelant de son fils (1380).

Louis, devenu régent, oublia bientôt cette prière. Il avait été adopté par Jeanne d'Anjou, reine de Naples, et son ambition sans bornes lui faisait prodiguer le sang et les trésors de la France dans des expéditions lointaines. Le succès ne couronna pas ces entreprises hasardeuses. A l'abondance qui régnait dans son camp succédèrent bientôt la faim, les maladies et la misère; et le prince, qui avait traversé la Lombardie en conquérant, précédé de charriots chargés d'or, fut réduit, comme un chef d'aventuriers, à faire vivre son armée d'exactions et de pillage, et à vendre ses équipages, sa vaisselle, ses vêtements et sa couronne. Il n'avait conservé que ses armes et une cotte en toile peinte, semée de fleurs de lys, lorsque la mort le surprit à Biseglia, petite ville de la Pouille, le 22 septembre 1384. Louis II, âgé de sept ans, était l'aîné de ses fils.

Le pape Clément VII voulut lui-même sacrer à Avignon l'enfant royal. « Il en fust si joyeulx, dit Bourdigné, que plus ne povoit », et lui donna sa bénédiction avec de grandes marques de tendresse. Louis fit peu de temps après son entrée à Paris, « aorné d'enseignes et de vestements royaulx, dont la bonne royne Marie de Blois, sa mère, de joye

---

(1) *Chroniques d'Anjou* de Jehan de Bourdigné.

et de pitié les larmes aux yeulx, remercyoit Dieu. Puis voulut Loys festoyer les Parisiens, et leur fist dresser ung banquet à son logis; et oultre ce, leur donna plusieurs beaulx dons et présens, en si bonne façon et benignité, qu'il gaigna tellement les cueurs, qu'ilz se fussent tous engaigez pour luy (1). »

Il avait alors douze ans, et ce fut à cette époque que Charles VI l'arma chevalier dans l'église de Saint-Denis, avec son frère le comte du Maine. Etrangers aux factions qui ensanglantaient le royaume, pleins de franchise et de loyauté, ces deux jeunes princes vouèrent une inviolable fidélité à l'infortuné monarque, et jamais l'épée qu'ils avaient reçue de ses mains ne fut tirée contre la France.

La guerre civile et l'anarchie désolaient toujours le beau royaume de Naples. Le duc d'Anjou eut peut-être mis fin à ces troubles en épousant Jeanne de Duras, sœur et héritière de Ladislas, le rival de son père. Mais la fière Jeanne de Penthièvre rejeta cette alliance, et demanda la main d'Yolande, fille unique de don Juan, roi d'Aragon, « laquelle l'on disoit bien estre la plus vertueuse, sage et belle princesse qui feust en la chrestienté (2). »

La fidèle Provence, que Louis venait de délivrer de l'invasion de bandits commandés par Raymond

---

(1) Bourdigné.
(2) *Idem.*

de Beaufort, vicomte de Turenne, fit éclater des transports de joie à la nouvelle de ce mariage. Il fut célébré à Arles, en grande pompe, par le cardinal de Brancas (1400). Les villes principales votèrent de magnifiques présents, et les états du comté accordèrent cent mille florins aux jeunes époux.

Les partisans de la maison d'Anjou rappelèrent Louis en Italie. Nommé par le pape Alexandre V gonfalonier de l'Eglise, il chassa de Rome Ladislas, et lui fit éprouver une sanglante défaite près de Rocca-Secca. « Les François, dit le moine de Saint-Denis, y menèrent leurs ennemis de telle roideur, qu'on eût dit qu'ils avoient à dos le feu et les foudres du ciel. »

Louis, qui savait vaincre, ne sut pas fixer la fortune. Il perdit un temps précieux, et son rival, renfermé dans Naples, put réparer ses pertes. Les maladies et les trahisons décimèrent l'armée victorieuse. Elle se borna à maintenir dans l'obéissance les villes conquises, et Louis revint en France faire un nouvel appel au dévouement des Provençaux et des Angevins.

Les revers se mêlèrent aux succès dans les campagnes qui suivirent. Un instant maître de Naples, le duc d'Anjou y fit une entrée triomphale et put se croire véritablement roi. Mais l'inconstance naturelle des Napolitains ranima les espérances de Ladislas. De nouvelles armées se formèrent à sa voix. Elles forcèrent les Français d'abandonner leurs conquêtes.

Depuis le jour où le jeune Conradin, debout sur l'échafaud dressé par l'implacable Charles, avait fait héritier de tous ses droits Pierre d'Aragon, et jeté, devant la foule consternée, son gant en signe d'investiture, la terre d'Italie n'avait cessé d'être arrosée de sang français. Les têtes de rois ne tombent point impunément sous la hache du bourreau, soit qu'il obéisse aux vengeances d'un prince ou d'un peuple en délire. Des siècles suffisent à peine à l'expiation des crimes, et, à travers tout le bruit qu'ils amènent, le tintement de la cloche des Vêpres siciliennes prolonge lentement son lugubre écho.

Tandis que Louis d'Anjou défendait vaillamment ses droits au trône de Naples, la mort de don Martin d'Aragon, oncle d'Yolande, laissait à cette princesse l'espérance de mettre une seconde couronne sur la tête de son fils, le duc de Calabre. Le vieux roi, resté seul au milieu des débris de sa famille éteinte, était descendu inopinément dans la tombe, en exprimant le vœu que le droit, et non les armes, désignât son successeur (1410). Pour obéir à cette voix mourante, le *Justice Majeur* (1),

---

(1) Les jurisconsultes aragonais font remonter au berceau même de la monarchie l'origine de cette magistrature, annulée par Philippe II, et supprimée sous Philippe V avec les priviléges de ce royaume. Quoiqu'il en soit de cette assertion, il est certain qu'aux xive et xve siècles le *Justice Majeur* était l'arbitre souverain du peuple et de la royauté et le gardien fidèle des franchises d'Aragon. Un usage immémorial,

don Ximenès de la Cerda, avait convoqué les états d'Aragon, de Catalogne et de Valence. Ils s'étaient assemblés à Alcaniz, pour y recevoir les ambassadeurs des princes qui prétendaient à la couronne. Louis de Bourbon, comte de Vendôme, y avait soutenu la cause d'Yolande; et, au sein même des États, l'évêque de Saint-Flour avait prononcé un discours sur ces paroles du prophète Zacharie : *Porter au dedans de vos portes un jugement de vérité et de paix.*

Plus de deux années s'écoulèrent dans l'attente de cette décision solennelle. Enfin, après avoir rétabli l'ordre dans les trois royaumes, le parlement délégua à neuf députés, d'une sainteté et d'une science reconnues, la mission de proclamer un roi (1). Ils se réunirent à Caspe pour entendre de nouveau les avocats des princes; les voix, parta-

des chartes solennelles, l'appel des peuples et de nombreux jugements confirmés par l'autorité royale avaient donné une consécration séculaire à cette magistrature suprême.

(1) Les temps modernes n'offrent rien de comparable aux règlements promulgués par les États d'Aragon, et jamais délibération populaire n'eut un caractère plus auguste de prudence, de justice et de grandeur. Nous transcrivons, d'après Mariana et le père d'Orléans, cette admirable page de l'histoire du moyen âge.

Le parlement arrête :

1º Qu'il serait choisi neuf juges, trois de chaque royaume, pour examiner mûrement le droit des parties et en décider sans appel;

2º Que l'élection se ferait dans l'espace de vingt jours;

3º Que les neuf électeurs auraient quatre mois au plus pour lire les différentes pièces, écouter les avocats des prétendants, établir leur conviction et formuler leur arrêt;

4º Qu'avant d'ouvrir leurs séances ils se confesseraient dévotement,

gées d'abord entre le comte d'Urgel, Ferdinand de Castille et le duc de Calabre (1) penchèrent un instant en faveur de ce dernier, et prolongèrent de pacifiques débats.

recevraient en toute révérence le sacré corps de Notre Seigneur, et feraient publiquement après la messe le serment qui suit :

« Nous jurons à notre Créateur, et nous promettons à notre patrie de n'écouter que la voix de Dieu, de l'équité et de la justice. Nous prenons Notre Seigneur J. C. à témoin que nous n'avons ni haine, ni inclination particulière; nous jurons en outre de ne révéler à personne le secret de nos délibérations. »

5° Aucun des princes prétendants ne pourra être proclamé roi, s'il ne réunit six suffrages, et une voix au moins de chaque royaume;

6° Les électeurs remplaceront celui d'entr'eux qui viendrait à défaillir par mort ou maladie;

7° Ils donneront audience aux envoyés des princes, garderont tel ordre qu'il leur plaira, sans être assujétis à aucun cérémonial;

8° Les princes ne feront valoir leurs droits que par procuration. Ils ne pourront approcher en personne, de plus de quatre lieues de la ville où le tribunal tiendra ses séances, et leur suite n'excédera pas vingt hommes armés;

9° Leurs représentants ne pourront se faire accompagner de plus de cinquante hommes de pied et de soixante cavaliers. Les uns et les autres seront sans armes;

10° Les juges électeurs se rendront au jour marqué dans une forteresse désignée par les États, et n'en sortiront qu'après avoir proclamé un roi;

11° Enfin cette ville restera sous leur autorité pendant tout le temps de leur réunion. Une garnison nombreuse y maintiendra la sécurité et l'ordre, et trois commandants, originaires des trois royaumes, leur prêteront serment de fidélité, n'obéiront qu'à eux seuls.

(1) Caspe, ville forte sur les bords de l'Ebre, entre Alcaniz et Tortose, fut choisi pour le lieu de réunion des électeurs. Le parlement d'Aragon fit connaître cette décision par lettres closes à tous les princes qui élevaient des prétentions à la couronne. Elles furent adressées :

Au fils aîné de l'illustrissime Louis d'Anjou, roi de Naples; aux illustres Ferdinand, infant de Castille, et Alphonse de la Gaudie; aux

Mais la crainte d'une régence, succédant à un interrègne, fit exclure ce jeune prince; et, après trois mois de graves délibérations, l'illustre saint Vincent Ferrier, au nom des électeurs, annonça que l'infant Ferdinand avait obtenu la majorité des suffrages (1412).

Ce prince, qui, à la mort de Henri III, s'était écrié avec indignation en refusant la couronne de Castille : « A qui doit-elle appartenir, si ce n'est au fils du roi mon frère! » était alors le héros de l'Espagne. Régent pendant une longue minorité, il s'etait illustré par sa loyale fidélité autant que par sa vaillance; et sa modération, sa sagesse et ses victoires sur les Maures faisaient présager un règne glorieux.

Louis d'Anjou n'appela point à son épée de cette décision solennelle. Respectant les vertus et les titres de son heureux rival, il sembla renoncer aux conquêtes lointaines, et ne régna plus que pour se faire bénir, et défendre ses états héréditaires des calamités qui s'étendaient sur les provinces voisines.

---

excellents Jacques, comte d'Urgel, et Frédéric, comte de Luna; à la comtesse d'Urgel et à la reine Yolande.

Chaque prétendant était prévenu que le 29ᵉ de mars 1412, les délégués du parlement s'assembleraient à Caspe pour reconnaître parmi tant de nobles princes lequel devrait être reconnu vrai roi et légitime seigneur d'Aragon, selon Dieu, la justice et la conscience.

La cause du jeune comte de Luna, bâtard du roi de Sicile, paraissant la plus abandonnée, les juges, par pitié pour son enfance, autant que par un respectueux souvenir de son père et de son aïeul, ordonnèrent que les parlements des trois royaumes se chargeraient de sa défense.

L'heureuse fécondité de la reine Yolande avait remplacé par de douces joies l'agitation des camps. Déjà deux enfants resserraient les liens de cette union, lorsque, le 10 janvier 1408, elle donna au roi de Sicile un nouveau gage de son amour (1).

Né pendant une absence de son père, à l'ombre des tours du château d'Angers, le jeune enfant fut appelé René, suivant un pieux désir de sa mère. Ce nom, peu connu jusqu'alors, avait été celui d'un des célestes protecteurs de la vieille cité. On lit dans les légendes que le fils de la dame de la Possonnière, mort au berceau, et ressuscité au bout de sept ans par saint Maurille, en reçut le nom de *René* (deux fois né). Il succéda depuis à l'apôtre des Andes et du pays des Mauges, et mérita comme lui la couronne des saints.

Tandis que les fidèles Angevins partageaient la joie de leur reine, et que des cris d'amour retentissaient autour d'un berceau, un exécrable forfait couvrait la France de deuil. Le 23 novembre précédent, le frère unique du roi, le beau et chevaleresque Louis d'Orléans, avait été traîtreusement assassiné. Le meurtrier, d'abord inconnu, n'avait point tardé à confesser son crime. On disait qu'à son approche, le jour des funérailles, de larges gouttes de sang étaient tombées du cercueil, et dans un de ces moments de remords, où apparaît

---

(1) Le 10 janvier 1408 nasquit monseigneur René, deuxième filz du roy Loys II, depuis roy de Secile. *Calendrier des heures manuscrites de René*. Bibliothèque royale.

la justice divine, Jean Sans-Peur avait fait au roi de Sicile d'horribles aveux. A cette révélation inattendue, Louis II ne put contenir son indignation et son horreur. Rompant sans retour avec un prince qu'il aimait depuis l'enfance, il refusa la main de Catherine de Bourgogne pour son fils ainé et renvoya la jeune fiancée, que son père avait remise aux mains d'Yolande. Jean, furieux de cet outrage, embrassa la maison d'Anjou dans son implacable haine; elle se légua d'une génération à l'autre avec le souvenir de l'offense et les prophétiques ballades que l'histoire n'a point dédaigné de conserver (1).

(1) Réveille-toy, réveille-toy René
Qui en Sicille as par longtemps régné.
Entendz icy l'effect de ta fortune.
Du premier filz dont Dieu t'a estrené,
Duquel voulut Nicolas estre né,
Ne te donne mélancolie aucune ;
Car en tes jours plains de grief infortune,
Décéderont de ce siècle tous deux,
Dont tu fe as les plainctes et les deulx (deuils).

De ta fille, femme du roy Henry,
Te certiffie, et en pleure, ou en ry,
Qu'elle sera durement fortunée,
Premier verra occire son mary,
Dont elle aura le cueur triste et marry,
Plus qu'oncques n'eut puis l'heure que fut née,
Et pour doubler sa dure destinée,
Après la perte et d'avoir et d'amys
Sera son filz à cruelle mort mis.

Mais aujourd'huy les dieux qui ont préveu
Ta patience et ton cas de près veu,
Ont tins conseil pour te faire allégeance.

De nombreux désastres signalèrent l'année de la naissance de René. L'hiver, long et rigoureux, se prolongea de la *Saint-Michel à la Chandeleur;* de grands fleuves débordèrent ; la famine exerça ses ravages : tristes indices des calamités de la France et d'une vie semée d'épreuves, de périls et de douleurs.

Les chroniques nous donnent peu de détails sur l'enfance du jeune prince, qui reçut au berceau le

> Si te diray le secret qu'ilz ont sceu,
> D'ung filz René, de ta fille conceu,
> Dont doibs avoir de tous tes maulx vengeance.
> Cestuy aura des Lorains la régence,
> Fera trembler la fierté de Bretaigne
> Et mettra paix en France et Allemaigne.
>
> En luy sera ressuscité Jason,
> Conquérir doibt et serpens et toyson,
> Pour mettre fin aux discords de ce monde,
> Dont tu devroys selon droict et raison
> Rajouvenir, ainsi que fist Eson.
> Par une ardeur de lyesse profonde,
> Finablement en la vie seconde,
> Son los sera si hault et immortel,
> Qu'on n'en fist point ès cronicques de tel.
>
> Tant accroistra en proesse et valleur
> Ton royal nom, qu'assez auras couleur
> De convertir tes plainctes en lyesse,
> Comme puissant et hardy batailleur;
> Mettra Bourgongne à mortelle douleur.
> Cela verras ès jours de ta vieillesse.
> Car en la fleur de plaisante jeunesse
> Du fier lyon sera victorieux,
> Puis toy et luy serez au rang des dieux.
>
> (*Chant prophét. de René Tardif.* Bourdigné.)

titre de comte de Piémont. Confié, avec sa sœur Marie, au tendre dévouement de Thiephaine la Magine, il se plut à perpétuer sa reconnaissance par un monument élevé dans l'église de Nantilly de Saumur. La bonne nourrice y était représentée couchée sur sa tombe, tenant dans ses bras le frère et la sœur.

La révolution, qui n'épargnait aucune mémoire royale, a brisé de sa main de fer ce touchant souvenir. Mais l'inscription gravée sur une table de pierre est échappée au marteau des Vandales. Elle est restée tout à la fois comme un gage touchant de piété filiale, et comme le témoin de l'impuissante rage de ces obscurs démolisseurs (1).

Aucun autre renseignement sur les premières

(1)   Cy gist la nourrice Thiephaine
La Magine, qui ot grant paine,
A nourrir de let en enfance
Marie d'Anjou, royne de France :
Et après son frère René,
Duc d'Anjou et depuis nommé,
Comme encores, roy de Secile,
Qui a voulu en ceste ville
Pour grant amour de nourriture,
Faire faire la sépulture
De la nourrice dessusdicte,
Qui à Dieu rendit l'âme quitte,
Pour avoir grâce et tout déduict,
MCCCCLVIII
Du moys de mars treizième jour.
Je vous pry tous par bon amour,
Affin qu'elle eit ung pou du vostre,
Donnez luy une pate nostre.

années de René n'est venu jusqu'à nous. A sept ans, il passa de la main des femmes sous la tutelle d'un savant clerc et d'un preux chevalier, nommé Jehan de Proissy, « vacquant l'une fois aux armes, et l'aultre aux lectures, et tant prouffita en tous les deux exercices, qu'il estoit tenu en iceulx, plus que son jeune aage ne requeroit, expérimenté et savant (1). »

Le roi de Sicile l'avait conduit à la cour de France aux fiançailles de sa fille Marie et du comte de Ponthieu, troisième fils de Charles VI. Les heureuses inclinations de René, son air doux et spirituel, ses piquantes saillies attirèrent l'attention du cardinal de Bar, son grand-oncle maternel. Il prit l'enfant en vive tendresse, et voulut se charger lui-même des soins et de la surveillance de son éducation. Comme c'était un noble seigneur, magnifique, éclairé, aussi pieux que savant, aimant les lettres et les arts, il se plut à faire naître et à développer les mêmes dispositions dans le jeune prince. On croit que René reçut alors les premières leçons de peinture des deux frères, Hubert et Jean Van Eick. Ce dernier, plus connu sous le nom de Jean de Bruges, et fondateur de l'école flamande, avait mis en usage la peinture à l'huile, et remplissait alors l'Europe de sa renommée et de ses tableaux.

Le bon cardinal, qui avait perdu deux frères à la bataille d'Azincourt, avait succédé à leur couronne ducale. Sans héritier direct, sans neveu de

---

(1) Bourdigné.

son nom, il ne tarda pas à adopter René, et à lui assurer le duché de Bar. Il lui donna même, malgré son extrême jeunesse, l'ordre de la *Fidélité*, dont il était grand-maître. Quarante seigneurs lorrains faisaient partie de cette chevalerie. Ils portaient un lévrier bleu, brodé sur leur écharpe, et pour devise : *Tout ung*. Le but de l'association était de s'aimer et de se soutenir mutuellement dans la bonne et la mauvaise fortune (1).

Rien n'indique que René fût auprès de son père, lorsque ce prince, atteint d'une maladie mortelle, succomba, jeune encore, dans sa bonne ville d'Angers (1417). La France entière s'associa à la douleur de la reine de Sicile. Le vieux roi et le dauphin le pleurèrent amèrement. Ils assistèrent en grand deuil à ses obsèques et disaient qu'ils avaient perdu leur soutien, leur conseiller et leur ami (2).

Yolande, devenue régente et tutrice de ses enfants, ne rappela point René en Anjou. Il conti-

---

(1) Thibault V, comte de Blamont, était le fondateur de cet Ordre, où nous voyons deux chevaliers de l'illustre maison de Beauffremont. Un chevalier du même nom, le vaillant sire de Charny, reçut le collier de la Toison-d'Or à la création de l'Ordre.

(2) Le caractère de Louis II et son esprit de modération et de bonté sont peints dans son testament. « Il recommande au roi, pour le bien du royaume, de faire accord avec le duc de Bourgogne. Il pardonne à ce prince toutes les injures qu'il en a reçues. Il pardonne aussi au comte de la Marche, Jacques de Bourbon, mari de Jeanne de Duras, « quant à Dieu, mais non pas aux droits de ses enfants au royaume de Sicile. »

Hardoyn de Bueil, évêque d'Angers, Guy de Laval, Pierre de Beauvau, Barthélemi et Gabriel de Valory sont nommés ses exécuteurs testamentaires.

nua d'être élevé sous les yeux du cardinal de Bar, qui lui portait une affection paternelle. Bientôt il l'associa à son gouvernement, et, dès l'année 1418, le nom du jeune prince, sous le titre de comte de Guise, était joint à celui de son grand-oncle, dans les actes et les lettres adressés aux principaux officiers du duché.

Des bandes de *soudoyers*, attirés de France et de Bourgogne par l'espoir du pillage, exerçaient alors dans le Barrois d'épouvantables ravages. Le bon cardinal, qui savait au besoin porter « ung bassinet pour mitre, et pour crosse d'or une hache d'armes (1) » se souvint de la vaillance héréditaire de sa race. Marchant avec René à la tête de ses chevaliers, il tailla en pièces les bandits, châtia sévèrement les seigneurs, qui leur donnaient asile, et rétablit l'ordre et la sécurité dans ses états. Un projet qu'il méditait depuis longtemps dans l'intérêt de ses vassaux, la réunion des duchés de Bar et de Lorraine, lui restait à accomplir.

Charles II, dit le Hardi, régnait sur cette dernière province. Téméraire, entreprenant, toujours les armes à la main, il avait suivi le duc de Bourbon devant Tunis, combattu à Rosebeck, à Azincourt, en Flandre, en Allemagne, et vaincu en bataille rangée, et à un rendez-vous donné, l'empereur Venceslas sous les murs de Nancy. Tandis qu'il guerroyait en tous lieux où brillaient les

---

(1) Monstrelet.

lances, cherchant les aventures, les sourires des dames et les louanges des ménestrels, la bonne duchesse Marguerite de Bavière pleurait au pied des autels sur l'inconstance de son époux et sur ses enfants moissonnés dans leur adolescence. Il ne lui restait que trois filles, dont l'aînée, la douce Isabelle, annonçait les vertus et les grâces de sa mère. Elle devait être l'héritière du beau duché de Lorraine, et les plus nobles princes songeaient déjà, malgré son jeune âge, à demander sa main.

Un obstacle difficile à surmonter s'opposait aux vues du cardinal Philippe. Charles, élevé sous les yeux du duc Philippe à la cour de Bourgogne, avait suivi la bannière de Jean Sans-Peur. Il répugnait à une alliance avec la maison d'Anjou, et craignait de s'aliéner une protection puissante. Il consentit cependant à une entrevue proposée par le cardinal. L'éloquence du généreux vieillard, les motifs politiques qu'il exposa, le désir unanime du peuple et de la chevalerie des deux états, et plus encore, la bonne mine, le courage et la réputation naissante de René, qui, à dix ans, avait gagné ses éperons et fait ses premières armes, triomphèrent des hésitations du duc de Lorraine (1).

(1) Voyez : 1º Articles accordez pour le mariage de René d'Anjou, comte de Guise, avec Isabelle de Lorraine.

2º Lettres de la reine Yolande d'Anjou et de Louis d'Anjou, son fils aîné, par lesquelles ils consentent que René, fils et frère des dessusdicts, porte les armes de Bar.

(Dom Calmet. *Preuves de l'hist. de Lorraine*, tom. IV).

Les deux princes convinrent, avant de se séparer, que le jour de la Pentecôte, au plus tard (1419), le comte de Guise serait de retour d'Anjou, porteur du consentement de madame Yolande, qu'il serait ensuite confié à la garde du duc de Lorraine, et qu'il habiterait la cour de Nancy jusqu'à sa quinzième année, époque fixée pour son mariage.

Le 24 juin suivant, le cardinal renouvela la cérémonie de l'adoption, proclama René son successeur et unique héritier, lui céda le marquisat de Pont-à-Mousson, et lui fit jurer fidélité par tous ses vassaux. Le duc de Lorraine exigea le même serment pour sa fille Isabelle. Un contrat, revêtu des armes de Lorraine et de Bar, mit le dernier sceau à ces solennels engagements (1).

Les acclamations populaires avaient ratifié la convention de Saint-Mihiel, et tout était réglé entre les deux princes, lorsque le duc de Berg, beau-frère du cardinal, furieux de se voir enlever ce qu'il appelait son héritage, entra sur les terres de Bar, les armes à la main. Battu et fait prisonnier à la première rencontre, il fut trop heureux d'obtenir son pardon de la générosité du vainqueur.

---

(1) Cet acte, daté de Saint-Mihiel, le 13 août 1419, commence ainsi :

« Ayant égard à la grant proximité de lignaige, dont nous atteint, tant par père que par mère, nostre très chier et très amé nepveu, messire René, comte de Guyse, filz de feu nostre seigneur et cousin le roy de Secile, et est isseu de hault rang et lignaige royal de couronnes de France, de Secile et d'Arragon; encor de deux costez du sang impérial.... Puis plusieurs autres grandes causes justes et raisonnables à ce nous mouvant, etc. »

Rien ne devait plus retarder l'accomplissement du traité. Le duc de Bourgogne, qui ne rêvait que vengeances depuis l'assassinat de son père sur le pont de Montereau, semblait excepter la maison d'Anjou de sa haine. Il avait répondu de gracieuses paroles aux ambassadeurs de Lorraine, et envoyé de magnifiques présents aux jeunes fiancés, lorsque le cardinal de Bar et le comte de Guise arrivèrent à Nancy, suivis d'un brillant cortége.

Quoique René n'eût pas treize ans, et qu'Isabelle en comptât dix à peine « tous estoient si joyeulx de veoir la fervente et cordialle amour, qui estoit entre ces deux jeunes gens » que le duc Charles ne crut pas devoir différer davantage l'époque de leur union. Henri de Ville, évêque de Toul, célébra le mariage à Nancy, le 14 octobre 1420 (1), au milieu des fêtes et des cris de joie des deux peuples, qui croyaient que cette alliance terminerait les divisions et les guerres dont ils avaient été trop souvent victimes (2).

(1) Le 14e jour d'octobre 1420, espousa René duc de Bar, et depuis roy de Secile, Ysabelle, fille de monseigneur Charles duc de Lorraine.
(Heures manuscrites du roy René).

(2) Le traité ratifié par Yolande d'Aragon, au nom de son fils, Louis III, pour régler le douaire d'Isabelle, contient les considérations suivantes :

« Le bien de la paix est le plus excellent de tous les biens. Yseye le desmontre en ses prophéties, où il appelle Nostre Seigneur Jésus-Christ pour lors à venir, prince de paix, en la nativité duquel la compagnie des anges chantent ; « Gloire au ciel et paix en terre. »

« Désirant de tout nostre cueur icelle paix, et pour ce que ès duchés,

Un seul homme, le comte Antoine de Vaudemont, ne partageait pas l'allégresse générale. Proche parent de Charles le Hardi et de même lignage, il avait servi son seigneur en fidèle vassal, en tous les lieux où l'avait entraîné son humeur belliqueuse. Mais il regardait la Lorraine comme un fief salique, qui ne pouvait par une femme sortir de sa maison. C'était un prince né sous la tente, familier avec les périls, et dont la fierté et le bonheur égalaient l'audace. Ses exploits, toujours couronnés de succès, lui avaient fait donner le surnom d'Entrepreneur (1). Il était, du reste, d'un caractère élevé, généreux et plein de droiture, ami des pauvres et grand justicier. Mais, une fois convaincu de la bonté de sa cause, rien ne pouvait lui faire abandonner son droit. Il remit à un autre temps à le faire valoir par les armes.

Un petit nombre d'événements signalent les premières années du mariage de René. Sous le charme de son amour pour Isabelle et partageant son temps

pays et seigneuries de Bar et de Lorraine, qui sont joignant, enclavés et marchisant, l'ung et l'aultre, en plusieurs parties d'iceulx, comme chascun sait du temps passé, par plusieurs fois et longuement par hayne, méfaict et aultrement par l'instigation de l'esperit malin, effusion de sang, feux boultez et aultres maux innombrables se sont ensuis, et semblablement se pourroient ensuir de jour en jour, si remède n'y estoit mis pour à ce obvier, résister et entretenir lesdicts deulx pays et seigneuries en bon amour, accord, paix, unité et tranquillité, avons appointé le mariage de René d'Anjou et d'Ysabelle de Lorraine.... etc. »

(1) « Ce prince, dit Champier, estoit hardy et preulx, que c'estoit chose merveilleuse, car en guerre il ressembloit ung aultre Thémistocle athénien. » Il avait épousé Marie d'Harcourt, dame d'Elbeuf, d'Aumale, de Brionne et de Mayenne.

entre les cours de Lorraine et de Bar, il cultive la musique et la peinture, étudie les langues anciennes, la législation et les coutumes féodales, et perfectionne dans de courts intervalles de paix une éducation au-dessus de son siècle.

Nous le voyons cependant marcher avec son beau-père au secours de la ville de Toul, attaquée par les bourgeois de Metz, châtier la révolte de Jean de Luxembourg, comte de Ligny, prendre d'assaut sa capitale, forcer le damoisel de Commercy de s'avouer son homme-lige et son vassal, et terminer heureusement de rapides expéditions dirigées contre de turbulents voisins.

Mais dans ce siècle d'anarchie et de confusion sanglante, tandis qu'à Paris les léopards flottaient au-dessus des lys sur les tours de la basilique de Philippe-Auguste, et que l'époux de Marie d'Anjou faisait appel aux princes de son sang et à la fidélité de sa chevalerie, il était impossible que le duc de Bar restât longtemps étranger à la guerre sainte.

Déjà il avait vu à Nancy l'héroïque bergère de Vaucouleurs; elle l'avait sommé de l'accompagner à Orléans, et de suivre enfin la bannière de Charles VII. Le glorieux voyage de Rheims permit à René d'accomplir sa promesse (1). A cette nouvelle

---

(1)   Les ducs de Bar et de Lorrainne,
    Commercy et de grands seigneurs
    Vinrent à son service et règne
    Iceulx offrir, et d'aultres plusieurs.

(Martial d'Auvergne. *Vigiles de Charles VII*).

inattendue, son dévouement et son ardeur ne connurent plus de bornes. Entraînant sur ses pas le duc de Lorraine, il se hâta de conclure une trêve avec la ville de Metz, leva le siége de Vaudemont, et rejoignit l'armée royale sous les murs de la cité de saint Remi.

Les trois princes de la maison d'Anjou chevauchaient près de leur roi à cet immortel rendez-vous de la chevalerie de France. Du fond de l'Abruzze ultérieure, Louis III, vainqueur à Aquila, et le comte du Maine, son jeune frère, étaient accourus dans l'espoir de signaler leur vaillance, et d'y retrouver leur bien-aimée sœur. Mais les vertus et la beauté de la douce Marie n'avaient point encore fixé le cœur de son époux. Restée à Loches, sur un ordre royal, elle n'avait partagé que les mauvais jours; et ses pleurs, mêlés aux joies du triomphe, coulaient dans sa retraite solitaire, non loin du château d'Agnès Sorel.

Ce fut le 16 juillet (1429) que Charles VII fit son entrée dans sa bonne ville de Rheims. Il y fut reçu au chant du *Te Deum* par une population pleurant de *joye et de lyesse*. Les sires de Châtillon et de Saveuse s'étaient enfuis la veille avec les Bourguignons et la garnison anglaise; et les habitants pouvaient se livrer sans crainte à leur amour pour leur roi.

« Le lendemain, qui fust le dimanche, on ordonna que le gentil daulphin prendroit et recevroit son digne sacre; et toute la nuict fist-on grande diligence, à ce que tout fust prest au matin. Lors vint le roi dedans la grande église, au lieu qui luy avoit été ordonné, vestu et habillé de vestements à ce propices. Puis l'archevesque luy fist faire les serments accoutumez, et ensuite il fust faict chevalier par le duc d'Alençon; et par après l'archevesque procéda à la consécration, gardant tout au long les cérémonies et solemnitez contenues dans le livre *Pontifical*. Là estoient grant nombre de chevalerie, les douze pairs, les princes du noble sang royal et Jeanne la Pucelle tenant son étendart en main. Il avoit esté à la peine, c'estoit bien raison qu'il fust à l'honneur (1).

(1) *Mémoires contemporains sur la Pucelle d'Orléans*. Collection Petitot.

Régnault de Chartres, archevêque de Rheims, Jean de Sarrebruche, évêque de Châlons, Jean de Saint-Michel évêque d'Orléans, Robert de Rouvres, évêque de Séez, et deux autres évêques représentèrent les pairs ecclésiastiques à cette auguste cérémonie. Le duc d'Alençon, le comte de Vendôme, les sires de Laval, de la Trémouille, de Gaucourt et de Mailly répondirent au nom des pairs laïques. Ces derniers, suivant un usage aussi vieux que la monarchie française, tombé depuis en désuétude, montèrent avec le roi sur un échafaud élevé à la porte de l'église de Saint-Remi.

« Véez cy vostre roy, crièrent-ils en le montrant au peuple, que nous pers de France, couronnons à roy et souverain seigneur; et s'il y a âme qui le vueille contre dire, nous sommes icy pour en faire droict. Et sera au jour de demain consacré par la grâce du Saint-Esprit, ce par vous n'est contre dict. » Mille acclamations annoncèrent le consentement du peuple.

Le lendemain, quatre chevaliers désignés par le roi pour être les gardiens de la Sainte-Ampoule, les maréchaux de Retz et de Sainte-Sévère, le sire de Graville, grand-maître des arbalestriers, et l'amiral de Culant, furent chercher l'huile sainte à l'abbaye de Saint-Remi.

Le sacre de Charles VII et les merveilleux exploits de la Pucelle remplirent l'armée royale d'une exaltation qui tenait du prodige. Animé de l'enthousiasme général, René voulait combattre les Anglais, sans leur donner un instant de trêve. Une généreuse impatience et l'amour de la gloire lui avaient fait oublier les conseils de prudence du cardinal de Bar. Mais toujours fidèle aux lois de la chevalerie, il envoya un de ses hérauts au camp anglais renoncer en son nom à tout lien de vasselage, et déclarer au duc de Bedford que son honneur ne lui permettait d'engager sa foi qu'entre les

---

L'abbé, après avoir reçu leur serment, apporta processionnellement le précieux vase jusqu'à la porte de l'église Saint-Denys et le remit entre les mains de Régnault de Chartres, qui le déposa sur le grand-autel de l'église cathédrale.

« Nous te requerrons, dit alors l'archevêque au roi, de nous octroyer que à nos églises, conserves le privilége canonique, loy et justice due, nous gardes et deffendes comme roy est tenu en son royaume. »

Charles répondit :

« Je, par la grâce de Dieu, prouchain d'estre ordonné roy de France, promects au jour de mon sacre, devant Dieu et ses saints, au nom de Jhésus-Xhrist, au peuple xhrestien à moy subject, ces choses :

» 1° Que tout le peuple chrestien je garderay à l'église, et tout temps
» la vraye paix par vostre advis. »

» Item, que je le deffendray de toutes rapines et iniquitez de tous degrés. »

» Item, que en tous jugemens, je commenderay équité et miséricorde,
» afin que Dieu clément et miséricordieux m'octroye et à vous sa mi-
» séricorde. »

» Item, que de bonne foy je travaillerai à mon pouvoir mectre hors
» de ma terre et juridiction tous les hérétiques desclarez par l'Esglise.
» Toutes ces choses dessus dictes, je confirme par serment. »

(*Histoire de la Pucelle*. Lebrun des Charmettes).

mains du véritable et seul roi de France, oint de l'huile sainte, et couronné par Dieu dans la ville de Rheims (1).

Le retour de Charles, à travers la Champagne et la Brie, ne fut qu'un continuel triomphe. Partout les populations se pressaient sur son passage, avides de contempler les traits de leur roi. Chaque jour, de nouvelles villes lui remettaient leurs clefs, et chassaient les garnisons anglaises. A Dammartin, le peuple fit éclater de tels transports, que Jeanne, émue jusqu'aux larmes, s'écria : « En mon Dieu,

(1) Déclaration de René au duc de Bedfort.

« Hault et puissant prince, duc de Bedfort, je, René, fils du roy de Jérusalem et de Secile, duc de Bar, marquis de Pont, comte de Guyse, vous fait assavoir que, comme très révérend père en Dieu, mon très chier et très aimé oncle, le cardinal de Bar, se soit, depuis peu de temps en çà, soy en sa personne transporté par devant vous, pour plusieurs besoignes et affaires, et entre aultres choses, ait par moy et en mon nom, et par vertu de certaines mes lettres de procuration par moy à luy données, fait en vos mains, comme vous disant régent le royaulme de France, foi et hommaiges des terres et seigneuries, que je tiens en fiefz de la couronne de France, et de ce, vous oyt promis obéissance, comme mes prédescesseurs ont accoustumé faire au temps passé aux roys de France, ainsi que mondict oncle m'a de ces choses certifié par ses lettres closes, je, pour certaines causes, qui ad ce m'ont meu et émeuvent, ay dès maintenant, et pour lors, renoncé et renonce par les présentes pleinement et absolument à tous les fiefz, terres et seigneuries dont mondict oncle a, et pourroit avoir reprins de vous comme régent, à tous hommaiges, foy, serments et promesses quelconques qu'il pourroit avoir faict pour moy et en mon nom, en tout comme à moy pourroit toucher à vous comme régent du royaulme de France ; et pareillement renonce à toutes promesses et choses quelconques par moy faictes et passées par nosdictes lettres-patentes, à vous envoyées, en quelque manière que ce soit, et puist estre, et à toutes les circonstances et dépendances ; et par ces présentes renonciatures et la teneur de ces présentes lettres,

» voicy ung bon peuple : et quand je devray mou-
» rir, je voudrois bien que ce fust en celle terre. »

Les provinces, où la domination anglaise paraissait le plus affermie, n'étaient point à l'abri des excursions d'intrépides chevaliers. La Hire avait pénétré au cœur de la Normandie, et escaladé, pendant une nuit obscure, la redoutable forteresse de Château-Gaillard. Il y trouva un de ses plus chers compagnons d'armes, le vaillant sire de Barbazan, enfermé déloyalement, et depuis neuf années, dans un cachot obscur (1). Quand La Hire lui en ouvrit les portes, le vieux chevalier refusa de sortir. Il avait récemment donné sa foi au gouverneur an-

veuil et entends, de ce jour en avant, par moy estre, et demoure quiete et déchargé de tous lyens de foy, hommaiges et promesses quelconques, que mondict oncle pourroit avoir faict en vos mains, comme régent, pour moy et en mon nom, et par vertu de mesdictes lettres de procuration à luy données, et autrement, et moy par mesdictes lettres-patentes, a vous sur ce envoyées, et ces choses vous signifié-je, et vous escript par ces présentes scellées de mon scéel pour y saulver et garder mon honneur. »

Données le tiers d'août 1429.

(1) .... La Hire
Si passa Seine sur le tard,
Et d'eschelles prins sans mot dire
La place de Chasteau-Gaillard.
Elle est à sept lieues de Rouën;
Et fust là trouvé enferré
Dens une fosse Barbazan,
Où neuf ans avoit demouré.
De sa délivrance joyeulx
Fust le roy merveilleusement,
Car il estoit vaillant et preulx,
Et l'aymoit chascun grandement.

(*Vigiles de Charles VII*).

glais de ne pas rompre ses fers, *secouru ou non
secouru ;* et il fallut que ce dernier vînt en personne lui rendre sa parole. La trahison des Anglais,
l'indigne et cruel traitement qu'il avait subi, les
chaînes dont il portait encore les marques et la
victoire de La Hire ne lui semblaient pas des motifs suffisants pour le délier de la foi jurée, et sauvegarder son honneur.

La délivrance du bon chevalier fut un grand sujet
de joie dans le camp de Charles VII. Le roi, qui le
vénérait comme un père, échangea son épée avec
la sienne; et dans des lettres patentes, où il l'appelle le soutien de sa couronne, lui donna le droit
de porter les armes pleines de France, unies *à la
croix d'or sur champ d'azur* (1). Depuis un demi-
siècle Barbazan était le guide et le modèle de toute
chevalerie. Les troubadours et les chroniqueurs
célébraient à l'envi sa vaillance. Ils aimaient à chanter ce glorieux combat des *Sept* (2), près du chastel

---

(1) Par lettres-patentes du 28 juillet 1431, Charles VII transmit ce
glorieux privilége à Louis de Faudoas, premier baron de Gascogne, en
lui permettant d'écarteler ses *armes de celles de France sans brizure*. Louis avait épousé Oudine de Barbazan, fille unique de cet illustre chevalier et de Sibille de Montaut.

(2) Ce combat eut lieu en Saintonge, le 4 mai 1404, à la suite d'un
défi fait par les Anglais. Barbazan, chef de l'emprise, choisit pour ses
compagnons les sires Tanneguy-Duchastel, de Villars, Pierre Cliguet de Brabant, de Bataille, de Caroüis et de Champagné, tous chevaliers éprouvés, hormis Champagné, qui faisait ses premières armes.
Les chevaliers partirent de Paris en grand appareil et bien armés. Ils
arrivèrent au lieu marqué, où le sire de Harpedenne, sénéchal de Saintonge, pour les Français, et le comte de Rutland pour les Anglais,

de Montendre, où l'illustre chevalier avait renouvelé les exploits de Beaumanoir, et cette héroïque défense de Melun, alors qu'assiégé par les Anglais et les Bourguignons, sans vivres, sans munitions de guerre, il faisait sonner les cloches pour remplacer ses *trompettes,* tués par l'ennemi, donnait l'ordre de chevalerie sur la brèche, livrait dans les contremines des combats souterrains, et méritait par ses vertus, autant que par ses grands coups d'épée, l'héroïque surnom de chevalier *sans reproche.*

Bercé à ces récits de gloire, le duc de Bar ne tarda pas à témoigner au vieux guerrier une admiration et une confiance sans bornes. Il lui demanda, comme une grâce, d'unir leurs deux bannières, de partager la même tente et de courir les mêmes

---

étaient juges du camp. Le jour du combat, les chevaliers français entendirent la messe bien dévotement le matin, et reçurent le corps de Notre-Seigneur. Puis le sire de Barbazan leur fit un discours pour leur rappeler la justice de leur cause ; il leur dit qu'il ne fallait pas songer seulement à sa dame et acquérir la bonne grâce du monde, mais à combattre contre les anciens et perpétuels ennemis du roi et de la France, contre des gens qui venaient de tuer leur roi (Richard II) et de renvoyer outrageusement madame Isabelle, leur reine. Il leur tint encore plusieurs autres sages propos, et les exhorta à bien garder leur honneur.

Quant aux Anglais, on assurait qu'ils ne s'étaient préparés au combat qu'en buvant et mangeant de leur mieux. Ils furent complétement vaincus après un combat long et opiniâtre. Le sire de Scales, leur chef, fut tué sur la place d'un coup de hache.

(Le baron de Barante. *Histoire des ducs de Bourgogne.* Le moine de Saint-Denis.)

périls. René l'accompagna dès lors dans toutes ses entreprises. Pont-sur-Seine, Anglure, Chantilly, Pont-Sainte-Maxence et Choisy tombèrent bientôt en leur pouvoir.

Ils rejoignirent, le 25 août suivant (1429), l'armée royale à Saint-Denis ; mais après l'inutile combat livré aux portes de Paris et la retraite de Charles derrière la Loire, ils pénétrèrent en Champagne, dont Barbazan était gouverneur. Leurs premiers combats furent des victoires.

Huit mille Anglais assiégeaient Châlons, qui n'avait pour sa défense que le courage de sa milice et la lance d'un petit nombre de braves gentilshommes. Pressés par tant d'ennemis, les habitants allaient ouvrir leurs portes, quand René et Barbazan, à la tête de quatre mille hommes, s'élancent sur les Anglais, sans souci du nombre, les taillent en pièces et délivrent la ville (1).

La prise de la forteresse de Chappes suivit de près ce brillant fait d'armes. Jacques d'Aumont s'y était enfermé avec une garnison nombreuse. Il avait appelé à son aide la chevalerie du duché de Bourgogne, et le grand maréchal Antoine de Toulongeon, les sires de Chastellux, de Rochefort et de Poligny s'étaient empressés de marcher à sa voix. Un sanglant combat, où ils perdirent leurs tentes,

---

(1) Ils (Barbazan et René) allèrent courir sus, et tellement se portèrent, dit Belleforest, que les Anglois feurent desconfits, et que guères n'en échappa. D'iceulx feurent prisonniers de cinq à six cents, et ne moururent de François que quatre-vingts.

leurs drapeaux et leur artillerie, assura dans toute la Champagne le triomphe de la cause royale, et mit le comble à la réputation et à la gloire du jeune vainqueur.

Le roi de Sicile et le comte du Maine assistaient à cette bataille. Ils avaient rejoint leur frère depuis quelques jours, et se dirigèrent avec lui sur le Dauphiné, envahi par le duc de Savoie et Louis de Châlons, prince d'Orange. Le célèbre défenseur d'Orléans, Louis de Gaucourt, bailli de la province, les sires de Tournon, du Bouchage et de Bressieux, Jean de Lévis, Pierre du Terrail et une foule d'autres vaillants chevaliers étaient accourus à la défense de leur patrie.

Attaqué entre Colombiez et Anthon, sur les bords du Rhône, Louis de Châlons perdit l'élite de ses hommes d'armes. Il allait lui-même tomber entre les mains de cavaliers, qui l'avaient reconnu à son *écu d'argent*, lorsqu'il se précipita tout armé dans le Rhône. Longtemps son cheval de bataille lutta en vain contre le courant du fleuve; mais enfin on le vit reparaître sur la rive opposée, et le prince put entendre de loin les acclamations arrachées aux vainqueurs par son audacieuse témérité.

La mort du vénérable cardinal de Bar, suivie presque immédiatement de celle du duc de Lorraine (1430), rappela René à Nancy. Il y fit son entrée avec Isabelle, montés l'un et l'autre sur de *magnifiques dextriers,* au milieu des bénédictions d'un peuple immense et de vieux cris de joie, *Noël!*

Noël! Le clergé et les hauts barons les attendaient suivant l'usage auprès d'une vieille croix de pierre, élevée à la porte Saint-Nicolas. Le duc et la duchesse mirent pied à terre avant de pénétrer dans la ville. Ils donnèrent leurs chevaux au chapitre de Saint-Georges, qui portait devant eux la croix et le *cuissard* du chevalier céleste. Alors les gentilshommes et le peuple entonnèrent le *Veni Creator*.

Les deux époux furent ainsi processionnellement conduits jusqu'à l'église ducale. Ils s'agenouillèrent devant le grand autel, et le doyen leur présenta un missel entr'ouvert.

« Nos très redoublés seigneurs, ajouta le vieil-
» lard, vous plaît-il de faire le serment et devoirs
» que vos prédécesseurs de glorieuse mémoire ont
» accoustumé de prêter et faire de toute ancien-
» neté à leur nouvelle reception en ceste duché de
» Lorraine et à leur première entrée en ceste ville
» de Nancy. »

« Volontiers, répondirent René et Isabelle; » puis étendant la main sur le saint livre, ils jurèrent « par leur part de paradis, de bonnement entretenir les droicts de Lorraine. La dame Marguerite, qui en deuil estoit, feut joyeuse de veoir sa fille ainsi honorée (1). »

L'histoire du moyen âge n'offre rien de plus solennel que ces actes religieux, où le peuple, le clergé et la noblesse sommaient un prince à son

---

(2) *Chroniques de Lorraine.*

avénement à la couronne, de maintenir leurs franchises, libertés et priviléges. Un mélange de loyauté et de rudesse, de dévouement et d'indépendance se retrouve toujours dans ces généreuses coutumes de nos pères; et si l'on pouvait juger de la dignité et du degré de liberté de deux époques par l'élévation du caractère, de la pensée et du langage, il ne nous resterait qu'à jeter un voile sur notre front.

Les premiers actes de René révèlent une maturité et une sagesse peu communes dans un prince de vingt-deux ans. Il conclut avec la ville de Metz une paix bonne et durable, rappelle à la présidence de son conseil le vertueux Henri de Ville, évêque de Toul, s'entoure des hommes les plus distingués par leur mérite et leur savoir, et renonce aux fêtes et aux plaisirs, pour consacrer tout son temps à l'administration de son duché. Une ordonnance contre les blasphémateurs (1), un règlement qui accorde une indemnité aux hommes d'armes, dont les chevaux avaient été tués à son service, et plusieurs lettres-patentes, où il assure diverses villes et abbayes de sa protection et confirme leurs priviléges, nous ont été conservés comme des gages de sa foi et de sa constante sollicitude.

Cette époque de la vie de René est sans aucun

---

(1) Les maugréants, renieurs, dépiteurs et blasphémateurs seront punis, la première fois à l'arbitrage des juges, selon la puissance des coupables; la deuxième fois, la somme devra être doublée; la troisième le coupable sera mis au pilori, le jour de la fête ou du marché; la quatrième enfin, il aura la langue percée d'un fer chaud.

doute la plus heureuse de sa longue carrière. Béni de ses sujets, en paix avec ses voisins, il n'avait point encore ressenti le vent de l'adversité, et nul revers ne ternissait l'éclat de ses armes. On aimait à redire sa tendre affection pour ses peuples, sa brillante valeur, sa piété sincère. Le ciel avait récompensé les vertus d'Isabelle, et elle avait donné quatre beaux enfants à son seigneur.

Une année entière s'écoula au sein d'une paix profonde, pendant laquelle René visita successivement toutes les villes de son duché, et reçut sur son passage de touchantes preuves de vénération et d'amour. Pour la première fois, la Lorraine ne retentissait plus du bruit des armes, et sans l'ambition inquiète du comte de Vaudemont, rien n'eût troublé la tranquillité dont elle jouissait.

Ce prince, un des témoins du traité de Saint-Mihiel, n'avait point attendu la mort du duc Charles pour protester contre la clause, qui assurait la couronne à René. Dès l'année 1425, il s'était refusé à le reconnaître en qualité d'héritier présomptif du duché de Lorraine.

Le château de Vaudemont était devenu tout à coup le rendez-vous des hommes d'armes. Ses remparts se couvraient d'archers et de sentinelles, et, à l'ombre de ses hautes tours, le comte avait clairement annoncé ses prétentions hostiles dans un langage plein de menaces. Vainement trois ans de guerre, suivis de l'invasion de ses états et de la prisé de l'importante forteresse de Vezelise (1) l'avaient forcé d'accepter une trève. Le moindre prétexte suffisait pour la rompre; il ne tarda pas à le faire naître.

Le 22 février 1431, René avait quitté Nancy le matin même, les portes étaient fermées, et la garnison veillait comme d'ordinaire à la garde de la ville, lorsque le comte Antoine se présenta au pied des murs. Il voulait, disait-il, saluer en passant la duchesse Marguerite et lui soumettre une requête. Son escorte, composée de quelques gentilshommes bien armés, n'était pas assez nombreuse pour inspirer de la crainte. Les portes lui furent ouvertes, et il s'avança fièrement jusqu'au palais ducal, où le conseil se rassemblait.

Le comte, dont l'écharpe brodée aux armes pleines de Lorraine, dévoilait les projets hautains, remit un manifeste dans lequel il sommait les communes et la noblesse de lui prêter foi et hommage. Il s'appuyait sur la loi salique, et demandait une décision dans le plus bref délai.

« Beau Seigneur, lui répondit au nom de tous

(1) Jean de Remicourt, dit Pélegrin, sénéchal de Lorraine, commandait l'armée de siège. C'était un chevalier hardi et opiniâtre, aimant le péril, comme un docte clerc aime les lettres. Percé d'un coup de flèche à la poitrine, lorsqu'il s'approchait des remparts, il succomba avant la prise de la ville. René, qui l'aimait *chèrement*, le fit enterrer à l'endroit même où il avait été mortellement blessé, et fit élever au-dessus de sa tombe une croix de pierre sculptée, ornée de l'écusson et de l'épitaphe du vaillant sénéchal.

Jean d'Haussonville, vostre oncle des filles a laissées. Selon les droits et coustumes, elles sont héritières, principalement l'aînée. Elle est déjà reçue en Lorraine pour duchesse. C'est son propre héritage. »

Irrité de ce refus, le comte « jura son âme » (1) que bientôt il serait maitre du beau duché et retourna à Vaudemont pour y continuer ses préparatifs de guerre. Certain de la protection de Philippe de Bourgogne, il avait pris à sa solde un corps d'aventuriers toujours prêts à marcher sous un chef qui leur permettait le pillage. Le sire de Croy, son gendre, Mathieu d'Humières et le maréchal de Toulongeon y joignirent leurs bannières.

René, à cette nouvelle, ne montra pas une activité moins grande. Il était revenu en toute hâte à Nancy, et après s'être assuré de la fidélité des bourgeois et des principaux seigneurs, il se détermina à porter subitement la guerre au cœur des états de son rival. Deux sommations étant restées sans réponse, il laissa une forte garnison à Vezelise, et forma en personne le siége de Vaudemont, où le sire de Barbazan vint le rejoindre.

« Beau-frère, avait dit Charles VII à René qui
» réclamait son appui, je vous veulx ayder; voici
» Barbazan, de mes cappitaines le plus assuré,
» et luy commande que à vous soit obéissant. Se
» avez affaire ne l'espargnez mie (1). » Le bon

(1) *Chroniques de Lorraine.*
(2) *Idem.*

chevalier, malgré ses cheveux blancs, valait à lui seul une armée. La vieillesse n'avait diminué ni ses forces, ni son énergie; elles semblaient croître avec les années. Sa présence remplit d'ardeur les troupes lorraines, et le siége fut poussé avec une nouvelle vigueur (1).

Le comte de Vaudemont ravageait le Barrois, lorsqu'il apprit le danger de sa capitale. Trop faible pour songer à en faire lever le siége, il pensait que René ne verrait pas, sans s'émouvoir, cette province abandonnée au fer et à la flamme. Toute licence avait été donnée à ces redoutables bandes. Elles parcouraient les campagnes, la torche à la main, ne vivant que de pillage « gastans et destruysans le pays, et faisans maulx innumérables (2). »

Le camp du duc de Bar fut bientôt rempli de pauvres laboureurs, chassés par l'incendie qui dévorait leurs chaumières! Ils erraient sur les chemins avec leurs femmes, leurs enfants et leurs troupeaux, cherchant en vain un asile où reposer la tête. A la vue de cette population fugitive, René fut saisi de douleur. Il leva le jour même, malgré le conseil de Barbazan, le siége de Vaudemont, le

---

(1) Quant les assiégés virent les furieulx assaultz qu'on leur livroit de jour en jour, ils furent esbahis, et mandèrent à leur seigneur qu'il leur donnât secours. (Monstrelet.)

(2) Cependant que l'on faisoit à Bar tel mesnage, ce vint à la notice de René, lequel incontinent monta à cheval, et à poincte d'esperons, avecques son armée en Barroys arriva. Mais le mareschal de Bourgougne, adverty de sa venue, ne l'osa attendre. (Bourdigné.)

convertit en blocus, et se dirigea sur le Barrois à la tête de quinze mille hommes.

Le sire de Toulongeon commandait l'armée ennemie. Prévenu par ses espions de la prochaine arrivée de René, il se retirait en bon ordre vers les marches de Bourgogne. Les instances du comte de Vaudemont n'avaient pu changer cette détermination du grand maréchal. Il voulait éviter les hasards d'une bataille, avec une armée inférieure en nombre, qui comptait à peine dix mille Bourguignons, Anglais et Flamands.

Le conseil de guerre était assemblé lorsque les bannières de Lorraine parurent à l'horizon. La retraite plus périlleuse que l'attaque était devenue impossible, à la grande joie du comte. Il demanda l'avis des principaux capitaines sur l'ordre de bataille. Alors messire Jehan Ladan (1), gouverneur anglais de Montigny-le-Roi, opina pour combattre à pied avec les gens d'armes et les archers, l'artillerie sur les ailes, le front et les côtés couverts de palissades et d'une double ligne de charriots. Le

---

(1) Quant le comte et Bourguignons virent
  Son ost, ses gens et son arroy,
  Derrière une eaue se encloirent
  De grants fossé, et de charroys.
  Là tous ensemble se rangèrent
  Afin des aultres recueillir,
  Et si bien se fortifièrent
  Qu'on ne pouvoit les assaillir.
                    (*Vigiles de Charles VII.*)

Monstrelet. — Chronique de Lorraine.

sire de Toulongeon adopta cet avis, malgré les réclamations de la chevalerie de Bourgogne. Il lui ordonna de mettre pied à terre sous peine de mort, appuya son camp à la rivière de Vaire et au bois du grand Fay. De profonds fossés et des retranchements élevés à la hâte complétèrent cette enceinte. Elle apparaissait comme un point obscur dans la plaine circulaire, située entre Saulxure, Sandrecourt, Beaufremont et Bulgnéville, non loin de la tour du Géant, qui domine encore toute la contrée.

A peine les deux armées étaient-elles en présence, que René, suivi de Barbazan, reconnut le camp ennemi. Il s'en approcha à un trait d'arc, et suivant l'usage de ces temps chevaleresques, envoya un de ses hérauts présenter le combat. « Je l'attends, » répondit fièrement le comte de Vaudemont.

L'immobilité des Bourguignons retranchés derrière leurs palissades, et la fierté de ces paroles, augmentèrent l'impatience du jeune prince. Vainement Barbazan lui représentait la belle ordonnance de ses ennemis et leur position inexpugnable. « At-
» tendez quelques jours, disait le vieux chevalier,
» il ne fault que les vivres leur oster, ils n'en
» peuvent avoir. Premier de quatre jours, à nous
» serons tous, je vous promect. Je sçay que c'est
» de les assaillir ce n'est pas la façon. Ils ont grants
» fosselz, et se lancier dedans nous y demeure-
» rons. » « Mais René, ajoute la chronique, étoit

si avide de combattre qu'il luy sembloit qu'il n'y seroit jamais à temps. » Il se fiait dans le courage de ses soldats et dans la supériorité du nombre. Accoutumé à vaincre les Anglais, il lui paraissait honteux d'attendre un triomphe, qui ne fût pas le prix des armes. Cependant toujours docile aux conseils de Barbazan, il envoya le damoisel de Commercy et le bâtard de Thuillière reconnaître de nouveau la position de l'ennemi.

A leur retour du camp, René était dans sa tente, entouré de ses chevaliers. Les plus âgés partageaient l'avis de Barbazan, lorsque Robert de Saarbruch, l'imprudent damoisel, entra tout-à-coup. « Ces gens nous fault assaillir, dit-il; de la » première venue nous les emporterons. Ils ne » sont mye pour nos paiges. »

Ces paroles enflammèrent les jeunes seigneurs allemands et lorrains. « Quant on a paour des » feuilles, ne fault aller au bois, » disait cette fougueuse jeunesse. « Qui a paour se retire, » ajoutait Jean d'Haussonville.

« A Dieu ne plaise, s'écria le vieux guerrier » pâle de colère, que par ma couardise la maison » de Lorraine a esté mise à déshonneur. Je veulx » et entends combattre. Et afin que ne dictes mye, » que à moy tiegne, moi et mes gens voulons estre » des premiers à donner dedans. Sonnez, trom- » pette, au nom de Dieu, sonnez subitement (1). »

(1) Néantmoins le duc ordonna
   Que l'on yroit frapper dessus.

L'armée entière se déploya à ce signal dans une vaste prairie, en face du camp bourguignon. L'étendard de Bar et de Lorraine flottait au-dessus des lances. Chaque seigneur avait déployé sa bannière, et ils étaient en tel nombre, que ce combat fut appelé la journée des barons. Le comte de Salm et le vaillant évêque de Metz, Conrad Bayer, accompagnèrent René au centre de la bataille; Barbazan commandait l'aile droite, et l'aile gauche avait à sa tête le présomptueux damoisel.

Un héraut, aux armes de Vaudemont, sortit alors du camp. Il venait, de la part du comte, demander au duc de Bar une conférence seul à seul avant la bataille.

Les deux princes, la tête nue, sans casque et sans épée, s'avancèrent aussitôt au milieu de l'espace libre qui séparait les combattants. Tout bruit cessa dans le camp et dans l'armée lorraine. Un silence solennel avait remplacé l'agitation de la

> Mais Barbazan conseil donna
> Qu'on ne leur devoit courir sus.
>
> Si dist la raison et manière
> Du dangier qui estoit celle part :
> Mais je ne sçay qui par derrière
> Luy dict qu'il estoit trop couart.
>
> Lors dist que le premier iroist,
> Et que personne de la feste,
> Son cheval bouter n'oseroit
> Où mestroit la queue de sa beste.
>
> (Martial d'Auvergne, Jean d'Aucy. *Chron. de Lorraine.*)

foule, et chaque vassal, les yeux fixés sur son seigneur, attendait, appuyé sur ses armes, que le vent lui apportât des paroles de paix ou de guerre.

Les chroniqueurs ne nous ont point fait connaître les propositions du comte. Jean d'Aucy nous dit seulement qu'il employa tour à tour les promesses, « les doulces paroles » et les menaces hautaines (1). René, inaccessible à la crainte, rompit le premier un inutile entretien. Malgré son légitime désir de vengeance, il eût accepté toute demande honorable pour épargner le sang de ses sujets; mais il n'était au pouvoir de personne de lui arracher des concessions indignes d'un chevalier.

Neuf heures venaient de sonner au beffroi voisin, et la chaleur du jour était excessive (2 juillet 1431); le comte, de retour au camp, fit distribuer à ses soldats le vin enlevé aux celliers du Barrois. Assis tranquillement derrière leurs palissades, ils devisaient joyeusement en attendant l'heure d'en venir aux mains. C'étaient pour la plupart de pauvres compagnons, avides de butin et d'aventures, qui se vendaient au plus offrant, et que l'on voyait

---

(1) « Antoine vouloit gagner de bonne grâce René à ses doulces paroles, ou promesses même, ou bien luy faire paour de ses menaces. On assure qu'il luy offrist de s'arranger avecques luy, moyennant certaines conditions; que René s'y refusant, Antoine avec haultencté, se prinst à le menacer, luy disant qu'il deferoit son armée, le prendroit et le feroit mourir, sachant que par sa mort, il entreroit en la grâce de tous ceulx de la ligue du duc de Bourgogne. (M. de Barante.)

partir sans regret, après s'en être servi, mais robustes, audacieux, endurcis à la fatigue, éprouvés à la guerre (1).

Monté sur un cheval de petite taille, le comte parcourut alors les rangs, « invitant chascun, dit Monstrelet, à faire paix et union, ceulx qui avoient hayne ensemble. Il remonstroit amyablement à tous ceulx-là estant, qu'ils combattissent de bon courage, que le duc de Bar le vouloit sans cause deshériter, parce que il avoit toujours tenu le party des ducs Jehan et Philippe. Il finit en jurant par la damnation de son âme que sa querelle estoit bonne et juste. »

De son côté, le duc de Bar encourageait ses soldats par son exemple et ses paroles. Plusieurs braves écuyers sortirent des rangs à son appel et furent armés chevaliers de sa main, sur le lieu même où leur sang allait couler pour sa cause. Le comte de Vaudemont suivit cet exemple, il donna l'accolade à Gérard de Maugny et à Mathieu d'Humières. Cette insigne récompense du courage était à pareille heure un arrêt de mort, ou le gage certain du triomphe (2).

---

(1) *Histoire des ducs de Bourgogne.*

(2) Les chroniques ne précisent point l'année où René reçut l'ordre de la chevalerie. Il en faisait partie avant même le sacre de Charles VII, car ce prince ne l'eût pas oublié dans la célèbre promotion de Rheims, lorsqu'il honora de cette dignité Charles de Bourbon, le damoisel de Commercy et quelques autres seigneurs. Il est probable que René fut armé chevalier par le vaillant duc de Lorraine, avant d'obtenir la main d'Isabelle.

Comme les deux armées étaient en présence à portée d'arbalète, et prêtes à s'assaillir, un incident fort simple, qui survint tout-à-coup, parut à plusieurs un merveilleux présage. Effrayé de tout ce bruit d'armes, un cerf sortit d'un bois voisin : il s'arrêta quelque temps entre les lignes ennemies, indécis sur sa route. Puis, frappant du pied la terre, il s'élança à travers les escadrons lorrains, et y jeta la confusion et le désordre.

« Or, frappons sur eulx, mes amys, s'écria le
» valeureux comte, et suyvons nostre fortune. Car
» ils sont nostres, et Dieu nous monstre signe que
» la fuyte tournera aujourd'huy du costé de nos
» ennemys (1).

René avait prévenu cet ordre de son rival. A sa voix, l'armée lorraine se précipite sur le camp. Son choc est si impétueux, qu'elle renverse sur plusieurs points les charriots et les palissades. De larges brèches donnent entrée dans les retranchements, et les plus braves chevaliers franchissent les fossés qui les séparent encore des gens d'armes de Bourgogne.

Un combat sanglant s'engage sur toute la ligne. Protégés par leurs longs pieux, les archers picards et anglais font voler une nuée de flèches. Chevaux et cavaliers roulent dans les fossés, sous les coups de ces invisibles ennemis, au milieu des charriots brisés et des palissades arrachées. Les lances de-

---

(1) Monstrelet.

viennent inutiles ou trop courtes, et des décharges meurtrières d'artillerie ajoutent au trouble et à l'effroi.

« Les flèches, dit Paradin, tombant comme pluye, les lardoyent si menu, qu'elles ostoient le moyen de manier les armes. Les ungs se plongèrent contre terre, et les aultres prinrent la fuite. »

Des cris de victoire s'élèvent alors du camp des Bourguignons. Ils s'élancent sur les Lorrains et les Barrois, l'épée et la dague au poing. Le comte de Vaudemont et le maréchal de Toulongeon sont à leur tête.

Le damoisel de Commercy n'avait point attendu cette furieuse attaque. Sans souci de son honneur et de flétrir son écusson, il avait un des premiers abandonné le champ de bataille ; il fuyait à pointe d'éperons, lorsqu'il rencontra Barbazan. « Tort ay,
» répondit-il au vieux guerrier, qui lui reprochait
» amèrement sa honte; ains (mais) l'avois promis
» à ma mie. »

« Car devoit le damoisel aller sur la vesprée veoir
» certaine Agathe, qu'estoit sienne, et que avoit pro-
» messe de luy que quitteroit la meslée, et que vien-
» droit à tout meshuy en sa chambrette, que valoit
» mieulx, ce disoit-elle, que champs, où n'estoient
» que picques et horions. Et de ce, n'en doubtez,
» ajoute le chroniqueur, fut grande risée (1). » Dans ces siècles, où l'amour, mobile des grandes actions,

---

(1) *Manuscrit inédit de la bibliothèque de M. Mori d'Elvange.*

était le prix des plus valeureux, on citerait difficilement un second trait de ce genre.

L'infâme abandon de Robert de Saarbruck entraîna la fuite d'une partie de l'armée. Jean d'Haussonville, le même qui prononçait au conseil de si téméraires accusations, tourna le dos à l'ennemi. Il ne resta bientôt plus sur le champ de bataille que Barbazan et René.

Le bon chevalier, debout au premier rang, en butte à tous les traits, abattait quiconque osait l'approcher, à la longueur de sa lance. Ses forces n'avaient point trahi son courage. Il voulait mourir sans reproche, comme il avait vécu, et par cette généreuse défense donner à René le temps de s'éloigner, et sauver ainsi sa liberté et sa vie.

Mais le jeune prince ne pouvait se décider à quitter le champ de bataille (1). Blessé au bras, au nez et à la lèvre, il se défendait en héros contre une foule d'ennemis. De temps à autre, il jetait les yeux du côté de Barbazan, et voyait toujours sa bannière s'élever au-dessus de la prairie. Tant que brillèrent les fleurs de lys et la croix d'or sur l'étendard d'azur, tout espoir de vaincre n'abandonna pas son âme. Il redoublait d'efforts et de vaillance, et faisait retentir son cri de guerre, en signe de ralliement pour ses chevaliers.

Il ne restait plus autour de lui qu'un petit nombre

(1) Ne supportant pas le déshonneur de la fuyte, ni le reproche de manquer de cueur, il se défendit en désespéré.

de braves. Barbazan était tombé avec son étendard près du ruisseau encombré de cadavres (1). Couvert de poussière et de sang, René se précipite de nouveau au milieu des Bourguignons. Jean de Ville, père de l'évêque de Toul, le comte de Salm, Guyot de Gondrecourt, Odon de Germini, les sires de Beaufremont, de Sancy et de Fénestranges expirent aux pieds de leur souverain. L'évêque de Metz, Erard du Châtelet, le vicomte d'Arcy, les sires de Salbery, de Rodemack, de Latour et le brave Vitalis, ses derniers compagnons, sont faits prisonniers. Le prince, resté seul, adossé à un arbre, continue de combattre, disent les chroniqueurs, « comme ung soldat, qui n'estime sa vie ung bouton. » Enfin, entouré de morts et d'ennemis, épuisé par ses blessures, accablé de fatigue, il tend son épée à un écuyer brabançon, nommé Martin Foucars, d'autres disent au maréchal de Toulongeon lui-même.

Telle fut cette « aspre, forte et douloureuse »

---

(1) Les traditions locales, d'accord avec les historiens de Lorraine, ont conservé, depuis cette bataille, le surnom de *porte sang* à la petite rivière de Vaire.

Ce fut aussi en souvenir de tant de vaillance qu'une des rues de Bulgnéville reçut le nom du bon chevalier. René, peu d'années après, fit bâtir sur une colline voisine une modeste chapelle, dont les ruines existent encore. On y priait tous les lundis pour le repos de l'âme du vieux guerrier, et la colline a conservé son nom. Le corps de Barbazan fut transporté à Saint-Denis par ordre de Charles VII, et enterré avec de grands honneurs dans le caveau de Charles V, aux pieds du connétable de Sancerre.

bataille de Bulgnéville, origine des malheurs du bon duc de Bar et de sa longue captivité. Il y perdit la fleur de sa chevalerie. Plus de douze cents des siens périrent dans l'action et dans la fuite. Quelques chroniqueurs élèvent même à trois mille le nombre des morts (1). La perte des vainqueurs n'excéda pas quatre cents hommes.

Le comte de Vaudemont, lancé à la poursuite des Lorrains, rencontra René conduit par Foucars. Il ordonna, sans s'arrêter, de déposer l'illustre prisonnier au coin d'une haie voisine, puis il continua de charger les fuyards. Comme il revenait de la mêlée, il aperçut Toulongeon qui s'était emparé de René. Des paroles amères furent échangées entre le prince et le maréchal. Ce dernier s'attribuait fièrement tout l'honneur de la victoire. Il refusa de mettre le duc de Bar entre les mains du comte, et après avoir couché sur le champ de bataille, « et regracié humblement Dieu son créa-

(1)   A ceste journée si moururent
       Douze cents Lorrains et Barroys,
       Avec plusieurs gens qui y furent,
       Tant d'Allemands que de Françoys.
       Le dict Barbazan noble et saige,
       Vaillant chevalier sans reproche
       De la mort duquel feust dommaige.
       . . . .
       Et les Lorrains sur la prairie
       Feurent semés morts estendus.
       Et René prins, sans flatterie
       Bons droicts sont à tort suspendus.
           (Martial d'Auvergne. *Chronique manuscrite de Labarre.*)

teur (1) », il reprit la route de Bourgogne avec ses troupes chargées d'un immense butin. Vaudemont se sépara à Châtillon de ses orgueilleux alliés. Un triomphe l'attendait dans ses états, où déjà le bruit de la victoire avait dispersé l'armée lorraine et la garnison de Vezelise.

Les deux duchesses étaient à Nancy lorsqu'elles apprirent ces tristes nouvelles. Elles en furent grandement troublées et assemblèrent aussitôt leur conseil. Isabelle, revêtue de longs voiles de deuil et tenant par la main ses quatre petits enfants, entra dans la salle, en disant : « Hélas! ne sçay si mon marit est mort ou pris. »

« Madame, lui répondirent les seigneurs qui
» étaient présents, ne vous desconfortez mye.
» Monsieur le duc en bonne vérité les Bourgui-
» gnons l'ont pris. Il sera rachepté. N'ayez soucy!
» A l'ayde de Dieu, de celle guerre en verrons la
» fin. Le conte Antoine d'avoir la duchié, il en est
» bien gardé. Tousjours luy ferons la guerre; et
» bien bref aurez monsieur vostre marit. »

A ces paroles la bonne duchesse fut « ung petit » consolée. Elle ordonna, d'après l'avis de son conseil, une levée générale dans la Lorraine et le Barrois. Quelques jours suffirent pour réunir une armée nombreuse, bien munie d'engins, de bombardes et de fauconneaux. De braves chevaliers la conduisirent devant Vezelize, après avoir re-

---

(1) *Chronique de Lorraine.*

poussé toutes les attaques du comte de Vaudemont. Prise d'assaut le sixième jour du siége, cette malheureuse ville fut encore une fois victime de l'ambition de son seigneur. Les Lorrains, exaspérés de la captivité de leur duc, la saccagèrent de fond en comble. La forteresse de Toullo tomba ensuite à leur pouvoir. Ils y trouvèrent la bannière *aux trois allérions*, que le comte faisait porter devant lui, depuis la mort du duc Charles. Ces revers multipliés le forcèrent à accepter une trêve de cinq mois.

Pendant qu'Isabelle défendait courageusement ses droits à la succession paternelle, et préservait son duché de la guerre civile et de l'invasion étrangère, René, conduit successivement au château de Talent, à Salins, à Bracon et à Rochefort près de Dôle, sentait ses chaînes s'appesantir chaque jour davantage. Une vigilance rigoureuse avait déjoué les projets d'évasion tentés par quelques sujets fidèles. Il venait d'être enfermé à Dijon dans une tour du vieux palais (1), et vainement il adressait au duc Philippe de nombreux messages. Ce prince,

---

(1) Cette tour, bâtie par Philippe-le-Bon, fut appelée la *Tour de Bar*, en souvenir de la captivité de René. Elle est de forme carrée, et contient trois étages. Deux tourelles contiguës, d'inégale grandeur, s'élèvent à l'angle sud-est et renferment chacune un escalier tournant. La salle du premier étage, de 55 pieds de long sur 25 pieds de large, servait d'appartement à René. Elle est éclairée par trois larges croisées, munies de treillages en fer. On y remarque aussi une vaste cheminée, soutenue par deux colonnes de pierre. Les gardes du prince et les seigneurs faits prisonniers à Bulgnéville occupaient les deux autres salles.

éloigné de sa capitale, se refusait à traiter de sa mise en liberté.

L'évêque de Metz, Erard du Châtelet, le brave Vitalis et les autres prisonniers de Bugnéville adoucirent quelque temps par leur présence les ennuis de cette captivité sans terme. Mais les malheurs de René ne le rendaient point insensible aux infortunes de ses compagnons d'armes. Il consacra à leur rançon les premiers florins d'or envoyés par ses sujets. Bientôt il resta seul, en proie à une mélancolie profonde et séparé de tous ceux qu'il aimait.

L'hiver commença ainsi triste et sombre pour le duc de Bar. Toutes distractions lui devinrent importunes. Il se refusa aux délassements qui lui étaient offerts, et l'amour de l'étude et des arts eut seul le pouvoir de jeter quelques fleurs sur cette douloureuse époque de sa vie.

Cependant Isabelle et Marguerite de Bavière ne mettaient point en oubli le pauvre prisonnier. Elles faisaient plaider sa cause au concile de Bâle devant le souverain pontife et l'empereur Sigismond. Erard du Châtelet, à peine sorti de prison, se rendait favorable le sire de Vergy, qui possédait toute la confiance du duc de Bourgogne. Un traité, conclu entre Isabelle et ce seigneur, assurait à ce dernier de grands avantages. Il était rédigé en douces et bienveillantes paroles, comme celles que le malheur inspire aux épouses et aux mères.

Les instances du favori ne purent fléchir l'opiniâtreté de Philippe. Il avait été blessé du recours d'Isabelle à l'empereur, et pensait avoir seul le droit de disposer de René. Les prières du duc de Savoie et l'intervention de Charles VII furent également rejetées; et, sans l'arrivée du prince à Dijon (16 février 1432), les portes de la tour de Bar eussent été longtemps encore fermées sur l'illustre captif.

Ce n'était point dans un but généreux que Philippe se rendait dans la capitale. Il venait y présider un chapitre de la Toison d'Or, et décorer du collier de l'ordre Vergy, Toulongeon et les principaux capitaines vainqueurs à Bulgnéville. Cependant, en passant devant la tour de Bar, le soir même de son entrée, il se ressouvint qu'elle renfermait un prince de son sang, jeune, brave et malheureux. Les gardes lui en ouvrirent les portes, et le puissant souverain de tant de riches provinces, *l'égal des rois, le grand duc d'Occident,* serra René dans ses bras, et prolongea avec lui un mélancolique entretien.

Les deux princes se voyaient pour la première fois dans cette obscure enceinte. Charmé de l'esprit du duc de Bar, Philippe lui prodigua des marques d'attachement sincères en apparence. Quelques jours suffirent pour effacer des préventions passagères; et le 1ᵉʳ mars (1), René, libre sur parole, put enfin espérer un meilleur avenir.

(1) Le premier jour de mars 1432 eust son premier respit René duc de Bar. (*Heures manuscrites du roi René.*)

Rolin de Poligny, chancelier de Bourgogne, jeta, au nom de son maître, les bases d'un traité provisoire, où tout resta vague et indécis. Des éloges de la courtoisie du duc Philippe et l'affectueuse expression de la reconnaissance de René pour Marguerite de Bavière et les princes qui lui avaient témoigné un touchant intérêt, remplissent le préambule.

Le duc de Bar reconnaît ensuite n'être mis en liberté que pour une année; et, ce délai passé, il s'oblige sur sa foi de reprendre ses fers, à la première sommation du vainqueur.

Dans l'intérêt de la paix et par amour pour son peuple, avant même que la querelle de succession soit jugée, il s'engage, 1° à fiancer sa fille Yolande à Ferry de Lorraine, fils aîné de son rival, à la confier entre les mains du comte, et à lui donner en dot dix-huit mille florins du Rhin;

2° A payer d'avance vingt mille *saluts d'or*, à valoir sur sa rançon, dont le chiffre sera déterminé plus tard;

3° Enfin à céder, en gage de sa parole, les villes et châteaux de Clermont en Argonne, de Châtillon, de Bourmont et de Charmes, à solder les troupes qui y tiendraient garnison, et à livrer en ôtage ses deux fils, Jean et Louis d'Anjou.

Pleins de confiance dans la chevaleresque loyauté de leur seigneur, trente chevaliers lorrains d'antique lignage s'engagèrent par serment à garantir son retour à Dijon dans la tour de Bar, le 1er mai

1433; ou à son défaut à se livrer prisonniers à sa place, un mois après le délai expiré (1).

René était trop impatient de rompre ses fers, pour refuser de souscrire à ces conditions et d'apposer sa signature au bas du traité. Il en ratifia tous les articles; et le 1ᵉʳ mai suivant, il retrouvait à Bar Isabelle et sa mère. Le comte de Vaudemont lui-même « en signe de grant amour » le rejoignit à l'abbaye de Notre-Dame de Bouxières, où René était venu, comme simple pèlerin, accomplir un vœu de sa captivité. Il l'accompagna à Nancy, et fut témoin des transports de joie qui éclataient sur le passage d'un prince, que l'amour de ses sujets consola tant de fois des caprices de la fortune. Éclairé par ces marques d'attachement de tout un

(1) Le nom de ces seigneurs et la teneur de la déclaration méritent d'être conservés :

C'étaient : Rodolphe comte de Linange, Simon comte de Salm, Arnould de Siergues, Philibert et Erard du Châtelet, Jean d'Autel sire d'Aspremont, Ferry de Chambley, Jean et Jacques d'Haussonville, Charles et Gérard de Haraucourt, Ferry de Parroye, Ferry de Ludres, Philibert de Brissey, Philippe de Conflans, Jean de Saint-Loup, Guillaume de Lignéville, Ferry de Savigny, Jean de Poligny, Thiedric Bayer, Simon des Armoises, Arnould de Ville, d'Espinaux, Tolard de Saulm, Guillaume de Dommartin, Wari de Fléville, Philippe de Lénoncourt, Henri Haze et Robert de Harronich.

« Nous qui ne faisons aulcun doubte que nostre dict seigneur ne
» vueille et ne doye loyaument tenir et acquitter sa foy, et accomplir
» sadicte promesse, comme il a offert, avons d'abondant, de nostre
» liberale et franche volonté, promis et juré, et jurons loyaument, que
» monseigneur de Bar rentrera en prison. S'il advenait le contraire,
» nous nous rendrons prisonniers. 16 avril 1432, avec le scel de tous
» les seigneurs susnommés. »

peuple, le comte parut renoncer momentanément à la conquête de la Lorraine. Ces acclamations lui révélaient sa faiblesse, et il se contenta de soumettre ses droits à l'arbitrage du duc de Bourgogne. Mais un traité définitif n'entrait point alors dans les vues de Philippe. Il remit son jugement à une autre époque, et laissa à René la jouissance d'une liberté incertaine.

Ce prince en profita pour maintenir la paix et réprimer dans ses états les désordres nés des malheurs des temps. Il conclut divers traités d'alliance avec la ville de Metz, les comtes de Saint-Pol et de Ligny, le sire de Servoles et plusieurs autres châtelains turbulents. Robert de Saarbruck sévèrement châtié, à la suite d'actes odieux de trahison et de brigandage, obtint aux pieds de René le pardon de sa félonie. Les aventuriers cessèrent de désoler la Lorraine, et il fut fait des plus coupables prompte et bonne justice.

Le duc de Bourgogne continuait de prodiguer à son prisonnier des signes d'attachement et de confiance. Il fit évacuer les quatre villes de Lorraine occupées par ses troupes, et reconduire à Nancy Jean et Louis d'Anjou. Ces enfants, qui connaissaient si jeunes la prison et l'exil, furent enfin rendus à leur mère. La parole du duc de Bar était plus forte que les otages.

Le mariage de Louis de Savoie et de Jeanne de Lusignan appela René à Chambéry. Il s'y rendit en compagnie du duc de Bourgogne, qui déploya dans ces fêtes une grande magnificence. Louis était le frère de cette ravissante Marguerite de Savoie, mariée à Louis III d'Anjou, roi de Sicile. Sur le point de rejoindre son époux et de traverser l'Italie à la tête d'un corps nombreux de vaillants chevaliers, elle s'était arrêtée à la cour de son père, si brillante et si polie (1). Bientôt elle allait partir pour ce beau royaume de Naples, qui lui promettait une couronne, et qui, avant que l'année ne s'écoulât, n'avait à lui rendre qu'un cercueil.

« Les fêtes de ce mariage, dit Monstrelet, furent
» moult plantureuses et solemnelles. Il y fust faict
» de grandes joyeulsetés et aultres esbattements,
» après lesquels le duc de Bourgogne fist présent
» à Jeanne de Lusignan d'une bague et d'un fer-

(1) Amédée VIII, surnommé le Pacifique, premier duc de Savoie et beau-frère du duc de Bourgogne.

Fatigué des honneurs et du pouvoir, il abdiqua en faveur de son fils, après un règne heureux de quarante-trois ans, et se retira au prieuré de Ripaille. Ce fut dans cette tranquille demeure que les ambassadeurs du concile de Bâle vinrent lui offrir la thiare, après avoir déposé sans aucun droit le pape Eugène IV. Amédée, élevé au pontificat sous le nom de Félix V, sentit se rallumer une ambition qui paraissait éteinte. Il prolongea pendant six années le schisme d'Occident, et ne consentit à rendre la paix à l'Église, par une démission pure et simple, qu'en 1449, sous le pontificat de Nicolas V. Créé par ce saint pape doyen du Sacré-Collège, il retourna dans sa solitude de Ripaille, où, disent ses panégyristes, il ne se ressouvint pas plus de son pontificat que de sa royauté. Il y vécut encore dix-huit mois dans la pratique des vertus chrétiennes, heureux d'avoir pris cet intervalle entre sa vaine papauté et le compte terrible qu'il eut à en rendre, plus heureux encore, ajoute Æneas Sylvius, s'il n'eût pas imprimé cette flétrissure et réservé cette amertume à sa vieillesse!

(*Histoire de l'Eglise*, Bérault-Bercastel.)

» mail estimé trois mille ducats. » Le duc de Bar, assis auprès de l'*espousée*, reçut le plus gracieux accueil. Sa réputation chevaleresque, ses malheurs, sa jeunesse, sa spirituelle gaîté attiraient sur lui les regards et l'intérêt de tous ces princes. Vaincu par leurs sollicitations et leurs prières, le duc de Bourgogne consentit à éloigner de nouveau le terme fatal.

Pendant que René oubliait sa captivité à la cour de Savoie, les évêques de Metz et de Verdun, au nom du conseil de régence et sous l'inspiration de Charles VII, s'adressaient directement à l'empereur et soumettaient à sa décision la question de succession et de souveraineté de la Lorraine. Malgré l'indépendance du duché, des liens féodaux l'unissaient encore à l'empire, et son chef pouvait seul rendre équitablement une sentence sans appel. Fils d'une sœur de Louis Ier, Sigismond avait conservé pour la maison d'Anjou un attachement sincère. Il accueillit avec bienveillance la requête des prélats, et donna l'ordre à son héraut de sommer les deux compétiteurs de porter leur cause devant son tribunal.

Le comte de Vaudemont parut d'abord accepter cet arbitrage. Il se rendit à Bâle suivi de jurisconsultes, et lut lui-même, en présence de l'empereur, un long mémoire à l'appui de ses prétentions. D'interminables plaidoiries, où les avocats du duc de Bar et du comte parlèrent tour à tour, suivirent cette lecture. Ce dernier se livra à de telles divagations pour prouver que la Lorraine était un fief salique; il cita, suivant la bizarre érudition du temps, tant de textes empruntés aux auteurs sacrés et profanes, que Sigismond ne put réprimer son impatience et son ennui. Il quitta brusquement la salle, laissant à ses conseillers le soin d'entendre la fin de cette harangue.

Le 24 avril (1434), un jugement solennel termina ces débats. Il fut prononcé dans la cathédrale de Bâle, en présence des pères du concile et d'une foule immense de spectateurs. Du haut de son trône, l'empereur Sigismond reconnut les droits de René; il lui donna l'investiture de la Lorraine, et l'admit à foi et hommage.

Plein de reconnaissance et de joie, le jeune prince prit le même jour congé de Sigismond. Il entra à Nancy en triomphe, et pour célébrer cet heureux événement, fit publier qu'un grand tournoi aurait lieu le 11 mai à Pont-à-Mousson. Les courses de lances et de bagues, les joûtes à armes courtoises, les bals et les fêtes se succédèrent sans interruption dans cette ville, où les plus illustres chevaliers ne crurent pas ternir l'éclat de leur écusson en se mesurant avec les bons bourgeois de Metz. Ce fut même un de ces derniers, nommé Nirol Groigna, qui remporta le prix du tournoi; et comme le cite avec orgueil la chronique rimée de cette vaillante cité:

> Par devant tous les grants seigneurs,
> Eurent les Messains grant honneur.

L'implacable ressentiment du comte de Vaudemont vint interrompre ces fêtes. Aveuglé par la haine et la colère, il s'était rendu de Bâle à la cour de Bourgogne, où il avait porté appel de la sentence de Sigismond. Après avoir flatté, avec une merveilleuse adresse, l'orgueil de Philippe, il lui présenta un mémoire sur la bataille de Bulgnéville.

René y était accusé de s'être toujours montré « le formel et capital ennemy de la maison de » Bourgogne, » et d'avoir le premier commencé la guerre par l'invasion du comte de Vaudemont, « en » extirpant les vignes, coupant les bleds verts et » les arbres portant fruits. »

« C'estoit comme parents, amys et bien veuil-
» lants que le comte de Fribourg, les sires An-
» toine et Jehan de Vergy, et aultres chevaliers et
» escuyers, de Bourgogne, Savoye et environs,
» avoient pris les armes à la prière de madame
» Marie d'Harcourt, son épouse bien aymée. »

Le comte ajoutait ensuite, « que lui-même venu
» à Hesdin, trouver le comte Philippe, en avoit
» reçu des lettres, où il étoit ordonné à Toulon-
» geon d'aller en sa compaignie, avec ce qu'il
» pourroit finer (trouver) de gens de guerre. »

» Qu'enfin, près de Neufchâtel, luy Antoine,
» avoit desployé son pennon, armoyé de ses armes,
» comme seul chef de l'armée; que le jour de la
» bataille, tous les barons avoient suivi son exem-
» ple, excepté le mareschal de Toulongeon, qui

» n'avoit point voulu que la bannière de Bour-
» gogne flottât, là où elle n'estoit pas la pre-
» mière. » Le comte, en terminant, réclamait avec
instance le duc de Bar comme son prisonnier, et
prenait pour *témoins plesges* de la vérité de ses
paroles Antoine de Vergy et messire Humbert, maréchal de Savoie.

Ce mémoire, où l'éloge était mêlé au blâme, fit
sur l'esprit du duc de Bourgogne une impression
profonde. Il comprit toute la justice des représentations de Vaudemont; mais comme elles l'impor-
tunaient, après avoir hésité longtemps, il lui parut
plus commode et plus utile d'accepter le rôle de
geôlier, et d'étouffer à la fois un sentiment d'équité
féodale et sa générosité naturelle.

Peu de temps après cette décision du vainqueur,
le héraut Toison-d'Or arrivait à Nancy un jour de
marché, et publiait à son de trompe, à la porte
du palais ducal, l'article du traité du 6 avril 1432,
qui imposait au duc de Bar l'obligation de reprendre ses fers.

A peine cette nouvelle fatale fut-elle connue,
qu'une consternation inexprimable se répandit dans
la Lorraine et le Barrois; et le peuple entier voulut
courir aux armes. Mais, ni la douleur de ses sujets, ni les représentations de son conseil, ni les
prières d'Isabelle, en deuil de la sainte duchesse
Marguerite, ni même la mort récente de son héroïque frère, Louis d'Anjou (1), que venait d'adop-

(1) Mort en Calabre, au Cosenza, le 24 novembre 1434. — Ce

ter Jeanne de Naples, ne purent engager René à fausser son serment. Esclave de la foi jurée, comme le roi Jean, de chevaleresque mémoire, il se rappela la honte dont s'était couvert Louis Ier, son aïeul, lorsqu'au lieu de rester en ôtage auprès d'Edouard III, il avait regagné furtivement la France, au mépris de sa parole et de l'honneur paternel.

L'écusson du noble prince devait toujours rester sans tache. Il donna un présent au héraut du duc de Bourgogne; et, après avoir remercié ses sujets de leur dévouement et nommé un conseil de régence qui vint en aide à Isabelle, il s'achemina tristement vers Dijon, où les portes de la tour de Bar se refermèrent une seconde fois sur lui (1).

Séparé de nouveau de tous les siens, sans autre compagnie que quelques serviteurs fidèles, René reprit les travaux qui avaient abrégé les heures de sa première captivité. La chapelle qu'il avait fait vœu de consacrer à son patron après la bataille de Bugnéville était alors presque terminée. Elle s'élevait attenante à l'église du vieux palais, et René se plut à décorer ses vitraux de gracieuses peintures. Ses armes et son portrait brillèrent également sur les rosaces de la Chartreuse de Dijon et sur les gothiques fenêtres de la chapelle ducale.

---

prince, un des plus brillants chevaliers de son siècle, fut un modèle d'honneur et de vertu.

(1) Le premier jour de mars 1435, rentra ledict seigneur en prison audict lieu de Dijon, en Bourgogne.

(*Heures manuscrites du roi René.*)

La tourmente révolutionnaire a effacé de son souffle ces précieux souvenirs; elle a brisé les blasons rayonnants respectés par les siècles et les tempêtes; et pour que rien ne manquât à l'égalité de ses ravages, elle a soulevé la tombe de Philippe de Bourgogne, et dispersé le même jour, confondu dans la poussière, les cendres du vainqueur et les vitraux fragiles du royal prisonnier.

La peinture n'occupait pas tellement le duc de Bar qu'il ne trouvât des heures nombreuses à consacrer à de plus sérieux travaux. La riche bibliothèque des ducs de Bourgogne touchait à sa prison. Il y puisa sans réserve. C'est sans doute à ces études solitaires qu'il dut ses connaissances étendues en histoire et en législation. Le latin, le grec et l'hébreu lui devinrent familiers. Quelquefois aussi, à jour tombant, il chantait sur la viole de mélancoliques ballades, dont il avait composé la musique et les vers.

Tandis que René dominait l'infortune par le calme de son courage et l'élévation de son âme, deux fidèles gentilshommes de Provence, le baron de Montclar et Vidal de Cabanis, pénétraient successivement dans sa prison, et lui apprenaient l'adoption et la mort de la reine de Naples (2 février 1435). De violentes passions, les désordres et les agitations qu'elles entraînent, avaient cruellement troublé la vie de cette dernière héritière de Charles Ier et de la branche royale de Duras. Triste jouet d'audacieux favoris, Jeanne avait vu le poi-

gnard ensanglanter sa couche. Elle avait appelé tour à tour à son héritage les maisons d'Aragon et d'Anjou, et la guerre civile et étrangère avait longtemps désolé son royaume. Mais, depuis l'arrivée à Naples du généreux Louis III, son affection pour ce prince était restée constante; elle l'avait solennellement adopté, quoiqu'il lui reprochât publiquement ses faiblesses, et telle avait été sa douleur, en apprenant sa mort prématurée, « que jamais depuis ne fut veue rire, ne soy resjouyr. Mais tout
» le reste de sa vie, qui pas ne fut longue, ne fist
» que pleurer, languir et tourner à desclin. Par-
» quoy, ajoute Bourdigné, comme bonne chres-
» tienne congnoissant sa fin estre proche, disposa
» de sa conscience, et ordonna son testament, par
» lequel institua monseigneur René, duc d'Anjou,
» son héritier au royaume de Sicille, et voulut,
» pour l'amour qu'elle avoit au roy Loys, son def-
» funct frère, qu'il luy succédast. » Ainsi c'était au moment même où une sombre prison resserrait plus étroitement le prisonnier de Bulgnéville, qu'il devenait le chef de sa maison et recevait une couronne.

Dans cette situation pleine de difficultés et de périls, le duc de Bar n'hésita pas à prendre une énergique décision. La prudence, le courage et la sagesse d'Isabelle, lui inspiraient une confiance entière; il chargea Cabanis de porter à Nancy de pleins pouvoirs à cette princesse. Elle devait se rendre immédiatement en Provence, armer quelques vaisseaux, et faire voile pour le royaume de Naples. Pendant que ce loyal serviteur remplissait sa mission, trois ambassadeurs napolitains venaient, au nom du conseil de régence institué par Jeanne, saluer leur roi dans les fers.

Cependant la mort de la reine avait réveillé les espérances du parti aragonais. Le duc de Sessa releva son drapeau; il avait mis le siège devant Gaëte, et pressait Alphonse de profiter de l'absence de son rival. L'ambitieux roi d'Aragon ne tarda pas à suivre ce conseil. Bravant la défense du souverain pontife, il rallia, sur les côtes de Catalogne et de Sicile dix-neuf grands navires et onze galères, et vint jeter l'ancre dans la rade de Gaëte. La ville, attaquée par terre et par mer, était sur le point de se rendre, lorsqu'un événement inattendu jeta dans le camp des assiégeants la consternation et l'effroi.

A la nouvelle du débarquement d'Alphonse, la république de Gênes, presque toujours en guerre contre les corsaires de Barcelone, s'était alliée au duc de Milan, pour combattre un prince dont elle suivait d'un œil inquiet les conquêtes en Italie. Son brave amiral Biagi Axareto, qui, de simple rameur était devenu général de ses flottes, s'était mis en mer le 1er août, avec douze vaisseaux, une galéasse et trois galères; et le 4, à la pointe du jour, les assiégés, du haut de leurs remparts, avaient pu apercevoir la croix rouge de Gênes brillant sur l'étendard milanais.

Un combat terrible s'engagea le lendemain entre les deux flottes, à la hauteur de l'île de Ponza. Vainement Alphonse et ses chevaliers firent des prodiges de valeur. Les habiles manœuvres des Génois rendirent inutiles la supériorité du nombre, le courage, les lances et les armures de fer. Bientôt tous leurs efforts se dirigèrent sur la *capitane* d'Aragon, dont un intrépide plongeur parvint à percer le bordage. Renversé par un boulet, blessé sous la chute du grand mât, Alphonse, au moment de sombrer, se rendit prisonnier du duc de Milan, et remit son épée à Jacques Justiniani, gouverneur de Chio. La prise de la *capitane* décida de la bataille. Quand le pavillon royal cessa de flotter, les Aragonais ne songèrent plus qu'à fuir. Leurs navires, inférieurs en marche et mauvais voiliers, tombèrent successivement au pouvoir des Génois (1), et la victoire fut si complète, qu'il n'échappa à la faveur de la nuit qu'une seule galère, montée par l'infant Pierre d'Aragon. Ses deux autres frères, Henri, roi de Navarre, et le grand-maître de Saint-Jacques, et plus de trois cents chevaliers partagèrent la captivité d'Alphonse.

Des transports de joie éclatèrent dans la Lorraine, la Provence et l'Anjou au bruit de ce triomphe. Partout on annonçait la mise en liberté

---

(1) Presque tous les vaisseaux aragonais furent pris à l'abordage. « Les Génois, dit Bourdigné, chargèrent leurs canons de pierres de chaux vive, qu'ilz leur gectoient au-devant des yeulx, dont leur troubloient si fort la vue qu'ilz ne povoient veoir leurs adversaires. »

du bon roi et sa prochaine arrivée en ses états héréditaires. Le souverain pontife, les pères du concile de Bâle, l'empereur, le roi de France et tous les princes de son sang renouvelèrent leurs instances auprès du duc de Bourgogne. Mais ce dernier, sous l'influence du comte de Vaudemont, resta inflexible. Il exclut René de la paix générale, et fit annoncer cette dure détermination aux conférences d'Arras, par son chancelier Raulin de Poligny. On crut généralement qu'un sentiment d'envie, indigne d'un grand prince, avait inspiré ces iniques rigueurs. Peut-être aussi Philippe voulut-il, dans son orgueil, humilier la majesté royale, comme si la couronne, qui brille à travers les barreaux d'une prison, perdait de son éclat, en réfléchissant des chaînes?

« La conduite du Bourguignon, dit Gianonne,
» donna lieu à discourir. Elle parut d'autant plus
» inhumaine, qu'au même moment Visconti trai-
» tait Alphonse plutôt en hôte qu'en prisonnier. »

Dans cette cruelle situation, le courage de la reine de Sicile fut plus grand que ses malheurs. Renonçant à d'inutiles prières, elle pensa que la victoire hâterait mieux que les larmes la délivrance de son époux. Les conseils de René étaient devenus des ordres. Elle se rendit en Provence, suivie de son second fils et de la gentille Marguerite. La présence de cette jeune mère, si vertueuse et si belle, son dévouement, son éloquence et sa douleur, enflammèrent cette population fidèle et passionnée.

« Tous admiroient, dit César Nostradamus, son
» fils et sa fille, comme s'ils eussent esté deux
» anges descendus du palais céleste. On ne voyait
» que monter et flamber feux de joye; que chants
» et publiques allégresses par les rues, couvertes
» de festons, de guirlandes et de fleurs; que mu-
» siques et cantiques aux temples, et que générales
» et continues bénédictions. »

Les États de Provence ne s'en tinrent pas à ces manifestations stériles. Des subsides considérables furent votés par acclamation; et une flotte, armée dans le port de Marseille, mit à la voile le 18 octobre (1435), emportant, avec Isabelle et ses enfants, le vœu de tout un peuple. La traversée fut heureuse et de courte durée. Peu de jours après, la reine descendait à Naples au milieu d'une foule immense, accourue sur le rivage. Le comte de Nola et les seize seigneurs chargés de la régence lui prêtaient serment de fidélité; cet exemple était suivi par le clergé, la noblesse et les députés des corporations et des métiers. Ils juraient tous de soutenir sa couronne ou de mourir pour sa défense.

Ces démonstrations unanimes et la joie populaire n'aveuglèrent point Isabelle. Elle connaissait la légèreté naturelle des Napolitains, leur amour de nouveautés, leur inconstance et leur penchant à la révolte. Ce royaume, autrefois si florissant, était devenu la proie de l'anarchie féodale, sous la faible main de Jeanne. Les lois sans force, le pouvoir royal impuissant et avili ne contenaient plus l'orgueil de seigneurs indépendants, qui vivaient dans leur château sans reconnaitre de maitre, et changeaient de parti, suivant leurs intérêts, leurs passions et leurs caprices. Isolée au milieu de Naples, sans argent, sans autre armée qu'un petit nombre de chevaliers dévoués, la reine ne sentit point faillir son courage. Elle devint par ses vertus l'idole de la noblesse et du peuple, et rallia autour d'elle tous les partisans de la maison d'Anjou. Un secours de quatre mille hommes, envoyé par Eugène IV, la mit en état de tenir campagne. Le brave Michel Attendelo lui soumit la Calabre. Elle lui avait confié la garde de son fils, le jeune prince Louis, marquis de Pont-à-Mousson, qui, suivant l'exemple paternel, faisait à dix ans ses premières armes.

« Aussi, dit Étienne Pasquier, celte vraye ama-
» zonne, qui dans un corps de femme portoit un
» cueur d'homme, fist tant d'actes généreux pen-
» dant la prison de son mari, que ceste pièce doibt
» estre enchassée en lettres d'or dedans les annales
» de Lorraine. »

La gloire dont se couvrait Isabelle ne la consolait point de la captivité de son époux. Du fond de l'Italie, elle renouvelait ses démarches auprès des princes chrétiens, et les prières que lui inspirait son amour pour René, leur arrachaient des larmes. Le souverain pontife joignait ses instances aux siennes. Echo des vœux qui s'élevaient de tous les points de l'Europe, il invoquait la générosité de Philippe, lui citait l'exemple du duc de Milan et le sommait, au nom de sa renommée, de fixer enfin le jour de la délivrance. En Lorraine, en Anjou et en Provence, le clergé et la noblesse, les bourgeois des villes et le bon peuple des campagnes s'imposaient spontanément les plus grands sacrifices pour la rançon de leur prince. De pauvres gentilshommes vendaient leurs vieux manoirs; il y eut même un chevalier de Lorraine, qui, après avoir versé dix-huit mille *salutz d'or,* engagea en entier l'héritage de ses pères.

Enfermé avec son fils ainé au château de Bracon, plus triste encore que la tour de Bar, le bon roi ignorait ces touchantes marques de l'amour de ses peuples. « Il s'en crut, dit Duhaillan, du tout ou- » blié ; » et dans ses heures de mélancolique tristesse, « il peignit des oblies d'or en la chambre où il » tenoit prison. »

Cependant les refus hautains du duc de Bourgogne ne décourageaient point la régence de Lorraine. Elle continuait ses négociations avec ce prince, qui consentit à envoyer à Bracon son chancelier Rolin, Jean de Fribourg et Pierre de Charny, sire de Beaufremont (avril 1436). Mais les espérances que leur venue fit naitre ne tardèrent point à s'évanouir. Ils proposaient des conditions telles, que le conseil de régence refusa d'y souscrire; et René lui écrivit pour le remercier de cette détermination. Il ajoutait qu'il préférait mourir captif et oublié, à la honte d'acheter sa liberté par un traité onéreux à ses peuples.

L'été entier se passa en négociations stériles, pendant lesquelles René eut à subir de nouvelles rigueurs. Traîné d'une prison à l'autre dans la crainte d'une évasion, il se trouvait en Flandre au château de Lille, lorsque le duc de Bourgogne lui fit connaître ses intentions dernières.

Pour faciliter la conclusion d'un traité définitif, « et par amour pour son très cher seigneur et » cousin, René, roi de Hiérusalem et de Sicile, » duc d'Anjou, de Bar, de Lorraine, etc., Philippe » consentoit à faire et donner un second respit » et eslargissement de prison, du 8 novembre au » lendemain de Noël, moyennant que ledict sei- » gneur jurera et promectra par la foy de son corps » et en paroles de roy :

» 1° De reprendre sa prison le vingt-sixième jour » de décembre ;

» 2° De laisser en ôtage son fils aîné ;

» 3° Enfin de *bailler en gage* les villes et chas- » tels de Clermont en Argonne, de Neufchâtel et » de Gondrecourt. »

Ces jours de liberté s'écoulèrent rapidement, sans qu'il fût possible de poser les bases d'un traité définitif. Toujours fidèle à sa parole, René quitta Nancy et revint se mettre à la disposition du duc de Bourgogne. Mais tant de loyauté toucha enfin ce prince. Il fixa à quatre cent mille écus d'or, payables en plusieurs termes, la rançon de son prisonnier, et demanda en outre la cession de la seigneurie de Cassel, enclavée dans le comté de Flandre.

L'alliance de Ferry de Vaudemont et d'Yolande fut arrêtée de nouveau, et une dot considérable accordée à cette princesse. Une clause spéciale assurait à leurs enfants le duché de Lorraine, en cas d'extinction de la ligne masculine et directe de la maison d'Anjou.

Un article secret stipulait la neutralité de René entre la France et l'Angleterre, et indiquait le mariage de la princesse Marguerite et du jeune roi Henri VI, comme gage de paix pour les deux peuples.

Le duc de Montfort, fils aîné du duc de Bretagne, vingt seigneurs du Barrois et de Lorraine, dix de Provence et dix d'Anjou apposèrent leur sceau à ce traité, et firent le serment de se constituer prisonniers à Dijon dans le délai d'un mois, si une seule de ces conditions n'était point remplie. Seulement le duc de Montfort eut la faculté de se faire remplacer, comme ôtage, par dix gentilshommes de *nom et armes*, suivis chacun de deux écuyers. Les places de Clermont et de Neufchâtel continuèrent de rester entre les mains du duc de Bourgogne, jusqu'au paiement de la moitié de la rançon (1).

---

(1) Dom Calmet, qui nous sert de guide, ne donne les noms que des gentilshommes de Lorraine et du Barrois. Presque tous les ôtages de 1432 renouvelèrent cette preuve de dévouement à leur prince.

Tous ces articles, et quelques autres d'une moindre importance, furent arrêtés à Lille, le 28 janvier 1437. Philippe signa le traité à Bruxelles, et le 11 février suivant (1), le roi de Sicile vit enfin se terminer sa longue captivité.

Le duc de Bourbon, l'archevêque de Reims et le grand connétable de Richemont avaient représenté Charles VII aux négociations qui précédèrent la délivrance de René. Magnifiquement fêtés par le duc de Bourgogne, ils l'accompagnèrent à Arras, où fut décidé le mariage de Marie de Bourbon, sa nièce, et de Jean d'Anjou, duc de Calabre. Philippe, qui, dans ces occasions solennelles, déployait un luxe inconnu aux rois, voulut se faire pardonner ses rigueurs. Il remit gracieusement à René quatre cent mille *salutz d'or* (2); et les deux princes prirent congé l'un de l'autre en se donnant les signes d'un mutuel attachement.

Le roi de Sicile, de retour en Lorraine, assembla à Pont-à-Mousson les états du duché, « afin » d'adviser de sa rançon et de plusieurs aultres » besoignes. » Un impôt général de deux *salutz* par famille fut voté immédiatement. Les évêques de Toul, de Metz et de Verdun, consentirent en

---

(1) « Le 11 février 1436, Monseigneur de Bourgogne quitte sa foy » au roy René en l'Isle en Flandres. » Pâques étant alors le premier jour du calendrier, le mois de février appartenait à l'année 1436, au lieu de 1437. (*Heures manuscrites de René.*)

(2) Le *Salut*, ainsi nommé, parce qu'il portait l'empreinte de l'*Annonciation*, était une monnaie d'or, frappée en France par Henri VI, roi d'Angleterre. Elle était de la valeur de 25 sols tournois.

outre une *taille* d'un *sol* sur tous leurs vassaux, clercs, nobles, manants et bourgeois sans exception. Un vieil historien remarque que cette taxe est le premier impôt établi en Barrois et en Lorraine.

Des actes qui révèlent le cœur de René signalèrent son séjour dans ces provinces. Avant même de compléter sa rançon, il délivre les derniers prisonniers de Bulgnéville, récompense en roi ses fidèles serviteurs, tient compte de tous les dévouements et de toutes les infortunes. Placé sur le rocher de Rhodes, comme la sentinelle de la chrétienté, l'Ordre de Saint-Jean de Jérusalem couvrait alors l'Europe de sa gloire. René confirme ses privilèges. Il étend sa protection spéciale aux hôpitaux et maisons de *léproserie* et *maladrerie*. Des règlements pleins de sagesse veillent sur leur administration : il recommande surtout le choix du directeur de l'hôpital de Saint-Julien de Nancy, admirable et sainte fondation, destinée à servir d'asile à la vieillesse indigente.

La paix profonde, qui régnait dans les deux duchés, rendant la présence de René moins nécessaire, il quitta Nancy à la fin de l'hiver, après avoir nommé le conseil de régence (1), et se rendit en

---

(1) Après la mort de Henri de Ville, René nomma pour gouverner ses deux duchés en son absence, Conrad Bayer, évêque de Metz, l'évêque de Verdun et Erard du Châtelet, Ferry de Parroye, Jean d'Haussonville, Ferry de Fléville, Jean et Ferry de Chamblay, Beaudouin de Fléville, abbé de Gorze, et Ferry de Savigny firent partie du conseil de régence.

Anjou, où l'attendait la bonne reine Yolande. Sous la sage administration de cette vertueuse princesse, cette province avait eu peu de désastres à déplorer; la guerre, qui ravageait les *marches* voisines, semblait s'être arrêtée à ses frontières; et quand les Anglais les avaient franchies, ils avaient été chassés rudement, « excepté ceulx qui estoient morts. »

Le mariage du duc de Calabre et de Marie de Bourbon retint René en Anjou. Ce prince, âgé de treize ans, avait partagé la prison de son père, et s'était mûri de bonne heure au contact de l'adversité. Dirigé dès l'enfance par des maîtres doctes et vertueux, il avait reçu ses premières leçons sur les genoux du vénérable Henri de Ville, évêque de Toul. Un pieux et savant prêtre, Jean Manget (1), auteur du *Maistre des Sentances*, et le bon chevalier Antoine de la Salle (2), succédèrent au vénérable prélat. Jean d'Anjou avait grandi à cette école d'honneur

---

(1) Né de parents inconnus et d'une union coupable, Jean Manget, *escolâtre* et doyen de Saint-Dié, fit oublier cette origine par sa science, ses vertus et la pureté de ses mœurs. Il existe aux archives de cette petite ville, une lettre de Nicolas d'Anjou, fils du duc de Calabre, qui permet « à son ami et féal conseiller, jadis maistre d'escole de son très chier seigneur et père, » de tester et de disposer de sa succession nonobstant la coutume de Lorraine, qui donnait au prince les biens *de toute personne née et créée illégitime, hors léal mariage.* »

(2) Auteur de l'admirable roman de *Jehan de Saintré*, d'une chronique *de Flandre* et d'un ouvrage de morale, intitulé la *Salade*, « parce que en la salade se met plusieurs bonnes herbes. »

L'illustre Palamède Forbin et Jehan de Lalande, savants jurisconsultes de la ville d'Aix, furent aussi attachés à l'éducation du prince.

et de science, et annonçait déjà les brillantes qualités qui le rendirent célèbre.

René passa tout l'été en Anjou. Il visita ses principales villes, reçut le serment de fidélité des habitants, et sut gagner les cœurs par son affabilité et sa bonté inépuisable. Depuis l'époque où, encore enfant, il avait été adopté par le cardinal de Bar, il n'avait point revu cette belle contrée, berceau de sa maison. Il lui voua bientôt tout l'amour qui s'attache à la terre natale, et, quand de nouveaux malheurs l'eurent éloigné d'elle, sa dernière volonté fut que son corps y reposât près de celui d'Isabelle et des tombeaux de ses aïeux.

L'invasion du royaume de Naples par le roi d'Aragon, et la prise de Gaëte, abrégèrent le séjour de René en Anjou. Il en partit à la fin de novembre, et se dirigea sur la Provence, en descendant le Rhône depuis Lyon jusqu'à Arles. A la vue de ce prince si bon, si chevaleresque et si brave, l'enthousiasme des Provençaux ne connut plus de bornes. « On ne vit bientôt plus à Arles que danses, festins et *mystères*, décharges d'artillerie confondues avec le son des cloches, et une musique perpétuelle. » La joie populaire est peu prévoyante; chacun oublia que l'argent dépensé en fête, eût reçu une destination meilleure, s'il avait servi à payer la rançon de René ou à conquérir son royaume. Partout les travaux étaient suspendus, et la population « affamée de voir son souverain » se pressait sur son passage. « Aussi, dit un historien provençal, les rayons du jour naissant n'ouvrent pas si doucement le sein des fleurs, que le premier aspect de cet astre bienfaisant fit épanouir les affections de nos âmes (1). »

La religion qui, dans ces temps de foi, sanctifiait les plaisirs comme les douleurs, mêlait ses voix augustes aux transports de la foule. Le vénérable cardinal d'Arles (2) ordonnait en actions de grâces des prières générales. Par ses ordres, les reliques de saint Césaire et de saint Honorat, premiers évêques de la vieille colonie romaine, avaient été extraites de leurs *châsses* précieuses, et une procession de plus de cent mille fidèles parcourut lentement les rues jonchées de fleurs.

Le séjour du bon roi à Aix et à Marseille fut marqué par de nouvelles fêtes. Convoqués dans le palais de cette première ville, les États du comté supplièrent René d'accepter en don cent mille florins. Le chapitre de la métropole le nomma chanoine d'honneur; et, suivant les mœurs de ce siècle, le prince ne dédaigna pas de chanter l'office au chœur, une amusse sur son armure (3). A Mar-

(1) Gaufridi, Honoré Bouche, Galaup de Chasteuil.

(2) Louis d'Allemant, président du concile de Bâle. Il mourut à Salon en odeur de sainteté, en 1450, après avoir fait oublier son opiniâtreté et ses erreurs par l'éclat de son repentir et de ses vertus.

(3) « Une délibération du chapitre porte que le 6 août de chaque année, jour où l'on bénissoit les raisins, le noble chanoine d'honneur, René, sera régalé des meilleurs qu'on pourra trouver. »

Hugues IV, duc de Bourgogne, et en cette qualité chanoine de Saint-Martin de Tours, n'ayant pu être reçu à cause de son jeune âge, Alix

seille, il jura sur l'évangile d'observer religieusement les priviléges de la cité. Alors les syndics, la tête nue et en grand costume, prêtèrent le serment de foi et d'hommage; et le peuple, élevant la main droite en signe d'adhésion, fit retentir l'air de ses acclamations et de ses vœux (1).

Depuis un temps immémorial, les Marseillais avaient montré à la maison d'Anjou un attachement héréditaire. Le bon roi, qui avait sur toutes choses la mémoire du cœur, voulut le reconnaître au commencement de son règne. Il leur concéda des franchises nouvelles, et ouvrit leur port exempt de droits aux navires de toutes les nations. Sa reconnaissance embrassa également les simples particuliers assez heureux pour lui avoir montré du dévouement ou fait quelques sacrifices. Jean Thomassin de Vesoul, Cabanis, Montclar, l'archevêque d'Aix Amo de Nicolaï, Louis de Bouliers, Charles de Castillon, les deux frères Fabri d'Hyères, reçurent des marques de sa générosité royale.

Cependant ces soins et ces fêtes n'arrêtaient point

---

de Vergy, sa mère et sa tutrice, fut admise à le représenter. Elle assista à l'office revêtue de l'habit, et donna le baiser de réception à tout le chapitre.

(1) *Histoire de René d'Anjou*, par le vicomte de Villeneuve-Bargemont. — Je devrais citer à chaque page cette histoire pleine d'érudition et d'intérêt, comme tous les ouvrages du noble écrivain. C'est elle que j'ai presque toujours suivie, qui m'a montré la route, indiqué les sources où j'ai puisé, épargné les recherches, elle enfin, qui a éclairé mes travaux, et m'a inspiré mon amour pour le bon roi de Sicile, et la pensée de publier ses Œuvres.

les préparatifs du départ. René avait reçu à Marseille les ambassadeurs du pape et de la république de Gênes. Le doge Thomas Frégoze lui envoyait des galères, et les vaisseaux armés dans les ports de Provence tenaient déjà la mer, lorsqu'une révolte inattendue vint contrister René et retarder l'embarquement.

Un Juif, nommé Asturge Léon, aveuglé par le fanatisme de sa race, n'avait pas craint d'insulter aux croyances d'un peuple entier, en prononçant publiquement d'horribles blasphèmes contre la bienheureuse mère du Sauveur. Livré au tribunal suprême d'Aix par les témoins du crime, les juges prirent en pitié sa jeunesse, et ne le condamnèrent qu'à cent livres d'amende. Cette indulgence, en apparence excessive, souleva la multitude irritée contre les Juifs. De sombres rumeurs circulèrent dans la foule. « Ils ne se contentaient plus, disait-
» on, d'accaparer le commerce et de ruiner les
» chrétiens par leurs infâmes usures; il leur fallait
» encore le sang d'enfants nouvellement baptisés
» pour le mêler au levain du pain pascal. » Des cris de mort, préludes d'un massacre général, s'élevèrent contre ce malheureux peuple. Les familles les plus opulentes abandonnèrent la ville d'Aix, laissant leurs richesses et leurs maisons à la merci de la multitude. Elle les poursuivit jusqu'au Pertuis, petite ville toute peuplée de Juifs, sur les bords de la Durance. Leur synagogue fut détruite,

et sans la courageuse intervention des consuls, le sang eût abondamment coulé. Des émeutes semblables agitèrent la Provence.

René n'était point à Aix quand ces désordres éclatèrent. Il y accourut sur-le-champ pour les réprimer et châtier les coupables. Il transporta à Marseille le tribunal suprême, afin que, libres de toute influence, les juges rendissent en son nom une impartiale justice. Des mesures sévères rétablirent la tranquillité, et furent suivies d'une amnistie générale, dont il n'excepta que les plus coupables.

Mais ce n'était point assez de calmer cette émotion populaire, il fallait en prévenir le retour. René, à l'exemple des plus illustres souverains pontifes, se déclara le protecteur des Juifs. De sages règlements leur assurèrent dans ses états une tranquille existence. Ils purent se fixer sans crainte en Provence et en Lorraine, y établir leurs familles et se livrer au trafic. Aujourd'hui que leurs nombreux descendants habitent encore ces provinces, qui sait parmi eux que c'est peut-être à la justice chrétienne et à la tolérance éclairée du bon roi, qu'ils doivent leurs richesses et la libre transmission de l'héritage de leurs pères?

Le retour de l'ordre permit enfin à René de songer à la conquête du royaume de Naples. Il s'embarqua à Marseille au commencement d'avril (1438) sur une flotte de cinq galères et de deux brigantins, commandée par Jean de Beausset (1). Sept autres galères l'attendaient dans la rade de Gênes, où le doge lui fit une réception royale. René resta huit jours dans cette riche cité, plus occupé de resserrer son alliance avec les Génois que de plaisirs et de fêtes. Il jura de protéger leurs libertés et leurs franchises, et se lia avec l'illustre Frégoze d'une amitié qui ne se démentit jamais. Le doge voulut que son frère accompagnât le roi de Sicile, et commandât lui-même les galères de la république.

La flotte remit à la voile à la fin d'avril. Le 9 mai elle doublait le promontoire du Pausilippe et jetait l'ancre dans la baie de Naples. Mille cris d'enthousiasme saluèrent la première entrée du bon roi dans sa capitale, où l'avait devancé sa réputation de bonté et de vaillance. La couronne sur la tête et le sceptre à la main, il parcourut à cheval les principaux quartiers, avec ses deux fils et la reine Isabelle. Le soir il arma chevaliers vingt-six jeunes seigneurs, choisis dans les plus illustres familles.

Les chroniqueurs contemporains nous ont laissé de brillantes descriptions de cette entrée triomphale. Pleins d'amour pour René, ils se plaisent à

---

(1) Noble famille de Provence, qui compte parmi ses membres l'illustre cardinal, historien de Bossuet et de Fénélon. Jean II, fils de l'amiral, s'était attaché à la fortune de René, il l'avait accompagné à Naples, à la tête d'une compagnie de quarante-cinq arbalétriers, qu'il tenait à sa solde.

le comparer « à un ange descendu du ciel. » Ils décrivent dans les moindres détails les fêtes qui lui furent données, les transports de joie et l'exaltation du peuple à la vue de son roi. « Toutes les fois qu'il sortoit, dit l'un d'eux, une foule immense le suivoit avec infinis sons, d'incroyables applaudissements et des démonstrations singulières d'un exquis et merveilleux contentement. »

Le connétable Jacques Caldora, duc de Bari, commandait l'armée napolitaine. Célèbre par sa loyauté, autant que par ses victoires, il s'était rendu à Naples pour offrir à René ses conseils et son épée. Le capitaine Michelotto, qui avait conquis la Calabre, et le brave Attendolo, avaient rejoint le vieux guerrier. Leur exemple entrainait l'élite de la noblesse du royaume.

Chaque jour le roi de Sicile voyait de nouveaux renforts se ranger sous sa bannière. Sa présence avait ranimé le vieil amour des Napolitains pour la maison d'Anjou. Les familles les plus illustres armaient leurs vassaux, et se dévouaient à sa cause. Parmi cette foule de seigneurs, il distingua surtout les quatre frères Carraccioli, fils d'un des favoris de la reine Jeanne, et le vertueux Jean Cossa, compagnon des mauvais jours, fidèle au malheur, comme d'autres à la fortune.

L'armée réunie à Naples s'éleva bientôt à vingt mille hommes, sans compter les chevaliers d'Anjou, de Lorraine et de Provence. René, pour ménager l'orgueil national, n'avait confié aucun commandement à ces intrépides gentilshommes. Il leur suffisait de combattre au premier rang sous les yeux de leur seigneur, et d'être en toute circonstance les *mieulx faisants* et les plus braves.

Arnaud de Villeneuve, dit le grand capitaine, armé chevalier par Louis III sur le champ de bataille d'Aquila (1), Bertrand de Grasse et Raymond d'Agoult, les sires de Lénoncourt, de Rémerville, d'Haraucourt et de Saint-Vallier, Eustache, Louis et Jean du Bellay, Louis de Beauvau, Thibault de Laval et le sire de Valori étaient à la tête de ces vaillants chercheurs d'aventures. Soucieux de gloire et prodigues de deniers, ils avaient vendu ou engagé leurs fiefs dans l'espoir de mesurer leurs lances avec les chevaliers aragonais et de rencontrer dans la mêlée le rival de leur roi.

Alphonse V, fils de Ferdinand le Juste, l'élu de la grande assemblée de Caspe, n'avait point hérité de l'esprit de modération de son généreux père. Richement doté des mains de Dieu de tous les avantages extérieurs et des qualités les plus brillantes, il avait mis ces précieux dons au service d'une ambition sans bornes. Cette violente passion et l'amour du plaisir remplirent tour à tour sa vie.

(1) Aïeul du marquis de Villeneuve-Vence, du comte Albin de Villeneuve, député du Nord, et du marquis de Villeneuve-Trans, membre de l'Institut, plus connu sous le nom de vicomte de Villeneuve-Bargemont, auteur de la belle histoire du roi René que nous avons citée, d'une vie de saint Louis et d'un grand nombre d'autres ouvrages. Les familles les plus illustres de Provence, de Lorraine et d'Anjou reconnaîtront ici le nom de leurs ancêtres.

Mais l'agitation qu'elles entraînèrent ne fut point exempte de douleurs.

Ses prétentions à la couronne de Naples remontaient aux premières années de son règne. Jeune encore, il s'était éloigné de l'Aragon, à la suite de la mort violente d'une de ses belles maîtresses, Marguerite de Hisar, étranglée dans son palais par ordre de la reine. Depuis cet acte de jalousie sanglante, une haine profonde séparait les deux époux. Alphonse quitta sans regret son royaume; il retrouvait à la cour voluptueuse de Jeanne de nombreuses distractions et de faciles amours.

La reine n'avait point encore disposé de son héritage. Alphonse se présentait à elle dans tout l'éclat de la puissance et de la beauté. Il sut flatter habilement ses passions et ses caprices; l'intrigue et l'or gagnèrent ses favoris, et Jeanne, qui se dirigeait rarement d'elle-même, adopta le brillant monarque, et le nomma son successeur. Elle avait cru choisir un protecteur et un fils; elle ne s'était donné qu'un maître absolu, plein d'orgueil et d'exigence.

Dès qu'Alphonse se crut assuré de la couronne, ses hauteurs et ses mépris accablèrent cette malheureuse princesse. Il voulut lui enlever jusqu'à l'ombre du pouvoir. Mais la petite-fille de Charles Ier avait encore quelques gouttes de ce sang dans les veines. Elle se rappela qu'elle était issue de la maison de France, oublia les querelles des Duras, et révoqua l'acte d'adoption, en appelant à son aide le valeureux Louis III. Une bulle du pape Martin V reconnut ce prince pour héritier du trône.

Chassé du royaume de Naples après la bataille d'Aquila, Alphonse se vengea à sa manière. Tous les moyens lui convenaient pour satisfaire sa haine. Il continua de soutenir l'anti-pape Benoît XIII; et même après la mort de cet opiniâtre vieillard, il prolongea le schisme d'Occident, en ordonnant aux deux cardinaux, qui restaient seuls de cette obédience, d'élire dans un conclave sacrilége un fantôme de pontife.

La mort prématurée de Louis d'Anjou, suivie presque immédiatement de celle de la reine Jeanne, ranima les espérances du roi d'Aragon. Il résolut de tenter de nouveau la conquête de Naples, et ni les obstacles, ni les revers ne purent arrêter l'accomplissement de ses ambitieux projets.

Les historiens et les poètes espagnols et italiens ont à l'envi célébré ce prince; ils lui ont donné les surnoms de *sage* et de *magnanime*, et ont exalté sa prudence, sa valeur, la fécondité de ses ressources, sa générosité, son amour pour les lettres et sa rare éloquence. Passionné pour l'antiquité, Alphonse armait chevaliers les savants, qui faisaient revivre dans la langue vulgaire les chefs-d'œuvre des plus beaux génies de Rome et d'Athènes. Il avait traduit lui-même en espagnol les épîtres de Sénèque. Les annales de Quinte-Curce, de Tite-Live et de Xénophon, Homère et Virgile l'accompagnaient dans ses voyages, et il ne se livrait jamais au sommeil, sans lire quelque passage des Commentaires de César.

Tel était le redoutable adversaire contre lequel le bon roi de Sicile eut à lutter à son arrivée dans son royaume. De prisonnier de Philippe Visconti, Alphonse était devenu son ami et son hôte. Il avait contracté avec ce prince une étroite alliance, et c'était sur une galère milanaise qu'il avait rejoint l'infant don Pèdre, et glorieusement relevé son drapeau.

Ce jeune prince, échappé presque seul au grand désastre de Ponza, avait armé une nouvelle flotte dans les ports de Sicile. Il s'était emparé de l'île d'Ischia en face même de Naples, et la trahison du gouverneur lui avait livré les clefs de la ville de Gaëte. De Terracine aux portes de la capitale, le pays obéissait aux Aragonais; ils avaient conquis une partie de l'Abruzze et menaçaient d'envahir le reste du royaume, lorsque René, impatient d'en venir aux mains, sortit de Naples le 9 août, à la tête de son armée, et chassa devant lui les éclaireurs ennemis.

La roi d'Aragon, qui aimait à redire « que les espions sont les yeux et les oreilles d'un grant capitaine, » apprit au retour de la chasse, près de Castel Viezo, la marche de son rival. La *furie française* lui était connue; il résolut d'éviter toute action générale, et d'attendre, dans un vaste camp retranché, le moment de profiter des fautes de ses ennemis.

Les deux armées restèrent plus d'un mois en

présence l'une de l'autre sans livrer aucun combat. Les souvenirs de Bulgnéville inspiraient la prudence, et les Aragonais, du haut de leur enceinte fortifiée, adressaient aux Angevins de vaines provocations. Fatigué de cette inaction sans gloire, René voulut en sortir à la manière du grand roi Charles et de Louis Ier, son aïeul.

Le 22 septembre, son héraut se présentait à l'entrée du camp, et remettait à Alphonse un gantelet ensanglanté en signe de défi. Le roi d'Aragon hésita à répondre. Il voulut consulter ses capitaines, et l'un d'eux, parlant plus en légiste qu'en chevalier, fit observer, par plusieurs raisons de *droit*, que le duc d'Anjou était trop petit compagnon pour se mesurer avec son maître.

« Alors Alphonse demanda si c'étoit *corps à
» corps*, ou avec son armée, que René vouloit
» combattre.

» Avec toute l'armée, répondit le héraut, qui
» avoit remarqué l'indécision du prince.

» J'accepte le gantelet, reprit le roi. Dans huit
» jours je serai au pied du Vésuve entre Nola et
» Acerra, prêt à livrer bataille. »

Le champ du combat était choisi à quelques lieues de Naples, dans un pays soumis à René, et les règles les plus vulgaires de la prudence défendaient d'y laisser pénétrer un ennemi. Le roi de Sicile renvoya son héraut pour prévenir Alphonse qu'il lui épargnerait le chemin tout entier, et qu'il l'attaquerait à Castel Viczo à l'heure et au jour convenus. Dans la nuit, le roi d'Aragon abandonna son camp avec toute son armée. Il avait pour maxime : « que se mettre à l'abri d'être vaincu, c'est com- » mencer à vaincre (1); et il lui paraissait peu sage » de mettre sa fortune à la merci d'une bataille. »

Un combat glorieux sous les murs de Nola, la prise de Sulmone, d'Aquila et de Castel Nuovo signalèrent la fin de cette campagne. Le gouverneur de cette dernière forteresse, étroitement bloquée depuis l'arrivée de René, ne la rendit qu'après avoir épuisé ses munitions et ses vivres. Située au centre de Naples, elle était tombée l'année précédente au pouvoir de don Pèdre, et sa garnison était pour les habitants un sujet continuel d'inquiétudes et de menaces.

L'hiver, en mettant fin aux combats, donna le signal des fêtes. Vainqueur dans un grand tournoi, Othon Caraccioli reçut des mains d'Isabelle une rose et une aigrette de diamants. Une jeune veuve de dix-neuf ans, Béatrix de San-Severino, appelée par les poètes le *soleil des beautés napolitaines*, remit elle-même le *prix d'amour*.

René n'attendit pas le retour de la belle saison pour reprendre les armes. Il nomma Isabelle ré-

---

(1) Antoine de Palerme, *de dictis et factis Alphonsi.*

Les historiens ont interprété diversement, et suivant leurs affections, la conduite d'Alphonse et de René dans cette circonstance Dom Calmet révoque en doute la présentation du gantelet ensanglanté. D'autres prétendent que les deux princes se rendirent, chacun au lieu qu'il avait désigné, dans l'intention d'éviter le combat. Le caractère chevaleresque de René dément cette supposition gratuite.

gente du royaume, et continua la conquête de l'Abruzze ultérieure. La ville et la principauté de Salerne et plusieurs forteresses importantes de la Calabre lui envoyèrent leur soumission. Il dut une partie de ces succès aux conseils et à l'épée du connétable Jacques Caldora. Le roi lui accordait une confiance entière, et aucune entreprise importante n'était tentée sans l'avis de ce vaillant capitaine.

Tandis que le roi de Sicile faisait reconnaître son autorité dans des provinces éloignées, plus encore par sa bonté que par ses armes, Alphonse, effrayé de ses succès, concentrait à Gaëte une armée de quinze mille hommes. La pensée de profiter de l'absence de René et de s'emparer de Naples, où il conservait des intelligences, lui vint alors dans l'esprit. Il fit monter sur sa flotte une partie de ses troupes, et parut tout-à-coup aux portes de la capitale, au moment même où don Pèdre escaladait le château de l'Œuf, et jetait l'ancre à l'entrée du port. La ville fut immédiatement attaquée par terre et par mer (22 septembre 1439).

L'héroïque caractère d'Isabelle ne se démentit point dans ce péril. Parcourant les rues de Naples avec ses enfants, elle en appela à l'amour de son peuple. Chaque jour elle visitait les principaux quartiers, les forts, les remparts, les postes les plus exposés. Son exemple remplit de dévouement et d'ardeur la population entière. Le courage d'une faible femme et d'habitants mal armés triomphait de l'audace d'Alphonse et de la lance de ses chevaliers.

La mort de l'infant don Pèdre inspira aux assiégés une nouvelle confiance. Il dirigeait les batteries du vaisseau amiral, lorsqu'un boulet, lancé de la tour des Carmes, lui emporta la tête. La veille, à la même heure, par un merveilleux hasard, un boulet de la flotte avait enlevé la chevelure d'un Christ placé dans la grande église du couvent, sans toucher au visage du Sauveur. Les bons moines, en apprenant la mort de l'infant, crurent à la vengeance céleste. Ils suspendirent à la voûte le boulet aragonais, au-dessus de la tombe de l'infortuné Conradin.

Alphonse assistait à la messe, lorsqu'on lui apporta le corps inanimé de son frère. La tête, tombée dans la mer, n'avait pu être retrouvée, et il n'avait devant les yeux qu'un tronc ensanglanté. Assez maître de lui pour contenir sa douleur, il n'interrompit point le saint sacrifice et continua de prier en silence. Mais, quand un gentilhomme vint lui exprimer les regrets de la reine, et lui offrir, en son nom, de suspendre les hostilités et de faire enterrer dans Naples même, avec une pompe royale, le malheureux infant, il se contenta de remercier Isabelle, et répondit fièrement que telle était effectivement sa volonté, mais qu'il ajournait l'accomplissement de ce devoir douloureux à son entrée dans sa capitale.

Des pluies torrentielles et l'arrivée du roi de Sicile forcèrent Alphonse de lever le siége de Naples. René était descendu des montagnes de la Calabre à la nouvelle des dangers que courait Isabelle. Après avoir taillé en pièces, entre Montefoscolo et Arpaia, les troupes italiennes du comte de Vintimille, il s'empara du château de l'OEuf sous les yeux du roi d'Aragon.

Les deux armées étaient campées pendant ce siége à la longueur d'un trait d'arbalète, et de nombreux combats se livraient dans l'étroit espace qui séparait les deux camps. Ce fut pour un brave chevalier napolitain, nommé Perluigi Auriglia, l'occasion de faire *merveille d'armes*. Chaque jour il rompait des lances, pénétrait dans le camp ennemi, et, après y avoir jeté le trouble, en sortait à toute bride, sans qu'on pût l'arrêter, « tellement, dit
» Jean d'Aucy, qu'Alphonse esmerveillé fist crier
» à son de trompe que personne ne fust si hardy,
» sous peine d'avoir les deux poings coupez, de
» tirer contre Perluigi coups d'arquebuze, d'arba-
» leste ou d'arc, mais seulement de lance ou
» d'espée, ne voulant pas qu'un couart ostat la
» vie à si vaillant chevalier, le plus gentil compai-
» gnon du monde. »

Tous les sentiments élevés et généreux reposaient dans le cœur du roi d'Aragon, et reparaissaient avec éclat, toutes les fois qu'une politique prudente n'avait point intérêt à les comprimer. C'est à la même époque qu'Alphonse rejeta avec indignation la demande d'obscurs sicaires, qui lui offraient de le délivrer de son ennemi par le poison ou le poignard. Il fit prévenir René de se tenir sur ses gardes, et lui donna le signalement des assassins.

La retraite des Aragonais et la levée du siége de Naples donnèrent au roi de Sicile tout l'honneur de cette campagne. Mais une perte plus grande que celle d'une bataille, la mort du fidèle Jacques Caldora, remplit son armée de deuil. René versa des larmes sur ce vaillant capitaine, enlevé inopinément au milieu de sa gloire. Il remit à son fils Antoine l'épée de connétable, croyant sans doute retrouver le même dévouement et les mêmes vertus.

Cependant ces expéditions successives, cet égal mélange de succès et de revers ne décidaient point la querelle des deux princes. Tour à tour vainqueurs ou vaincus, et presque égaux en forces, ils ne faisaient que ravager le royaume, sans obtenir d'avantages décisifs. Les fertiles plaines de la Campanie, couvertes de gens de guerre, étaient incultes et désolées, et à peine comptait-on trois ou quatre villes importantes qui n'eussent pas retenti du bruit des armes.

Le cœur de René souffrait de tous les malheurs de son peuple; il voyait avec douleur s'éterniser la guerre; l'argent lui manquait pour payer ses alliés et ses propres soldats. « Quand on vit, » dit Muratori, que ce prince étoit pauvre, et que » sa bourse ne distilloit pas cette rosée d'or à la-

» quelle on s'attendoit, et qu'il n'apportoit que son
» courage et ses talents militaires, le zèle des
» Napolitains commença à foiblir. »

René n'ignorait pas que l'or et les promesses d'Alphonse avaient ébranlé le dévouement d'un grand nombre de seigneurs. Antoine Caldora lui-même avait lié avec le roi d'Aragon de secrètes intelligences. Répudiant l'exemple paternel, il trahit son bienfaiteur dès qu'il douta de sa fortune, ou que, comblé de faveurs, il n'eut plus rien à lui demander.

L'hiver avait suspendu les hostilités. Il s'annonçait plus froid et plus rigoureux que d'ordinaire (1440). Retirés dans leurs châteaux, les principaux chefs étaient abandonnés aux intrigues d'Alphonse. Ses émissaires parcouraient l'intérieur du royaume ; ils ranimaient le zèle de ses partisans, et donnaient comme certain son prochain triomphe. La présence de René pouvait seule déjouer ces projets de trahison et de révolte. Il résolut de parcourir les provinces qui lui étaient encore soumises, et de s'assurer de leur fidélité.

Mais, avant de s'éloigner de Naples et de confier à ses habitants la garde de ses enfants et de la reine Isabelle, il convoqua le peuple sur la grande place du marché, près de l'église Saint-Sauveur.

Une foule immense y accourut de tous les quartiers de la ville. René, entouré de sa femme et de ses enfants, réclama le silence. Puis, élevant la voix au-dessus de cette multitude attentive, il rappela en peu de mots l'adoption et le testament de la reine Jeanne, l'attachement héréditaire des Napolitains à la maison d'Anjou et ses droits à la couronne. Il était prisonnier du duc de Bourgogne, enfermé dans un obscur donjon, lorsque leurs députés vinrent le reconnaitre pour leur roi. Ne pouvant immédiatement se rendre parmi eux, il leur avait envoyé ses enfants et son épouse bien-aimée. Aucun péril n'avait effrayé leur courageuse reine. Isabelle avait traversé les mers et combattu à leur tête. Elle les avait gouvernés avec amour; et dernièrement encore elle avait partagé avec eux l'honneur et les dangers d'un glorieux siége.

Quant à lui, depuis deux années qu'il défendait son droit les armes à la main, il avait cherché à se montrer digne de leur choix et de leur confiance. Mais la fortune avait trahi leurs espérances et les siennes. Une guerre, dont il était impossible de prévoir le terme, détruisait les dernières ressources de son royaume. Il ne pouvait sacrifier tout un peuple à sa cause, ni prodiguer la vie de tant de fidèles serviteurs. Leur héroïque dévouement exigeait de lui un égal sacrifice.

Alors, montrant de la main ses vaisseaux, dont les pavillons flottaient sur la rade, il ajouta qu'il était prêt, par amour pour son peuple, à délier ses sujets de leur serment de fidélité, et à faire voile vers la France, puisqu'il ne lui était pas donné de conclure la paix ni de les rendre heureux.

Cent mille voix interrompirent à cet instant le généreux monarque. Des cris de *Vivent René et Isabelle! nous et nos enfants nous mourrons tous pour eux, périsse l'Aragonais!* montèrent jusqu'au ciel. Ces longues acclamations ébranlèrent dans ses fondements la vieille Parthénope. La foule porta René en triomphe à son palais, et il fallut que le bon roi, ému de tant d'amour, renouvelât le serment de ne jamais se séparer de son peuple (1).

René, dès le soir même, réunit son conseil. Il lui fit part de sa résolution de quitter Naples dans la nuit et de visiter pendant l'hiver les provinces fidèles pour les maintenir dans le devoir. Un petit nombre d'intrépides chevaliers, sous les ordres de Raymond de Bartelle, accompagnèrent le monarque (décembre 1439).

Il se dirigea vers l'Abruzze Ultérieure, où l'attendaient de nombreux dangers. Avant de franchir les Apennins et leurs sommets glacés, il lui fallait traverser un pays occupé par les troupes d'Alphonse, tromper un ennemi vigilant et lui dérober sa marche. Plusieurs villes fortifiées se trouvaient sur sa route; leurs garnisons étaient nombreuses et aguerries, et le sort de René était à la merci d'un combat malheureux. Aucun obstacle n'arrêta le vaillant prince. Revêtu d'une simple armure, sans rien qui le distinguât de ses chevaliers, il se

---

(1) Degly; Papon; Ferreras. *Histoire de René*, par le vicomte de Villeneuve-Bargemont.

3 *

fit ouvrir les portes de Nola et de Bayanne, aux cris de guerre *Ursins, Ursins,* puissante famille qui suivait le parti aragonais. Une indiscrétion de ses soldats l'ayant fait reconnaître, il évita Monteforte et pénétra dans la montagne. La neige recouvrait tous les sentiers, et une pluie glaciale tombait par torrents. Guidé par un pauvre moine nommé Antonello, René passa ainsi deux nuits dans les Appennins, ranimant le courage de ses soldats par sa gaîté et son exemple. Il rallia sa petite armée à l'entrée de la plaine, et, après des fatigues inouies, supportées sans se plaindre, il trouva enfin un sûr asile à Saint-Angelo dit Scala, baronie d'Othon Caraccioli.

L'historien de René nous le peint assis au foyer du châtelain, réchauffant ses membres glacés, sans linge, sans vêtements et sans bagages. Il fait lui-même cuire les œufs pour le souper commun, devise en riant avec ses compagnons, partage leur frugal repas, refuse le seul verre qu'ils aient pu se procurer, et boit comme eux dans une tasse de hêtre.

Après quelques heures de repos, il se remet en route. Un attroupement de montagnards attaque son escorte dans un lieu désert et sauvage, près de Pietra Stortina. Un chevalier français, nommé Guy, resté à l'arrière-garde, met en fuite ces misérables ; il en fait plusieurs prisonniers et les conduit au roi, qui, loin de les punir, leur distribue tout l'argent de sa bourse, et les renvoie à leurs travaux. Les habitants de Hauteville, témoins de sa bonté, lui ouvrent leurs portes et se dévouent à sa cause. Le lendemain il entrait à Bénévent, où il séjourna plusieurs jours.

Le frère Antonello, ce fidèle guide du voyage, était né dans cette dernière ville. Il y possédait un modeste logis, que le roi voulut visiter. René s'y rendit accompagné de ses plus illustres chevaliers, et fit largement honneur au dîner du bon religieux, « qui cuyda bien en mourir ; tant sa joye fust grande. » Ces traits, dignes d'Henri IV, se renouvellent sans cesse dans la vie du roi de Sicile. Pauvre et brave comme le Béarnais, quand il avait ses pourpoints troués et son armure faussée, il dort sur la dure enveloppé dans son manteau, partage les fatigues et les périls de ses soldats, vide entre leurs mains son escarcelle peu garnie ; il aime, au milieu de serviteurs dévoués et de simples villageois, à oublier sa royauté sous un toit de chaume. Sa familiarité pleine de bonté, sa gaîté « doulce et plaisante » ne sont égalées que par sa franchise et sa chevaleresque valeur. Mais moins que le grand Henri, il sut connaître les hommes ; jamais ingrat, souvent trompé, s'il ne laissa aucun service sans récompense, il pardonna trop facilement au repentir apparent, qui voilait une trahison. Ce fut à tous les âges la grande faute de sa vie.

Dans un pays désolé depuis deux siècles par des guerres de succession, où le droit, souvent incertain, rendait toujours la fidélité douteuse, et enlevait la honte à la défection, il crut à l'honneur et à la loyauté, qui n'étaient que dans son âme. Le persécuteur de sa vieillesse, le soupçonneux Louis XI, ne s'y fût pas trompé ; il eût jugé les Napolitains sur leurs intérêts et non sur leurs vertus. Mais quel homme au cœur élevé et généreux voudrait, au prix d'une couronne, que sa mémoire traversât les siècles, à la manière de celle de Louis XI?

La présence de René sur la frontière des Abruzzes, au milieu de cette population d'intrépides montagnards, remplit le but qu'il s'était proposé. Ses courses s'étendirent dans la Capitanate, sur les côtes de l'Adriatique, et jusque dans les Calabres. Il maintint la fidélité de ces provinces, leva des subsides, et parvint à organiser une armée nouvelle et à réunir de l'argent pour la solder, des munitions et des vivres. Son nom était devenu populaire dans les moindres hameaux. Partout les habitants des campagnes accouraient sur son passage, et lui offraient ce qu'ils avaient de plus cher, leurs troupeaux, leurs récoltes et leurs enfants. Un jour que, venus en foule entre Bénévent et Padula, ils voulaient tous marcher sous sa bannière, René, profondément ému de ces marques d'attachement, les remercia en touchantes paroles, les força de recevoir le prix des vivres qu'ils avaient conduits au camp, refusa leurs services et les pria seulement d'introduire quelques troupeaux de bœufs dans la capitale.

Alphonse, sorti de Gaëte, avait repris le blocus

de Naples. Ses troupes, qui s'étendaient jusqu'au Vésuve, isolaient cette grande ville du reste du royaume. Chaque année, des ports de la Catalogne sortaient des flottes nombreuses, qui apportaient l'abondance au camp aragonais. Malgré la supériorité de ses forces et le courage de ses soldats, il évitait avec soin toute action générale, s'en reposait sur le temps, son or et ses intrigues, et mettait dans la poursuite de ses projets cette constance opiniâtre propre à la nation espagnole qu'aucun obstacle ne décourage, qui lègue ses querelles d'une génération à l'autre, combat pendant huit siècles pour chasser les Maures, et ne s'inquiète jamais du dénouement.

Le roi de Sicile établit à Bénévent son quartier-général. Comme position militaire, cette ville assise sur trois rivières, au pied des Apennins, à distance presque égale de Naples et de Gaëte, de la Méditerranée et de l'Adriatique, avait été admirablement choisie. René pouvait de ce point, et par la ligne la plus courte, fondre sur son ennemi, couper ses communications, intercepter ses convois et marcher au secours de Naples et des provinces fidèles. Son armée, où régnait une sévère discipline, semblait pleine d'ardeur. L'enthousiasme qu'il inspirait avait gagné ses ennemis mêmes. Un corps de cinquante lances et de trois cents fantassins venait de passer sous ses drapeaux. Les officiers l'avaient prié d'accepter en présent six tasses d'argent massif et deux chevaux d'une beauté rare.

Alphonse sentit bientôt qu'il ne pouvait rester oisif, en face d'un adversaire dont les forces augmentaient chaque jour. Abandonnant le blocus de Naples, il s'avança jusqu'au pont de Tufara avec son armée. René, qui revenait de Lucera dans la Capitanate, apprit aussitôt la marche de son rival. Il envoya son héraut d'armes défier de nouveau le roi d'Aragon, soit à un combat singulier, soit à une bataille rangée. Alphonse ne daigna pas répondre.

Irrité de cette insolence, le roi de Sicile résolut immédiatement d'en tirer une vengeance éclatante. Sans remarquer l'hésitation de ses capitaines, il fait sonner la charge, et se précipite sur l'ennemi, avec un petit nombre d'intrépides chevaliers. Les Provençaux et les Angevins se jettent dans la mêlée : leur exemple entraîne les Napolitains ; ils fondent sur l'avant-garde d'Alphonse ; le pont et les retranchements sont enlevés ; rien ne résiste à l'impétuosité de cette subite attaque ; la fuite devient générale.

Bientôt la plaine est couverte de cavaliers aragonais, qui s'éloignent du champ de bataille. Alphonse lui-même, souffrant et malade, est forcé de céder au torrent. Déjà l'on apercevait l'escorte, peu nombreuse, qui entourait sa litière, lorsque Caldora fit sonner la retraite. Le roi d'Aragon dut sa liberté à cette trahison inattendue au milieu d'une victoire.

René, outré de douleur de voir échapper son

rival, enleva à Caldora l'épée de connétable et le commandement de l'armée. Une explication pleine d'arrogance, où la prière se mêlait aux menaces, lui avait révélé la défection de l'indigne fils de son ami.

Mais la mémoire d'un glorieux père protégeait sa tête. Un repentir simulé lui obtint son pardon. Il recouvra ses honneurs et son influence, et n'en usa que pour soulever l'armée contre son maître et son bienfaiteur. Une sédition violente éclata dans le camp. Vainement le courageux prince tint tête à l'orage; abandonné de la plus grande partie de ses troupes, il traversa avec quatre cents chevaux, les lignes aragonaises, et rentra à Naples dont il fit lever le blocus.

Une trêve de quelques mois, obtenue sur les instances d'Eugène IV et de Charles VII, interrompit les hostilités. Pour mettre un terme aux malheurs de son peuple, René offrit de renoncer au trône, à la seule condition qu'Alphonse, qui n'avait point d'enfants légitimes, adopterait le jeune duc de Calabre. Mais la prise d'Averse, livrée par Caldora, et l'obstination du roi d'Aragon firent échouer des négociations à peine commencées.

L'histoire a conservé le récit des fêtes qui célébrèrent le retour du bon roi dans sa capitale. Malgré le peu de succès de cette campagne, elle avait été loin d'être sans gloire, et l'amour des Napolitains tenait compte à René de tant de généreux efforts. Ils lui vouèrent de nouveau une fidélité inviolable, et jurèrent tous de s'ensevelir sous les ruines de leur patrie, avant de reconnaître l'Aragonais.

Le 31 décembre (1441), un théâtre fut dressé dans une des cours intérieures de Castel-Nuovo. Le château renfermait une grande foule de spectateurs, et leurs acclamations saluèrent l'arrivée de René et d'Isabelle. Les jeux alors commencèrent : la scène représentait l'entrée des Champs-Élysées, tels qu'ils sont décrits par les poètes. Minos, assis sur un tribunal, entendit tour à tour Scipion, Annibal et Alexandre. Les trois héros se disputèrent la prééminence dans des débats animés, et l'équitable juge des enfers remit à Scipion la palme des vertus héroïques.

Un discours latin d'un docte jurisconsulte, Cyprien de Mer (1), termina ses jeux. Il compara longue-

(1) Anno Domini 1441, die ultimo decembris, facti fuerunt ludi, coram serenissimo rege Renato, in civitate Neapolis, in Castro Novo ipsius civitatis. Inter quos ludos fuit celebratum spectaculum representans Scipionem Africanum, Alexandrem et Annibalem coram Minoë, disceptantes presidentiæ, etc., etc.

(Extrait d'un manuscrit du xve siècle, intitulé : *Marci Tullii Ciceronis de Officiis et Paradoxis*, découvert à la bibliothèque de Saint-Dié, par le savant M. Gravier. Il avait appartenu probablement au docteur Jean Mangel, précepteur du duc de Calabre.

Après avoir demandé pardon au roi de Sicile de mettre sur la scène des exemples aussi augustes, l'orateur ajoute que les leçons qu'il veut tirer de ce dialogue le garantissent de tout reproche. Il remarque que la fortune, souvent jalouse des grands hommes, semble prendre plaisir à les persécuter, et à élever au-dessus d'eux le vice, la médiocrité et le crime. L'intelligence du peuple se trouble à la vue de cette aveugle injustice. Mais le sage ne fait entendre ni plainte ni regret. Il aime à

ment Alphonse à Annibal et René à son vainqueur, et prédit que le bon droit, la vertu et la constance triompheraient enfin de la fortune.

lutter en homme contre la violence de l'adversité, et les tempêtes qu'elle soulève n'ébranlent point son courage.

« Sérénissime roi, vous en donnez dans cette guerre un éclatant
» exemple; mais bientôt, avec le secours de Dieu, l'issue en sera
» telle, qu'elle répondra à votre justice et à la cruauté de votre ennemi.
» Ces événements ressemblent, en tout point, à ceux qui eurent lieu
» dans la lutte de Rome et de Carthage. Annibal commença la guerre
» par la prise de Sagonte, qu'il remplit de sang et de deuil; ainsi votre
» ennemi, sire, a commencé son règne en étendant le meurtre sur Va-
» lence, reste infortuné des Sagontins. Annibal combattait contre l'em-
» pire romain; ainsi votre ennemi s'élève contre l'Église romaine. Scipion
» défendait la république, et vous, vous défendez le Saint-Siége. Comme
» Annibal, Alphonse est vieux, rusé, fourbe et déloyal. Comme Scipion,
» vous êtes jeune, prudent, juste, ami de la vérité. Comme Annibal,
» il a séduit les Campaniens, comme Scipion, vous exercez un pouvoir
» légitime sur les Napolitains. Les succès le remplissent d'orgueil
» comme ils enflèrent Annibal, et dans l'adversité vous reproduisez le
» courage et la patience de Scipion; enfin comme Annibal, il sera
» chassé et vaincu, et vainqueur vous régnerez couvert de gloire.

» C'est donc avec raison que ce spectacle a été célébré aujourd'hui
» sous les yeux de votre Majesté. C'est la même guerre dans le même
» pays, les mêmes actions et les mêmes chefs qu'autrefois, tellement que
» l'on se croirait transporté dans ces temps reculés. Comprenez donc,
» grand roi, ce que signifient ces jeux. Ce qui arrive à l'homme par le
» moyen des sens, fait plus d'effet sur lui que ce qui se présente sans
» leur secours. Aussi nos ancêtres ont-ils voulu que des images fussent
» placées dans nos temples, afin que leur vue enflammât pour ainsi dire
» l'homme d'une noble émulation. Ce n'est pas que je prétende que ces
» jeux aient été célébrés pour laisser le moindre doute sur votre cou-
» rage. On sait qu'il n'a pas besoin d'un suffrage étranger; que vous
» tirez tout de vous-même, ne regardant comme insupportable rien de
» ce qui peut arriver à un homme; mais c'est pour récréer et exciter
» votre esprit dans ces pénibles circonstances; car ces amusements
» sont de nature à vous faire oublier les maux passés, et à vous donner

L'arrivée à Naples de Philippe Visconti et du célèbre François Sforce, son gendre, semblèrent confirmer ces espérances. Le fidèle ami du roi de

» la résignation nécessaire, pour ceux qui vous menacent. Les mêmes
» institutions, au rapport de Valère Maxime, n'existaient-elles pas chez
» les Romains? Dans leurs festins, ils ordonnaient qu'on chantât au son
» des instruments les exploits de leurs prédécesseurs, afin que les jeunes
» gens, connaissant la splendeur de la vertu, fussent remplis pour elle
» d'admiration, et tellement épris de sa beauté, qu'ils la préférassent à
» toutes choses. Tel est aussi le véritable esprit de ces jeux.

» Ainsi, grand roi, ranimez votre courage, et continuez à regarder
» la vertu comme le premier de tous les biens. Vous y êtes engagé par
» l'exemple de ces trois grands hommes, dont l'existence est perpétuée
» par le souvenir de leurs actions, par l'exemple surtout de Scipion,
» dont vous êtes le modèle sur la terre. La raison vous y engage; la
» justice vous en fait un devoir. Ranimez votre courage, conduisez-
» vous en homme, comme vous l'avez toujours fait. Montrez maintenant
» cette grandeur d'âme, ce courage dont vous êtes doué. Cette conduite
» doit être celle de tous les rois, mais surtout la vôtre, sire, qui avez
» juré d'imiter des ancêtres, qui aimèrent mieux tout souffrir, la mort
» même, plutôt que de souiller leur nom de la moindre tache. Soyez
» assuré, grand roi, qu'en agissant de la sorte, vous chasserez bientôt
» votre ennemi, et qu'alors vous régnerez en paix sur vos Etats; que
» tant que Dieu vous permettra d'habiter ce monde, vous y ferez un
» si grand nombre de belles actions, que votre nom deviendra célèbre
» dans tout l'univers, et qu'enfin, après avoir parcouru la carrière de
» la vie, votre esprit, regagnant sa demeure, et placé, non au pied du
» tribunal de Minos, mais parmi les élus et bienheureux, y jouira d'une
» gloire éternelle. *Vale.* »

Nous devons à M. le marquis de Villeneuve la communication de ce curieux document, qui n'est inséré que par extrait dans l'histoire du roi René. L'étude de l'antiquité avait rendu populaires les héros de Tite-Live et de Quinte-Curce. Leurs noms, cités sans cesse en Italie, dans les écrits de cette époque, étaient offerts à l'admiration des rois, et souvent mêlés par une étrange confusion à ceux des plus illustres chevaliers. Le discours de Cyprien de Mer peut être regardé comme un modèle de l'éloquence académique du XVe siècle.

Sicile, le doge Thomas Frégoze, avait réussi à détacher ces deux princes de l'alliance d'Alphonse. Ils s'étaient embarqués à Gênes sur une galère de la république, et venaient promettre à René une amitié sincère, de l'argent et des armes.

Le doge, de son côté, hâtait l'armement d'une flotte nombreuse. Il écrivait au roi pour soutenir son courage, et il nous reste de lui une admirable lettre, qui nous montre combien le langage du cœur s'élève au-dessus d'une érudition diffuse, et à quel point, malgré le mauvais goût d'une époque, les sentiments élevés de l'âme se traduisent en paroles éloquentes. Nous citerons presque en entier ces nobles pages, qui nous font connaître la position de René, l'attachement et la haute estime que son caractère avait inspirés à l'un de ses plus illustres contemporains.

« Si les hommes, dit Thomas Frégoze (1), pre-
» naient la justice pour règle de leurs actions, la
» population entière du royaume serait soumise à
» votre empire. Mais comme on est toujours aveu-
» glé sur ses propres intérêts, comme on se laisse
» trop souvent emporter par ses passions, on préfère
» quelquefois le joug d'un usurpateur à l'autorité
» légitime du souverain.

» Nulle part, sire, vous n'avez éprouvé de vos
» sujets ni un soulèvement général, ni une sou-
» mission entière. Dans le feu des discordes civiles,

---

(1) *Histoire de Provence*, traduction de Papon.

» il se trouve des méchants, qui osent s'élever
» contre vous; mais ce qui doit vous consoler,
» c'est qu'aveuglés par la prévention, ils croient
» combattre un tyran dans celui qu'ils vénéreraient
» comme un père, s'ils le connaissaient.

» Voyez au contraire avec quelle joie, quel
» empressement, vous avez été accueilli par les
» hommes les plus vertueux! ils se disputent à
» l'envi à qui vous élèvera sur le trône. Il n'est
» rien qu'ils ne bravent pour l'amour de vous. Ra-
» vages, incendies, siéges, blessures, famine, tout,
» la mort même.

» Quand on pense à vos efforts généreux, je
» trouve que le motif le plus propre à soutenir ce
» courage, dont vous avez donné tant de preuves
» dans la bonne et la mauvaise fortune, est le zèle
» avec lequel, malgré votre éloignement, vos fidè-
» les sujets ont maintenu Naples et plusieurs autres
» villes du royaume sous votre obéissance. Je les
» félicite de ce qu'ils vont recevoir de vous des
» traitements proportionnés à leur conduite, et di-
» gnes d'un aussi noble prince. L'amour de la
» gloire, ce sentiment si naturel aux grandes âmes,
» vous y invite. Sur le trône où vous êtes élevé,
» vous foulez aux pieds les amusements frivoles et
» les plaisirs de votre âge. La gloire est la seule
» passion qui fasse battre votre cœur. Mais vous le
» savez, elle ne s'acquiert que par une fermeté
» inébranlable dans les périls et les grandes entre-
» prises.

» La fortune vous a donné des richesses, un
» grand pouvoir, des états considérables. Elle vous
» a mis l'égal par la naissance de tout ce qu'il y a
» de plus élevé sur la terre, et si nous voulons
» calculer les avantages dont elle vous a comblé,
» nous verrons qu'il reste peu de chose à ajouter
» à l'éclat qui vous environne, et que c'est seule-
» ment de vous-même que vous devez tirer un
» nouveau lustre.

» Ainsi ne vous affligez point, si elle change de
» face; regardez ses rigueurs comme des occasions
» préparées par elle de faire briller votre vertu. C'est
» à travers les obstacles et les hasards qu'Hercule,
» Annibal, Fabius et plusieurs de vos ancêtres ont
» acquis leur immortalité. Si jamais vous avez
» comme eux des revers à souffrir, des périls à
» braver, bénissez votre sort; estimez-vous heu-
» reux d'avoir avec une naissance illustre, un grand
» pouvoir, de vastes états, une occasion nouvelle
» d'ajouter à ces avantages l'éclat de la vertu.

» Tant que vous combattrez pour la justice,
» vous pouvez compter sur l'assistance de celui qui
» se fait appeler le Dieu des combats, sur la cons-
» tance et la fidélité de vos sujets, sur mon zèle et
» sur celui de la république dont le gouvernement
» m'est confié. »

Les troubles, que le choix de l'amiral de la flotte
firent éclater, ne permirent pas à Frégoze de remplir toutes ses promesses. Ses secours se bornèrent
à l'envoi de huit cents arbalétriers génois, com-

mandés par un célèbre capitaine, nommé Aarano Cibo. René, qui avait eu l'occasion de connaître son dévouement, le nomma vice-roi de Naples. Il l'appelait familièrement son grand ami et son compère.

Cibo, né à Rhodes d'une famille patricienne, avait fait ses premières armes sous les chevaliers de Saint-Jean de Jérusalem. Il s'était signalé en Italie dans toutes les guerres de son temps, et avait embrassé avec ardeur la cause de René. Comme il était aussi beau que vaillant, le bon roi, qui se plaisait aux devises, lui avait donné un bouclier sur lequel était représenté un paon avec cette légende : *beauté qui passe tout.* Cibo s'en était armé au tournoi d'Othon Carraccioli, aux grands applaudissements des dames; mais dans les combats il n'avait d'autre cri de guerre que le mot : *libertas.*

La lutte inégale, que le roi de Sicile soutenait depuis cinq années avec une héroïque constance, approchait de son terme. Renfermé à Naples, il ne pouvait plus tenir la campagne contre son redoutable rival. La fidélité des seigneurs les plus dévoués à son parti, était devenue chancelante, et l'infâme trahison de Caldora avait dispersé sa dernière armée. Décidé à partager le sort de sa capitale, il ne voulut pas exposer ses enfants et la reine Isabelle au danger de tomber entre les mains du roi d'Aragon. Un capitaine génois promit sur sa tête de les conduire en sûreté sur les côtes de Provence. René fit à sa famille de touchants adieux, et laissa libres de s'éloigner tous ceux que tant de périls détachaient de sa cause. L'amour des Napolitains combla les vides d'une garnison affaiblie. Toute la jeunesse prit les armes. Exercée chaque jour par René, et depuis longtemps accoutumée aux bruits de guerre, elle résolut de s'ensevelir avec son roi sous les ruines de Naples.

Le dévouement du peuple ne faillit jamais dans la mauvaise fortune aux princes armés pour sa défense. Vainement les courtisans les abandonnent, ou les trahissent; quand la calomnie n'a point soulevé les mauvaises passions de la foule, ni obscurci son intelligence, des populations entières se lèvent pour vaincre ou pour mourir. Il est donné à chaque siècle de renouveler ces immortels sacrifices. L'Espagne succède à la Vendée; Zumala-Carregui à Cathelineau et à Larochejaquelein.

Cependant Alphonse resserrait de plus en plus le blocus de Naples. Maître d'Averse et d'Acerra, il s'était emparé de Pouzzoles et de la Torre del Greco. La trahison lui avait livré l'île de Caprée, et tandis que son armée, campée sous les murs de la capitale, commençait le siège de cette grande cité, sa flotte sillonnait la rade, et capturait les bâtiments légers qui tentaient de pénétrer dans le port.

Bientôt toutes les horreurs de la famine se joignirent aux fatigues et aux périls d'un long siège. La faim, plus encore que l'épée, moissonna les malheureux habitants; les dernières ressources s'épuisèrent, et René, qui partageait le pain de ses soldats, fut réduit à refuser les pauvres, qui lui demandaient la nourriture de la journée. Vainement, du haut des tours de Castel-Nuovo, il cherchait chaque jour à découvrir les galères génoises. Le pavillon aragonais brillait seul à l'horizon. Rangés en lignes circulaires, les vaisseaux d'Alphonse, comme autant de citadelles flottantes, croisaient leurs feux sur les quais de Naples. Les anses voisines ne recélaient plus de barques de pêcheurs, et aucun d'eux n'eût été assez hardi pour s'aventurer sur la baie.

Un jour que le bon roi venait de visiter les postes des remparts, et de donner à ses soldats des espérances qu'il ne partageait plus, une pauvre veuve arrêta son cheval, et demanda avec menace du pain pour ses enfants. René, les larmes aux yeux, s'éloigna sans lui répondre. Alors le désespoir s'empara de cette femme. Elle se rendit à la maison d'un fontainier, nommé Annello, connu pour son attachement au parti aragonais, et lui montra une entrée secrète, qui autrefois conduisait à Naples les eaux de la montagne par un aqueduc abandonné. C'était cette issue souterraine que, neuf siècles auparavant, Bélisaire avait suivie, lorsqu'il avait arraché Parthénope des mains des barbares.

Le fontainier, plein de joie, courut en prévenir Alphonse, et s'offrit lui-même pour guide. Le roi fit appeler deux bannis napolitains, Diomède Carafa et Mathieu Gennaro. Il les chargea de choisir parmi les plus intrépides compagnons deux cent cinquante fantassins, et de tenter avec eux l'aventure (2 juin 1442).

Ils descendent, la nuit suivante, dans l'obscur souterrain, à un mille de la ville assiégée. Annello, une torche à la main, est à leur tête. Ils suivent en silence les sinuosités de l'aqueduc, et montent par une citerne sans eau dans la maison d'un tailleur, près de la porte Sainte-Sophie.

Une femme veillait avec une jeune fille en attendant le retour de son mari. Glacées d'effroi à la vue de cette multitude d'hommes armés, elles se laissent enfermer à moitié évanouies. Mais le tailleur, qui rentrait tranquillement à sa maison, échappe aux Aragonais, en jetant des cris d'alarme.

René avait été un des premiers à se réveiller à ce tumulte. Un instant lui avait suffi pour revêtir son armure et s'élancer à cheval vers la porte Sainte-Sophie. Il en trouva la garde luttant courageusement contre les soldats d'Alphonse, qui s'étaient emparés d'une tour voisine. Il les attaqua sur-le-champ, l'épée et la hache à la main, et les chassa de la tour dans le plus grand désordre.

Cependant Naples était livrée à la confusion et à l'épouvante. Des bruits sinistres circulaient dans tous les quartiers. On répandait qu'Alphonse était déjà maître d'une partie de la ville, et les cris : *Aragon ! Aragon !* retentissaient dans l'ombre. Saisis d'une terreur panique, trois cents Génois abandonnent précipitamment la porte Saint-Janvier et courent se réfugier dans Castel-Nuovo. Cette fuite sans combat décida le sort de Naples.

Averti par les signaux de ses partisans, Alphonse fait attaquer la porte abandonnée. Comme elle ne cédait pas assez vite aux efforts de ses soldats, un traître, nommé Marino Spizzinaso, jette des cordes aux Aragonais. Le vaillant don Pedro de Cardonna monte le premier sur les remparts; il y plante sa bannière, ouvre la porte à ses soldats et pénètre dans la ville.

Le roi de Sicile poursuivait les derniers débris de la troupe d'Annello, lorsqu'il apprit cette trahison. Sans hésiter un instant, il revient sur ses pas, et vole à la porte Saint-Janvier, occupée par Cardonna. Un combat sanglant s'engage entre les Aragonais et l'escorte du prince. René les charge avec fureur, dit un vieil historien : « Tenant sa bonne épée au poing et d'une adresse merveilleuse, qui ne cognoissoit nulle sorte de danger, sur eulx si vigoureusement se rua, et tant en occist, qu'on le suyvoit à la trace. » Le sang inondait ses armes, et il criait d'une voix tonnante : « *Anjou et Sicile! A moi, chevaliers !* »

L'ennemi, frappé d'admiration et de frayeur, recule jusqu'à la porte. René, toujours au premier rang, sent redoubler son courage; l'espérance de la victoire lui donne de nouvelles forces ; il allait peut-être refouler Cardonna dans son camp, lorsque de violentes clameurs lui annoncent l'approche d'Alphonse. Retournant alors la tête, il voit les Aragonais se précipiter derrière lui comme un torrent. Ils étaient entrés sans coup férir dans la ville, et cernaient de tous côtés l'intrépide monarque.

René, dans cette extrémité, ne songea point à se rendre. Préférant une mort glorieuse à la captivité de Bulgnéville, il fit bondir son cheval au milieu des rangs ennemis. Un soldat catalan, nommé Spegio, se suspend aux rênes pour l'arrêter. Le roi lui abat le poignet d'un coup d'épée (1). Il traverse au galop la place du marché et se jette dans Castel-Nuovo avec un petit nombre des siens.

Tout combat avait cessé, et l'ambition d'Alphonse était satisfaite. Mais le haineux monarque avait à se venger de cette résistance de cinq années et de l'attachement des Napolitains à la maison d'Anjou. Pendant trois jours la ville fut livrée comme une proie à une soldatesque effrénée. Les horreurs du pillage se joignirent aux horreurs de la famine. Puis, quand le sang ne coula plus, des tapis de soie, des fleurs et des guirlandes couvrirent toutes ces ruines, et Alphonse, traîné en vainqueur sur un char attelé de magnifiques chevaux blancs, entra dans Naples au milieu d'une population silencieuse et consternée.

La présence de René manquait à ce triomphe. Il s'était fait jour l'épée à la main au milieu des Aragonais, ivres de meurtres et d'orgies, il s'était réfugié sur une galère génoise, qui avait forcé l'entrée

---

(1) Amputavit manum illi ex brachio gladio vehementer vibrato.

du port. Debout sur la poupe du navire, il attacha longtemps ses regards sur cette belle et grande cité, qu'il laissait si malheureuse. A la vue de ses tours et de ses clochers, disparaissant à l'horizon, on dit que sa force d'âme l'abandonna tout-à-coup, des larmes baignèrent son visage, et on l'entendit répéter ces touchantes paroles : « Adieu, Naples, » objet de tous mes contentements et désirs, adieu » le plus digne objet de mes affections, adieu Na- » ples, adieu tout (1). »

La soumission du royaume suivit la prise de la capitale, le gouverneur de Castel-Nuovo remit les clefs de cette forteresse immédiatement après le départ de René, et le brave Cossa lui-même rendit le château de Capuana, sur l'ordre de son roi. Il s'y était enfermé avec sa femme, ses enfants et quelques soldats fidèles ; ses vivres et ses munitions de guerre étaient épuisés ; mais le loyal chevalier avait engagé sa foi d'être le dernier à élever la bannière d'Anjou sur les remparts d'une ville napolitaine, et la garnison entière partageait l'enthousiasme de son chef. Chaque jour, le feu de l'ennemi et la faim éclaircissaient ses rangs, lorsqu'une lettre de René détermina enfin l'intrépide gouverneur à accepter une capitulation honorable. Il abandonna sans regret son beau ciel de Naples, ses terres et ses châteaux de Campanie, pour s'attacher à la fortune d'un prince malheureux. Othon Carraccioli et plu-

(1) César Nostradamus, Mathieu Turpin.

sieurs autres grands seigneurs napolitains suivirent cet exemple. La reconnaissance du bon roi égala le dévouement de ses fidèles chevaliers (1).

Après une traversée de quelques jours, René débarqua sur les côtes de Toscane. Il s'arrêta à Florence, où le pape Eugène IV le reçut avec les honneurs dus à son infortune et à son héroïque courage. L'empereur Jean Paléologue et le patriarche de Constantinople étaient alors dans cette ville. Ils avaient traversé les mers, pour implorer auprès des pères du concile, les secours de la chrétienté, et mettre un terme au schisme d'Orient, lorsque celui d'Occident cessait de désoler l'Eglise. Mais l'esprit des guerres saintes n'animait plus en Europe que les successeurs d'Urbain II. Vainement les pieux pontifes élevaient leur voix vénérée et montraient les fils de Mahomet sortant de leurs déserts, près de conduire leurs chevaux s'abreuver dans les piscines de la basilique de Constantin. Plus d'un siècle devait s'écouler encore avant que les échos de Lépante répétassent les chants de triomphe des soldats de la croix.

Le roi de Sicile, en quittant Florence, avait dit au pape qu'il ne voulait plus être le jouet de l'inconstance et de la trahison des capitaines italiens. Il refusa à Gênes les offres de Frégoze, qui armait

---

(1) Jean d'Arlatan, Georges de Lamagna, Cabanis, Charles de Castillon, Vitalis, Alagonia et trois frères de l'illustre nom du Bellay eurent la plus grande part de ces royales récompenses.

de nouveau des soldats et des galères. Ne voulant plus exposer ses peuples à de sanglants sacrifices, il remercia son généreux allié et débarqua à Marseille dans les premiers jours de novembre 1442.

La joie et l'attachement des Provençaux éclatèrent à la vue de leur prince. Il revenait au milieu d'eux comme un pauvre chevalier, *sans avoir* et sans armée, entouré seulement de quelques fidèles courtisans du malheur. Mais son nom avait grandi dans l'infortune, comme d'autres dans la gloire. Le peuple racontait mille traits de bonté, de loyauté et de vaillance, et dans cette lutte inégale, mêlée de trahison et de revers, rien ne pesait sur ce noble cœur.

René passa une année entière en Provence, occupé de l'administration de son comté, et de le préserver des attaques des flottes catalanes (1). Les soixante mille florins que lui avaient votés les Etats avaient été employés à mettre en défense les côtes les plus exposées, ou distribués, comme une juste récompense, entre les chevaliers qui avaient tout quitté pour le suivre; il leur donna, en outre, une part de ses revenus des duchés de Bar et de Lorraine, et de beaux manoirs dans le comté de Provence. L'ingratitude et l'avarice ne furent jamais les

(1) Un manuscrit de l'abbaye de Lérius nous apprend que ce prince recommandait aux moines « d'exercer très exacte garde, de jour comme de nuit, de munir la grande tour d'armes, de harnois et de provisions, afin de ne laisser pénétrer qu'un seul étranger à la fois, même à la suite de l'abbé. »

défauts de René. Econome des deniers du pauvre peuple et prodigue des siens, il se contentait des sommes librement votées par les Etats, et quand l'argent lui manquait, il préférait aliéner ses domaines que de charger ses sujets d'impositions nouvelles, ou de laisser en oubli le dévouement de de ses serviteurs (1).

Tandis que le roi de Sicile prolongeait avec Isabelle son séjour en Provence, et ne s'y faisait connaître que par des bienfaits, la mort lui enlevait à la fois son second fils Louis d'Anjou et la reine Yolande (2). Le jeune prince suivait son illustre aïeule au tombeau au moment même où il venait de rétablir la tranquillité dans la Lorraine et dans le Barrois, et de conclure une paix glorieuse, après avoir vaincu le comte de Vaudemont, pris d'assaut Commercy, et châtié le félonie de son turbulent damoisel. Nommé à Naples, trois ans auparavant, lieutenant général des deux duchés, il les avait trouvés en

---

(1) M. de Villeneuve remarque que René avait alors réellement engagé ses domaines, que les revenus du duché de Bar étaient réduits de vingt mille florins à trois mille, et ceux de Lorraine, de cinquante mille à cinq mille.

Quelquefois les habitants des villes qui relevaient immédiatement de la couronne, s'opposaient à toute aliénation de domaines. Il nous reste des lettres-patentes, datées de Capoue, le 2 avril 1442, où le roi de Sicile promet aux habitants de Baux, et ce, sur leur demande, et eu égard à leur fidélité, de ne jamais aliéner cette baronie pour quelque cause que ce soit, en totalité ou en partie.

(2) Le 14 décembre de l'an 1445, trespassa au chastel de Saulmur madame Yolande, fille du roy d'Aragon, et depuis mère du roy René.

(*Heures manuscrites de René.*)

proie à tous les désordres de la guerre civile et étrangère. La présence du noble enfant avait suffi pour calmer les discordes, rallier contre l'ennemi commun la chevalerie de ces provinces, et plus fait pour la victoire que l'expérience et la sagesse du conseil de régence (1).

Cette mort prématurée accabla René de douleur. Quittant immédiatement la Provence, qu'il laissait dans une paix profonde, il envoya en Lorraine Louis de Beauvau avec de pleins pouvoirs, et se dirigea sur l'Anjou, qui pleurait encore la bonne reine Yolande (mars 1444). La présence de Charles VII retint René à Tours.

Guillaume de la Pôle, sire de Suffolk, venait d'arriver en cette ville pour traiter de la paix entre la France et l'Angleterre. Épuisés par ces guerres sanglantes, les deux peuples éprouvaient un égal besoin de repos. Mais des obstacles presque invincibles s'opposaient à la conclusion d'un traité durable. Les justes exigences de Charles avaient grandi avec la victoire, et le souvenir d'anciens triomphes ne permettait pas à l'orgueil anglais d'avouer ses récentes et nombreuses blessures.

Le roi de Sicile montra dans ces négociations une habileté et une expérience consommées. Secondé par Pierre de Brézé et Bertrand de Beauvau, il obtint la restitution du duché du Maine, et conclut une trêve de vingt mois, qui ne coûta pas à la France le sacrifice d'une seule de ses conquêtes.

(1) Dom Calmet. (*Hist. ecclés. et civile de Lorraine.*)

Le mariage d'Henri VI et de Marguerite d'Anjou fut le sceau de ce traité. Le jeune roi ne demandait en dot que la cession de son beau-père sur les Baléares (1).

Une insolente agression des bourgeois de Metz appela René en Lorraine. Isabelle, qui l'avait précédé dans ce duché, s'était rendue en pèlerinage à Pont-à-Mousson, pour y gagner des indulgences récemment accordées par le souverain pontife, et y prier en même temps sur la tombe de son fils. Embusqués sur la route, les Messins fondirent sur l'escorte qui accompagnait ses bagages; ils s'emparèrent de ses pierreries, de sa vaisselle d'argent et même de ses robes de soie et de brocart d'or fourrées de menu vair; puis, sous prétexte d'une ancienne créance due par les ducs de Lorraine, et de la secrète protection accordée par la reine à Thierry des Armoises, gentilhomme de sa maison, qui avait eu avec la ville de sanglants démêlés, ils refusèrent de réparer leur outrage (2).

Toute la chevalerie de France s'émut en apprenant l'insulte faite à une femme et à une reine. Charles VII,

(1) L'an quatre cent quarante-quatre,
Les roys de France et d'Angleterre,
Affin de toute noize abattre,
Firent abstinence de guerre.
Et alors le roy de Secille,
Affin tousjours de la paix querre,
Fiança et donna sa fille
Au feu roy Henry d'Angleterre.

(2) « Quant la royne les nouvelles en eut ouye, moult fut courroucie

qui venait de pacifier le Dauphiné, rejoignit en Lorraine son frère de Sicile. Il lui conduisait ses vieilles bandes victorieuses, que la paix laissait oisives. Le connétable de Richemont, Bertrand de la Tour-d'Auvergne, Brézé et Xaintrailles marchaient à leur tête.

Un siége de six mois, soutenu avec une opiniâtreté digne d'une meilleure cause, réduisit la ville de Metz à la dernière extrémité. Les *sept de la guerre* (1) avaient brûlé les faubourgs pour prolonger la lutte. Aucun sacrifice n'avait coûté à ces intrépides *communiers*, qui ne demandèrent la paix qu'après avoir été décimés par le fer et la faim (février 1445). Forcés alors de subir la loi du vainqueur, ils ne crurent point acheter trop cher la conservation de leurs franchises, en renonçant à toute créance sur le duché de Lorraine, et en offrant aux deux rois une riche vaisselle de vermeil et cent quatre-vingt mille écus d'or pour les frais de la guerre (2).

et moult esbahie, manda le conseil, et leur dict : « Que vous semble
» de ceulx de Metz que mes bahus et garde robbe à Metz en ont menez.
» Je m'en veux aller en Anjou vers le roy, mon marit, luy racompter
» l'outrage que ceulx de Metz m'ont faict. Je suis bien asseurée, quand
» le roy Charles le sçaura, il n'en sera pas contant. »

Chronique de Lorraine.

(1) Magistrats choisis parmi les échevins, chargés de veiller à l'honneur et à la défense de la cité.

(2)   Aux Messains cousta moult d'argent,
        Et à tout aultre manière de gent;
        Ainsi qu'ung loup prend ung oyson,
        Et l'estraingle à peu d'occoison.

Chronique de Metz. Dom Calmet.

La paix venait d'être signée à Nancy, lorsque le comte de Suffolk, de retour sur le continent, arriva dans cette ville pour épouser Marguerite au nom d'Henri VI. Ravissante d'esprit, de beauté et de grâces, cette jeune princesse n'avait point encore révélé les qualités héroïques de son âme. Mais un seul de ses sourires suffisait déjà pour charmer tout ce qui approchait d'elle, et il était facile de prévoir qu'elle dominerait à son gré le caractère doux et faible de son époux (1).

Louis d'Harcourt, évêque de Toul, bénit cette union en apparence si heureuse, le jour même où Yolande d'Anjou épousait son cousin Ferry de Vaudemont (2). A la vue des deux sœurs qui apportaient la paix, comme les colombes de l'arche, les transports de la foule se mêlèrent aux joies royales, et, au milieu des fêtes splendides qui célébraient ces alliances, René et Isabelle purent se livrer sans trouble à un bonheur depuis longtemps inconnu.

Ils tinrent pendant huit jours à Nancy de « grants et somptueux états où furent festoyés » Charles VII,

---

(1) Le sire de Charnières, secrétaire du René, fut chargé par le prince de rédiger le contrat de mariage de Marguerite et de Henri VI. Il descendait d'une famille d'ancienne chevalerie, qui existe encore en Anjou.

(2) César Nostradamus, sur la foi d'une note en langue provençale, inscrite à la marge d'un manuscrit trouvé chez Louis de Grasse, seigneur du Mas, prétend que Ferry de Vaudemont enleva lui-même Yolande, et força ainsi le roi de Sicile à consentir à un mariage arrêté depuis tant d'années. La confiance et l'attachement que René ne cessa de montrer à son gendre, démentent cette supposition romanesque, qui n'est appuyée sur aucune preuve historique.

Marie d'Anjou et le dauphin, les ducs d'Orléans, de Calabre, d'Alençon et de Bretagne, les comtes de Foix et du Maine, les plus illustres prélats et les plus brillants seigneurs du royaume. Des lices furent dressées sur la grande place de Nancy. Le roi de France y joûta contre le roi de Sicile (1). Toutes les châtelaines avaient abandonné leurs vieux manoirs, et, si l'on en croit les chroniques,

(1)   Iceulx Angloys lors vindrent querre
    La fille du roy de Secille
    Pour estre royne d'Angleterre,
    Et fist l'en (et l'on en fit) grant feste en la ville.

    Des seigneurs de France avoit mont (grand nombre),
    Le roy de Secille, du Mayne,
    Contes de Foestz, Pol, Richemont,
    Et puis monseigneur de Lorraine.

    Barons, chevaliers, escuiers,
    Seigneurs, dames et damoiselles,
    Tabourins, clarons, menestriers,
    Pour faire grant chière à merveilles.

    La feste si dura huit jours,
    Tant en danses, déduitz, esbas
    Que aultres gracieulx séjours,
    Et tant que chascun estoit las.

    Les roynes de France, Secille,
    La fiancée et la daulphine,
    Et d'autres dames belle bille,
    Si en firent devoir condigne.

    Durant la feste eut jouxtes belles;
    Et y jousta le feu bon roy,
    Armé gentement à merveilles
    En très bel et plaisant arroy.

plus d'un chevalier, ébloui par l'éclat de leurs charmes, engagea sans retour son cœur et sa liberté.

Les adieux de Marguerite d'Anjou furent pleins de deuil et de douleurs, comme si de secrets pressentiments eussent dévoilé l'avenir. Charles, qui l'aimait tendrement, voulut l'accompagner à plusieurs lieues de Nancy. René et Isabelle la condui-

> Aussi fit le roy de Secille
> Messeigneurs les contes du Mayne,
> De Foestz, de sainct Pol bien abille (habile),
> Avecques monseigneur de Lorraine.
>
> Les ungz et aultres si joustèrent
> En signe de joye et lyesse,
> Et très vaillamment s'acquittèrent
> En tout honneur, loz et noblesse.
>
> (Martial d'Auvergne.)

Un manuscrit contemporain, de la collection de M. Noël, notaire à Nancy, cité dans les pièces justificatives de l'*Histoire de René d'Anjou*, désigne ainsi les combattants :

« Ceulx de dedans :

« M. de Calâbre, de Saint-Pol, le sénéchal d'Anjou, seigneur de Beauvau, le seigneur de Mison, Jehan Cossa, Thierry de Lénoncourt, Jean Crespin, Philippe de Lénoncourt, le jeune Charny de Charnois, Jean de Nancy. »

« Les forains à couverte :

» Le roy de Cecile, le comte de Vualdange, le seigneur de Fénestrange, le sire de Bassompière, le seigneur de Flavigny, messire Wary de Fléville, le seigneur Jacques de Haraucourt, Jacquot Rouart, Geoffroy de Saint-Bélin, Jehan de Toulon, François de Chambley, Louis de Wisse, Godefroi de Namur, Philibert de la Jaille, Claude de Neufchastel. (L'hostel du roy super abondant.)

» Chascun des dicts devoit faire huit coups de jouste, et le mieulx

sirent jusqu'à Bar, et la bénirent de nouveau en versant une grande abondance de larmes; mais, quand il fallut la remettre entre les mains du comte de Suffolk, et pour toujours se séparer d'elle, tout courage les abandonna (1), et leurs dernières paroles furent étouffées par des sanglots.

Ce douloureux départ avait mis fin aux joûtes, et inspiré des pensées plus graves. Les deux rois

joustant avoeir ung diamant au dessus de mille escus, chauffrain à pincer l'escu et le tymbre armoyé de ses armes. »

Et quiconque vuidera la selle, il en est quitte pour dire aux dames : « Je n'en peulx mais. »

« M. de la Tour, ajoute un autre manuscrit, vint sur les rangs après M. de Lohéac, et devant Prégent de Coëtivi et Poton de Xaintrailles. Et y vint monté sur ung bel et puissant coursier, et une housseur de beau drap d'or, chargée de petites campanuettes d'or, et une manteline de même; et avoit dix gen'ilshommes atournadés de satin blanc. »

« Il fist douze courses, sçavoir : trois contre M. de Saint-Pol, six contre messire de Lalain, et trois contre messire de Brézé, et rompit six lances. »

Ferry de Lorraine, Gilles de Mailly et Gaston V, comte de Foix, Fouquet d'Agoult et Pierre d'Aubusson, se signalèrent aussi dans ce tournoi. Ce dernier y fist vœu de consacrer sa vie à combattre les infidèles. Soixante années de combats et de gloire et l'héroïque défense de Rhodes contre toutes les forces de Mahomet II montrent comment il sut tenir son serment.

(1)   Puis vint le conte de Suffort
        Prendre la royne d'Angleterre,
        Pour l'amener, dont pleurs à fort
        Eust l'en veu (on l'eût vu) là tumber à terre.

        Le feu roy si vint en ce lieu
        Prendre la fiancée sa niepce,
        Puis en larmoiant dict adieu,
        Et la baisa en grant destresse.

s'arrêtèrent à Toul, où ils abolirent la *Fête des fous*, souvenir honteux des saturnales du paganisme. René y publia aussi divers règlements, pour marquer les limites de la juridiction ecclésiastique, et réformer son ancienne ordonnance sur les blasphémateurs. L'amende exigée fut proportionnée à la naissance et à la qualité des coupables. Elle s'éleva de soixante sols à soixante livres, selon que le condamné sortait des rangs du peuple ou de la noblesse.

Après un court séjour en Lorraine, René se rendit à Châlons-sur-Marne, auprès de Charles VII. Ce monarque, à la veille d'entreprendre la grande réforme militaire, qui a créé la monarchie française, avait fait appel à l'expérience du roi de Sicile, et s'était entouré des princes de son sang, de ses principaux conseillers et capitaines et des députés des bonnes villes du royaume.

Il y eut dans les plaines de Champagne une

> Son père et elle si pleurèrent
> Quant ce vint à l'embrassement,
> Et à peine ung seul mot parlèrent,
> Tant sentoit leur cueur grant tourment.
>
> Lors les dames et damoiselles
> Là vinrent au partir baisier,
> Dont avoient douleurs si cruelles,
> Qu'on ne les sçavoit apaisier.
>
> A tant print congié et partit,
> Et la feste qu'on avoit faicte
> Lors en larmes se convertit ;
> Las ! quelle lyesse est parfaicte ?
>
> (Martial d'Auvergne.)

revue de tous les gens de guerre. Charles en licencia un grand nombre, et ne retint à sa solde que les plus disciplinés et les plus braves. L'infanterie fut formée d'un corps permanent de quatre mille archers, et la cavalerie de quinze compagnies de cent lances. Chaque lance, ou homme d'armes, avait sous ses ordres trois archers, un écuyer et un page. « Le roy, dit un historien contemporain, nomma des capitaines vaillants, sages et experts en fait de guerre, et non jeunes et grants seigneurs. »

Toutes les communes durent en outre élire chacune un habitant, « le plus advisé pour le service de l'arc. » Elles furent dans l'obligation de lui fournir un équipage, et de le solder en temps de guerre, à raison de quatre livres par mois (1). Pendant la paix, une exemption d'impôts lui fut accordée. *Les francs archers*, tenus à paraître tous les dimanches en

---

(1) La solde de chaque homme d'armes fut fixée à dix livres par mois, celle de l'écuyer à cinq, des archers à quatre et du page à soixante sols. Le marc d'argent valait alors six livres dix-huit sols. Une ordonnance précédente rendue à Angers, par Charles VII, pendant que le roi de Sicile était encore à Naples, avait déjà commencé cette réforme.

>Depuis en la ville d'Angiers,
>Considérant en soy les termes
>De guerre, périlz et dangiers,
>Qui advenoient par les gens d'armes;

>Qu'ung homme d'armes si avoit
>Alors dix chevaulx de bagaige,
>Dont la pluspart riens ne servoit,
>Si non que d'aller au fourraige;

habits de guerre, à réprimer le brigandage et à se réunir à certains jours pour tirer de l'arc, formèrent une milice toujours prête à marcher sous la bannière de la commune ou l'étendard royal. Ils remplacèrent ces levées irrégulières de vassaux turbulents et ces bandes d'aventuriers, fléau de la France depuis un siècle, plus redoutables aux paisibles habitants des campagnes et des cités qu'aux Anglais et aux Bourguignons. Des subsides assurèrent l'entretien de cette armée permanente. La France vit, dans l'établissement de ce nouvel impôt, le triomphe de l'ordre et de la royauté sur l'anarchie féodale. Peu soucieuse de libertés après tant de déchirements, elle ne craignait point la tyrannie de Charles, et elle eût voulu lui rendre en puissance ce qu'il lui donnait en gloire et en sécurité.

Nous ignorons quelle part le roi de Sicile et le

>Que les varlez n'estoient qu'herpaille,
>Plus empeschans que soulageans,
>Tous adonnez à la mangeaille,
>Et à destruire povre gens.
>
>Le dit feu roy fist ordonnance,
>Et fut avisé et conclus
>Qu'un homme d'armes, ou une lance,
>Auroit cinq chevaulx et non plus,
>
>Ung coustiller et deux archiers
>Avec son gros varlet et paige,
>Qui seroient par moys soudaiers,
>Et mis hors tout aultre bagaige.
>
>(Martial d'Auvergne. Daniel. Anquetil.)

duc de Calabre prirent à cette organisation de l'armée française. Les historiens nous apprennent seulement qu'ils assistèrent à tous les conseils où ces grands projets furent adoptés. L'attachement de Charles pour René sembla s'accroître encore. Il parvint à conclure un traité définitif avec le duc de Bourgogne, obtint la remise entière de la rançon de Bulgnéville et le renvoi des garnisons qui occupaient les forteresses du pays d'Argonne (octobre 1445).

René, au comble de ses vœux, suivit le roi à Tours. Il donna à son fils le marquisat de Pont-à-Mousson et la lieutenance générale de Lorraine, puis, renonçant aux conquêtes et aux expéditions lointaines, il se rendit en Anjou, pour y reposer sa tête blanchie moins par le temps que par les malheurs.

La joie fut grande dans le duché, lorsqu'on apprit que le bon roi venait avec Isabelle habiter le vieux château témoin de sa naissance. Les populations en habits de fête accoururent sur leur passage. Mille cris d'amour saluèrent leur entrée à Angers, et la cité fidèle oublia en un jour les calamités de la guerre. Tranquille souverain de trois belles provinces, René ne régna plus que pour le bonheur de ses sujets. Il savait que la paix et la justice sont les premiers besoins des peuples qui ont souffert; il y ajouta les bienfaits d'une administration paternelle.

Ce prince, que quelques historiens, copiés par

un romancier célèbre, nous représentent uniquement occupé de poétiques récits, de peinture, de processions, d'allégories mythologiques, de *mystères* et de fêtes, entretenait une immense correspondance dans toutes les parties de ses états, déléguait son pouvoir aux plus vertueux et aux plus sages, s'informait chaque jour des événements qui intéressaient ses peuples, et ne laissait jamais une infortune sans consolation, un service sans récompense. Le chevalier qui réclamait le prix du sang versé pour sa cause, la pauvre veuve ou le marchand implorant son appui, étaient également assurés d'obtenir justice. « La bonté est la première grandeur des rois »; et le bonheur dont jouirent sous son règne l'Anjou et la Provence répond victorieusement à ces mensongères accusations.

Diverses ordonnances, rendues peu de mois après l'arrivée de René, nous font connaître le cœur de cet excellent prince. L'hiver de 1446, froid et rigoureux, avait été suivi d'une sécheresse extraordinaire. Toutes les récoltes avaient manqué à la fois en Provence : les olives et les raisins séchaient sur leurs tiges brisées par le mistral, les sources s'étaient retirées des fontaines, et les habitants d'Aix allaient puiser jusque dans le lit de la Durance l'eau nécessaire aux besoins de la cité. Averti par son sénéchal, le preux Tanneguy Duchâtel, René lui écrivit d'exempter de tout impôt, pendant une année entière, les contrées les plus malheureuses.

Cette générosité royale n'était pas un obstacle aux mesures propres à rétablir l'ordre dans ses finances. Il versa, à la même époque, deux cent soixante mille livres pour dégager ses domaines, et publia des lettres patentes, où il déclare de nul effet et nuisibles à l'Etat les aliénations qui pourraient avoir lieu à l'avenir. Cette sage mesure, passée dans notre jurisprudence, eut une influence heureuse sur la suite de son règne.

La paix glorieuse, dont Charles VII dotait la France, avait rallumé l'amour des tournois. A défaut de combats à outrance contre d'insolents ennemis, il fallait aux compagnons de René et de Dunois des lices où briser des lances « sous les yeulx de celles qu'ils aymoient le mieulx. » Le bon roi ne pouvait rester étranger à ce mouvement chevaleresque. Lui-même il s'était plu dans ses instants de loisir ou de captivité à tracer les règles de ces fêtes, et il avait orné le précieux manuscrit de peintures de sa main. L'histoire et la poésie nous ont conservé la relation des trois tournois les plus célèbres de son règne.

« Quatre gentilshommes angevins, dit Wulson de La Colombière, entreprirent de garder un pas d'armes entre Razilly et Chinon, sous condition qu'aucune dame ni damoiselle ne passeroit par le carrefour, où leur dit pas seroit dressé, qu'elle ne fût accompagnée de quelque vaillant chevalier ou escuyer, qui seroit tenu de rompre deux lances pour l'amour d'elle; que si elles prétendoient passer outre, toutes seules, elles estoient tenues de laisser quelques gaiges à ces gentilshommes, qui ne les rendroient point, qu'elles n'eussent amené un chevalier pour les racheter par la jouste.

» Ils avoient fait planter une colonne, sur laquelle estoit représenté un dragon furieux, qui gardoit les escus armoiriés des quatre chevaliers, auxquels ceux qui vouloient combattre estoient tenus de toucher avec le bout de leurs lances. »

>   Dans le plus beau de la saison,
>   Entre Razilly et Chinon,
>   Devant la gueule du dragon
>   N'alloit dame ne damoiselle,
>   Sans noble homme et de renom,
>   Qui d'armes n'acquittast le nom ;...
>   Que nulle joyeuse ou belle,
>   Ne passeroit sans son amy...
>   Sans rompre deux lances pour elle
>   Contre son courtois ennemy.

Ce ne fut point par sa magnificence, l'éclat et la richesse de son armure, que brilla René dans ce tournoi. Pleurant encore le départ de sa chère Marguerite, il descendit dans la lice couvert d'armes noires, avec un écu de sable semé de larmes d'argent, monté sur un cheval noir, caparaçonné de deuil, et toucha de sa lance de même couleur l'écu des Tenants.

>   Et d'armes fist tant largement,
>   Que le prix on lui envoya (1).

(1) Le manuscrit original, enrichi de gracieuses miniatures, faisait partie de la bibliothèque du chancelier Séguier. Il est aujourd'hui égaré

En faisant ses adieux aux chevaliers de l'emprise du Dragon, René leur donna rendez-vous, pour l'année suivante (1448), à sa bonne ville de Saumur, *la gentille et bien assise*. Les détails de ce tournoi, extrait par La Colombière d'une relation manuscrite, dédiée à Charles VII, prouvent qu'il effaça les autres en magnificence.

Les limites de cette biographie ne nous permettent que de donner en note (1) la curieuse descrip-

ou détruit. Un écusson d'azur, à trois fers de javelot, surmonté au lieu d'un cimier, d'une mitre et d'une crosse, était peint sur la première page, et tenait lieu de signature. Je pense que l'on peut reconnaître le poëte anonyme à ces armes de la maison de La Sayette.

(1) Peu de temps après, le roi de Sicile entreprit des joustes, lesquelles il tint proche de Saumur, au devant d'un chasteau de bois qu'il fit construire dans une belle plaine, lequel il fit peindre par dehors et par dedans, et le meubla de très riches tapisseries; et à l'imitation des anciens romans, le nomma le chasteau de la *Joyeuse-Garde*, où, durant l'espace de quarante jours, luy et la reine Isabelle, et Mme Yolande sa fille, et quantité d'autres dames et damoiselles, et notamment la belle et jeune Jeanne de Laval, pour laquelle secrettement il fit et dressa cette emprise, avec un grand nombre de grands seigneurs, et particulièrement ceux qui devoient estre de la troupe des Tenans, demeurèrent en grande joye et magnifique feste, attendant tous ceux qui, pour acquérir de l'honneur, voulurent venir jouster contre le roy, chef de l'emprise, et contre ceux qu'il avoit choisis pour combattre à son costé.

La reine, les dames et les seigneurs, qui estoient venus pour voir ces nobles faits d'armes, furent festinez dans le chasteau, et puis placez dans des eschafaux, parez très richement, vis-à-vis du lieu où les joustes se faisoient.

La sortie du roy de son chasteau artificiel se fit dans cet ordre :

Deux estafiers turcs, habillez à leur mode, avec de longues vestes et des turbans de damas incarnat et blanc, menoient chacun un véritable lyon, attaché avec une grosse chaîne d'argent.

Après suivoient les tambours et les fifres du roy à cheval, et en suitte

tion de cette fête guerrière, qui réunit les plus illustres chevaliers de France, pour y rivaliser d'adresse et de valeur. Mais nous ne pouvons passer sous silence le poëme de Louis de Beauvau.

les trompettes, tous richement vestus de la livrée et de la devise du roy, de damas incarnat et blanc.

Après marchoient à cheval deux roys d'armes, tenans leurs livres ou cartulaires d'honneur et de noblesse en leurs mains, pour y descrire et exalter les nobles faits d'armes et les valeureux combats, qui se feroient au lieu où les lices estoient dressées.

Puis marchoient sur de très beaux chevaux, les houssures desquels estoient très richement ornées d'armoiries en broderie, les quatre juges du camp : à sçavoir deux anciens et sages chevaliers, et deux escuyers bien expérimentez en toute sorte de combats.

> L'un estoit seigneur de Cussé,
> L'autre seigneur de Martigné,
> Antoine de La Salle, aussi
> Hardouyn Fresneau.....

En suitte venoit un nain vestu à la turque, sur un beau cheval richement caparaçonné, portant l'escu de la devise que le roy René avoit choisie en cette occasion. Il estoit de gueules, semé de pensées au naturel, comme estoient aussi les cottes d'armes, les bannières, les chamfrains et les houssures, et caparaçons des chevaux des chevaliers, et des escuyers du roy et de tous les Tenans.

Après le nain, marchoit une très belle dame superbement vestue, menant et conduisant le cheval du roy René par une escharpe attachée à la bride ; ce prince portant sa lance sur la cuisse, et l'escu de la devise au bras senestre, tout le cheval couvert d'un caparaçon de la même devise, traînant à terre.

Cette dame estoit destinée à mener tous les Tenans, chacun à son tour, lorsqu'il seroit nécessaire de jouster contre les Assaillans qui se présenteroient à l'emprise, et qui viendroient toucher l'escu pendant au perron avec le bout de leurs lances.

Le roy estoit suivi de monseigneur Ferry de Lorraine, du sire Louis de Beauveau et de son frère, du comte Guy de Laval, de Geoffroy de Saint-Belin, de Lénoncourt, de Guerry, de Crespin, de Cossé, du Begue sénéchal du bon roi, sur le tournoi chevaleresque et pastoral, qui eut lieu, le 1ᵉʳ juin 1449, à Tarascon, sous le nom du *Pas d'armes de la Bergière*. Ce poème en vers de dix syllabes, où un sentiment

du Plessis et de plusieurs autres gentils et vaillans chevaliers, dont nous dirons les noms selon l'ordre qu'ils joustèrent avec celuy des Assaillans, qui s'esprouvèrent en ce noble exercice.

En cet ordre, ils arrivèrent au lieu où estoient dressées les lices, proche desquelles on avoit fait tendre un très grand et très riche pavillon, à la porte duquel s'assit le nain, vestu à la turque, sur un riche oreiller, ou carreau de velour cramoisi, frangé et houppé d'or, les jambes passées l'une sur l'autre en sautoir, ayant esté mis là pour remarquer tout ce qui se passeroit.

L'eschaffaut des quatre juges et des deux roys, ou héraults d'armes, et ceux des dames y estoient aussi dressez, et ornez de tapisseries, de tapis et d'oreillers, afin que tout le monde fust à son aise.

Et tout proche estoit un perron, fait en forme de colonne cannelée de marbre, à laquelle estoit appendu l'escu de la devise, et auquel ceux d'entre les Assaillans, qui vouloient jouster contre les Tenans, estoient obligez de toucher avec le bout de leurs lances. Au pied de cette colonne estoient attachez les deux lyons avec des chaînes d'argent bien fortes, un de chaque côté.

> Auprès avoit de ce perron,
> De chascun costé un lyon,
> Un nain dedans un pavillon,
> Qui l'escu là pendu gardoit.

Dans le même chauffaut que les *juges diseurs* se tenoient trois officiers d'armes, Guillaume, Bernard et Sablé, pour écrire tous les faits dignes de mémoire.

NOMS DES TENANS.	NOMS DES ASSAILLANS.
Ferry, monsieur de Lorraine, portant le casque couronné, et pour cimier un aigle esployé d'argent, avec le double volet de gueules, et l'escu et la houssine de son che-	Le comte de Tancarville avoit le casque couronné, l'escu, la houssure et le volet eschiquetez d'argent et de sable, et une queue de paon pour cimier, accompagné

naturel d'harmonie a croisé souvent les rimes, possède à un haut degré les qualités des poésies de ce siècle, la clarté du récit et la gracieuse naïveté du style et de la pensée. En lisant ces descriptions

NOMS DES TENANTS.

val, selon la devise du roy, comme eurent de même tous les Tenans.

Le seigneur de Beauvau portoit pour cimier une hure de sanglier, avec le volet à double pointe de gueules, houppé de mesme, avec le bourlet de gueules, d'argent et d'azur, le caparaçon du cheval de gueules semé de pensées.

Le seigneur Jean Cossé (Cossa), italien, portoit le bourlet de gueules et d'azur, le volet houppé à double pointes de gueules, l'une d'or et l'autre d'argent pour son cimier, pannachées de diverses plumes et de deux crampons, ou fers de cheval d'azur, entrelassez l'un dans l'autre, pendant entre les cornes.

Le seigneur du Bec Crespin, le volet doublé de gueules, le bourlet d'or et de gueules, et pour cimier le col et la teste d'une grue aislée de synople.

Le frère du seigneur de Beauvau armé et tymbré comme son frère.

NOMS DES ASSAILLANS.

de quatre escuyers qui lui portoient ses lances.

Le seigneur de Guéressez portoit un volet de gueules, le bourlet d'argent, et pour cimier un double esventail, ou vol d'argent, et un lyon de gueules assis au milieu.

Le seigneur de Bueil, armé et houssé tout de noir, le volet de mesme; pour cimier un croissant d'or et un double col et teste de cygne d'argent, et deux anges de mesme tenant ledit col, aislez et emplumez de gueules.

Le seigneur de Mery, armé et caparaçonné en bandes d'argent et de gueules, le bourlet d'or et de synople, le volet de gueules, et pour cimier deux sauvages, tenant au milieu d'eux un Cupidon par les mains.

Le seigneur de Brion, armé et caparaçonné de tané, tymbre ou cimier, une teste d'ours emmuselée, le bourlet d'or et d'azur et le volet de synople.

Ceux-ci joustèrent les uns contre les autres le jeudy; mais le vendredy, le roy, par un sentiment de dévotion, fit cesser la jouste

> Et pour ce, le roy commanda,
> Pour honneur de la Passion,
> De jouster et fist cession
> De débat, et partout le manda.

si fidèles, on croit voir flotter au vent les écharpes et les banderolles, les lances briller au soleil et se briser en éclats, et la douce bergère au son des galoubets donner le signal des joûtes aux cheva-

Le jour d'après voici ceux qui joustèrent :

TENANS.	ASSAILLANS.
Le seigneur de Beauvau.	Le seigneur de Beauvoir.
Giron de Laval	Jean Flory.
Ferry de Lorraine.	Le comte de Nevers.
Le comte Guy de Laval.	Messire Pierre des Barres.
Varennes.	Ferry de Grancy.
Philippe de Lénoncourt.	Messire Pierre de Brézé.
Messire Jean de Beauvau.	Messire Regnault de la Jumellière.
Messire Honorat de Berre.	Messire Pothon de Xaintrailles.
Messire Geoffroy de Saint-Belin.	Le seigneur d'Angerville.
Messire Jean du Plessis.	Messire Jacques de Clermont.
Philibert de la Jaille.	Guillaume de Gautières.
Le sire de Beauvau.	Le comte de Tonnère.
Philibert de la Jaille.	Jean Carbonnet.
Jean de Seraucourt.	Pierre de Courcelles.
Geoffroy de Jempelen.	Héliot de Vernailles.
Messire Guillaume de Meullon.	Messire Jean d'Angest.
Ferry de Lorraine.	Le comte d'Eu.
Le sire de Beauvau.	Robert de Touteville.
Philibert de l'Aigue.	Le bastard de Chermes.
Le roy René de Sicile, chef de l'Emprise et du Pas, vint en grand triomphe sur les rangs, tymbré d'une double fleur de lys d'or, d'un volet ou mantelet d'azur, semé de fleurs de lys d'or, son casque couronné à la royale.	Le duc d'Alençon, houssé et armé de gueules, semé de papillons d'or, le cercle d'or, le volet d'azur semé de fleurs de lys d'or, et pour cimier la double fleur de lys d'or.
Jean Cossé.	Montenay.
Le sire de Beauvau.	Le seigneur Bertrand de la Tour.
Jean Cossé.	Le seigneur de Florigny.
Le comte Guy de Laval.	Philippe de Culant.

liers *pastouraux*. Tout l'amour de René pour la vie champêtre se révéla dans ce tournoi, où une simple chaumière remplaça le chastel de *Joyeuse-Garde.*

Les joûtes de Tarascon durèrent trois jours,

TENANS.	ASSAILLANS.
Jean de Beauvau.	Jean d'Apchier.
Varennes.	Villequier.
Philippe de Lénoncourt.	Le duc de Bourbon.
	Pour faire voir à tous l'estime qu'il portoit à la chevalerie, il s'étoit contenté d'un simple tortil, ou bourlet de chevalier, au lieu d'une couronne.
Honorat de Berre.	Guillaume Gouffler.
Messire-Jean du Plessis.	Charles de Culant.
Ferry de Lorraine.	Le seigneur Duchastel.
Le sire de Beauvau.	Aubert le Groing.
Guillaume de Meullon.	Antoine de Beauvau.
Beauvau.	Tranche-Lyon.
Guerry.	Aymar de Clermont.
Spinola.	Messire Charles de Groslée.
Guillaume de Meullon.	Philibert de Groslée.
Philibert de la Jaille.	Hardouin de la Touche.
Philibert de l'Aigue.	François Carrion.
(Ce Tenant est nommé dans le manuscrit l'Étranger).	Le seigneur de Bridore.
	Housse.
Geoffroy de Jempelen.	Charlot Blosset.
Guillaume des Baus.	René Chandenier, seigneur de la Possonnière.
Jean Cossé.	
Ferry de Lorraine.	Gilles de la Porte.
Guerry de Charnoix.	Louis de l'Espine.
Le seigneur de Beauvau.	Imbert de Beauvoir.
Le seigneur de Beauvau combattit encore.	Louis de Bueil.
	Jean de Daillon.
Philippe de Lénoncourt.	Régnault de Grassay.
Guerry.	Poncet de la Rivière.
Guillaume des Baus.	Le comte de Laval.

pendant lesquels les chevaliers se signalèrent par de gracieux faits d'armes. Ferry de Lorraine et Louis de Beauvau, le *ditteur de l'Emprise,* en remportèrent le prix, un bouquet, un *annel* et un

TENANS.	ASSAILLANS.
Le roy René de Sicile.	Messire André de Laval.
Jean de Beauvau.	Le comte de Dunois
Guy de Laval.	Guillaume de Courcelles.
Philibert de l'Aigue.	Le comte d'Evreux.
Philippe de Lénoncourt.	Jean de Touteville.
Guerry de Charnoix.	Guichart de Montberon.
Guillaume de Meullon.	Jean du Plessis.
Enemont d'Albret.	Messire Anthoine d'Aubuisson.
Jean de Fénestrange.	Jean de Monte Jehan.
Le seigneur de Beauvau.	Jean de la Haye.
Ferry de Lorraine.	Nicolas de la Chambre.
Jean Cossé.	Pierre de la Jumellière.
Philibert de la Jaille.	Walher de Nivenen.
Ferry de Lorraine.	Romarin.
Jean Cossé.	Claude d'Avallon.
Gillet de Beaumont.	Antoine de Prie.
Jean Cossé.	Jean de Tersaut.
Le seigneur du bec Crespin.	François de Tiersaut.
Geoffroy de Saint-Belin.	Le comte de Dampmartin
Saint-Belin courut encore.	Merlin
Le sire de Beauvau.	Le comte de Tonnère.
Philippe de Lénoncourt.	

Ces deux icy finirent les joustes, personne ne s'étant présenté contre les Tenans.

> Le gentil comte de Tonnère,
> Humblement les dames requerre,
> Pour achever l'appointement
> De la très amoureuse guerre,
> Où l'on ne peut qu'amour acquierre
> Ny perdre seigneurie ny terre,
> Fors un ruby ou diamant.

baiser de la bergère qu'ils *tinrent moult chier*. Dès avant le jour du tournoi, ces deux illustres chevaliers avaient couru l'un contre l'autre, et pour l'amour de leurs dames *fait choses joliettes*. De

> Ce jour fut l'accomplissement
> Du Pas, aussi l'achèvement.

Les vaincus à la jouste, tant du costé des Tenans comme de celuy des Assaillans, estoient obligez de donner un diamant, un ruby ou un cheval, le plus souvent pour estre donné à leurs maistresses. Le poëte anonyme dit qu'il y eut cinquante-quatre diamans et trente-six rubis donnés aux dames par les vaincus.

Car pour les deux principaux prix, ils furent délivrés selon l'ordonnance des juges, le *dextrier très excellent* à Florigny, et un *fermaillet*, ou boëte d'or couverte de riches diamans et de très beaux rubis, à Ferry de Lorraine.

> Un fermaillet d'or tout marcis (massif),
> Semé de diamans et rubis,
> Vallant mille francs de monnoye;
> Et certes si plus je disoye,
> Suis certain que n'en mentiroye,
> Je le vis quant par là passoye.

Voicy la manière et la cérémonie, selon lesquelles lesdits prix furent délivrez aux deux vainqueurs par la belle damoiselle très richement parée, qui mena, comme nous avons dit, le roy René par une escharpe attachée à la bride de son cheval, et tous les autres chevaliers tenans.

> Les bons juges eurent entente,
> Et respondirent de leur tente;
> Que avant qu'elle fust absente
> Ils donneroient leur jugement...
> A part et tout secrètement
> Conclurent en leur parlement
> Que le roy d'armes publieroit
> L'arrest par leur commandement.

splendides fêtes terminèrent ce Pas d'armes, mais quand il fallut se séparer, *maints doulx regrets* accompagnèrent les adieux.

La mort inattendue de Marie de Bourbon, belle-

Le roy d'armes parle ainsi à la pucelle, après que les juges eurent consulté à qui les prix appartenoient :

« Haute et puissante damoiselle,
» Digne d'honneur, noble pucelle,
» Je scay bien que vous estes celle
» Commise pour reguerdonner (récompenser).
» De ce que demandes nouvelle,
» Qui le prix doibt avoir de telle
» Honorée et riche querelle,
» Qu'on doibt de lauriers couronner ;
» Messeigneurs, sans droit destourner,
» Ont sur ce voulu ordonner,
» Et vraye sentance donner
» Selon leur droite opinion,
» Sans tomber en division. »

Alors la noble pucelle parla devant le roy, la reine et tous les princes et princesses, seigneurs, chevaliers, dames et damoiselles, qui estoient assemblez à l'entoure, attendant en grand silence ce qu'elle diroit, et à qui elle adjugeroit le prix.

« Pour ce que le roy m'a commis
» A cet office, et soubmis
» Les juges, lesquels ont promis
» Sur ce juger en loyauté ;
» De par eux je déclare et dis,
» Selon leur propos et advis
» Donner du destrier le prix
» A Florigny, qui a esté
» Entre les estrangiers doupté (redouté),
» Comme les juges ont relaté.
» S'il est en ville, ou cité,
» Que de par vous on le luy maine.

fille du bon roi, vint jeter le deuil sur ces fêtes.
René rêvait alors la résurrection de la chevalerie;
mais il voulait lui donner un plus noble mobile que
le prix obtenu dans la lice d'un tournoi. La reli-

» Du fermaillet en vérité,
» Aussi ont dit d'authorité
» Que sus tous en soit hérité
» Ferry, monsieur de Lorraine. »

Lors la damoiselle manda
Le nain, et tantost demanda
Aussi ès hérauls, commanda
Qu'on fist de trouver diligence,
Florigny... ne retarda,
Car il estoit en la présence.
A la damoiselle s'avance
Le chevalier plein de sçavance (savoir vivre),
Humblement lui fait révérence;
Elle en grant honneur le baisa;
Puis lui dit d'humble contenance :
« Chevalier, par votre vaillance,
» Ce prix aurez par redevance. »
Très humblement la mercia.

Ferry monsieur fut là présent;
Et la damoiselle plaisante
Luy dit : « Monsieur, ce présent,
» De par les dames vous présente,
» D'un fermaillet d'or reluisant;
» Reconnaissance vous faisant
» Isabeau, la reine presente,
» Haute princesse excellente,
» Madame Yolant non exempte. »
Toutes de volonté plaisante
Remercions vostre valeur,
Voyez les là toutes en leur tente,
Qui de vous aymer ont couleur.

gion et l'honneur exaltaient cette âme pieuse et tendre. Il savait que l'or ne paie point dans notre France le sang versé pour le pays. Sous l'inspiration de cette grande pensée, il avait créé, dès l'année précédente (11 août 1448), l'ordre d'Anjou, dont la décoration représentant un croissant d'or, avec la devise *loz en croissant,* apprenait aux plus preux chevaliers « que tous les nobles cueurs doivent de jour en jour accroistre et augmenter leur bienfaire, tant en courtoisie et debonnaireté, que en vaillance et glorieux faicts d'armes (Bourdigné). »

L'illustre chef de la légion thébaine, le protec-

Après toutes ces choses ainsi heureusement achevées sans aucune querelle, le roy René, la reine et toute cette belle et noble assemblée s'en retournèrent à Saumur, en très magnifique ordre, sa suitte estant plus grande, que lorsqu'il vint au lieu de la jouste; car tous les Assaillans, meslez joyeusement avec les Tenans, y accompagnèrent le roy, qui les festina et traitta plusieurs jours splendidement; que si les chevaliers avoient fait paroistre leur valeur et leur adresse dans ce noble Pardon d'armes, les dames et damoiselles firent aussi esclater leur beauté et leur gentillesse dans le bal que la reine donna fort souvent, où les chevaliers qui n'avoient paru qu'armez durant les joustes, feurent veus habillez le plus richement qu'il leur fut possible, taschant tous à l'envy de paroistre aussi agréables devant leurs maistresses, comme ils avoient fait tout leur pouvoir de leur tesmoigner leur courage et leur valeur dans le combat.

Nous avons cru devoir reproduire presque en entier la curieuse analyse de Wulson de La Colombière, extraite du *Vray théâtre d'honneur et de chevalerie.* Elle remplace en partie le manuscrit original, et nous a conservé, d'après ces miniatures armoiriées, le nom de tous les chevaliers, tenants ou assaillants. L'élite de la noblesse de France avait répondu à l'appel de René. Elle aimait à entourer de ses hommages le bon roi de Sicile, et le regardait avec raison comme son guide et son modèle.

teur de la cité angevine, le bienheureux Maurice, fut choisi pour patron de cette institution naissante. Les écussons des chevaliers ornèrent sa chapelle; ils entourèrent comme une auréole la statue armée du glorieux soldat, qui répandit avec joie pour le Christ le reste d'un sang épuisé au service des empereurs par la flèche du Parthe et la francisque du Germain.

Depuis que le grand maître Raymond Dupuy avait consacré à la défense de la Terre-Sainte, ses religieux voués au service des malades et des pèlerins, cette généreuse pensée n'avait cessé d'être féconde. Au Nord et au Midi, sur les bords glacés de la Baltique, près des rives de la mer Morte, dans les *Sierras* de l'Andalousie, ou les sables du désert, on avait vu apparaître tout à coup une sainte milice, toujours prête à protéger le faible et à combattre pour la foi. Le signe de la Rédemption, qui brillait sur ses armes, la faisait reconnaître au loin du Sarrasin et du barbare. Terreur des infidèles et appui des chrétiens, ces guerriers si terribles sur les champs de bataille, rapportaient dans le cloître les touchantes vertus d'humbles religieux.

Ces ordres admirables, que notre siècle ne comprend plus, inspirèrent une généreuse émulation à la noblesse féodale. Elle voulut elle aussi mettre sa lance au service de Dieu, du pauvre et de l'opprimé. Des statuts, imités des *Constitutions* que saint Bernard et les grands pontifes du moyen âge avaient sanctionnées, imposèrent les mêmes devoirs au frère hospitalier de Saint-Jean de Jérusalem et au vaillant châtelain armé pour la France.

Nulles pages, excepté celles de l'Evangile, ne renferment peut-être de plus nobles enseignements que ces codes de fraternité d'armes. Partout on y reconnaît le souffle du christianisme, assez puissant pour mettre à la place de la force matérielle et de l'indomptable orgueil du barbare, l'esprit de dévouement, de charité et de sacrifice, l'honneur et les vertus héroïques d'un autre âge.

René rédigea lui-même les statuts du Croissant. Par un sentiment de modestie bien rare dans un prince, il refusa la présidence perpétuelle de l'Ordre, et fit nommer sénateur Guy de Laval, son grand chambellan et son ami. Cette dignité, qui ne durait qu'une année, fut portée tour à tour par le roi de Sicile, Jean Cossa, Louis et Bertrand de Beauvau, le duc de Calabre et Ferry de Lorraine; le nom des autres sénateurs est resté inconnu. Supprimé en 1460 par une bulle du pape Pie II, l'ordre du Croissant eut plus d'éclat que de durée, et aucune élection régulière n'eut lieu depuis cette époque. On prétend que le souverain pontife, qui voulait à tout prix rendre la paix à l'Italie, et former une sainte ligue des princes chrétiens contre les Turcs, crut devoir rendre libres les seigneurs napolitains attachés à la maison d'Anjou, en les déliant ainsi de leur serment de fidélité.

La célèbre devise, *Loz en croissant,* ne tarda

pas à être justifiée. La trêve conclue entre la France et l'Angleterre venait d'être rompue; et Charles VII avait donné rendez-vous sur la frontière de Normandie à toute la noblesse de son royaume (1449). Au bruit de ces cris de guerre répétés d'un bout de la France à l'autre, René et le duc de Calabre accoururent se ranger sous la bannière royale. Un corps considérable de Lorrains et cent lances des pays d'Anjou et de Provence accompagnaient ces deux princes. Ils partagèrent l'honneur et les périls de cette glorieuse campagne, et assistèrent en personne aux siéges de Rouen (1), de Honfleur, de

(1) Un historien que nous avons souvent cité, le gracieux poëte et chroniqueur Martial d'Auvergne, décrit ainsi les pompes qui célébrèrent l'entrée de Charles VII à Rouen.

>Le roy estoit accompagné
>Du roy de Secille et seigneurs,
>Qu'avoient en l'armée besongné,
>De princes et de gens plusieurs...
>
>Premièrement tous les archiers
>Du roy de Secille et de France
>Vestuz d'abiz riches et chiers,
>Chevauchoient en belle ordonnance.
>
>Ceulx du roy avoient jaquettes
>De couleur, rouge, blanche et verd,
>Semée d'orfaveries bien faictes,
>A collet broudé et ouvert...
>
>Ils estoient bien six cens archiers
>A brigandines et jacquettes
>Montez sur roussins et destriers
>A harnoix et armes complettes...

Caen, de Falaise et de Cherbourg, et à cette furieuse bataille de Fourmigny, gagnée par le connétable de Richemont, où, si l'on croit le « rapport des hé-

>Après le comte de Sainct-Pol
>Si estoit tout à blanc armé,
>Ayant un collier d'or au col,
>De riche pierrerye fermé...
>
>Derrière luy avoit trois paiges,
>Vestuz et montez sur chevaulx ;
>De telles couleurs et fueillaiges,
>Qui faisoient bien de leurs aviaulx (les jolis cœurs).
>
>Le premier portoit une lance
>Couverte de veloux vermeil,
>L'autre de drap d'or à plaisance,
>Le tiers ung armet d'or en deuil.
>
>Puis avoit son palefrenier
>Tout abillé de mesme serre (sorte),
>Tenant en main ung grant destrier,
>Couvert de drap d'or jusqu'à terre.
>
>Après le comte de Nevers,
>Si avoit huit hommes à ranches (en rangs),
>Et leurs chevaulx tretous couvers
>De satin vermeil à croix blanches.
>
>Après Juvenel chancelier,
>Vestu de robbe d'escarlate
>Et mantel royal singulier,
>Venoit pas à pas selon l'acte.
>
>Devant une haquenée blanche,
>Couverte de beau veloux pars (d'azur),
>A fleurs de lys tout droit en branche,
>Qui reluisoient de toutes pars.

raults, bonnes gens et prestres, qui là estoient,
furent morts 3,774 Angloys et pris 1,600. On les
enterra en quatorze grantz fossés, ajoute la chroni-

>Puis avoit sur la couverture
>Ung petit coffret de plaisance,
>A fleurs de lys d'or en brodure,
>Où estoient les grans seaulx de France...
>
>Après les bannières, trompettes
>Sonnans mélodieusement,
>L'une après l'autre à voix parfaictes,
>Qui resjouissoient grandement.
>
>Joignant venoient les heraulx d'armes
>Revestuz de leurs belles cottes,
>Où estoient les livrées et armes
>Des seigneurs en divers sortes...
>
>Après venoit de même taille
>Le grant escuier d'escurie,
>Le sire Poton de Xantraille,
>Tout harnaché d'orfaverie.
>
>Il estoit tout armé à blanc,
>Fringant sur un dextrier paré,
>Combien qu'il feust vieillard et blanc,
>Couvert de veloux azuré.
>
>Cestuy en escharpe portoit
>La grande espée de parement,
>Dont la croix et pommeau estoit
>Tout de fin or moult richement...
>
>Et après, le feu roy de France
>Venoit sur ung coursier armé,
>Couvert de veloux à plaisance
>Et fleurs de lys d'or tout semé...

que de Normandie; or les Angloys estoient six mille, et les François trois mille tant seulement. »

Tandis que René partageait la gloire de ces con-

> Sur la teste avoit ung chapeau
> De veloux vermeil en carré,
> A houppe d'or, gorgeas (glorieux) et beau,
> Et le demourant bien paré.
>
> Après luy chevauchoient ses paiges,
> Vestuz de vermeil, et leurs manches
> Toutes semées à grans feuillaiges
> D'orfaverie, fines et blanches.
>
> Les ungz portoient son armeret,
> Les aultres son harnois de teste,
> Brief tout chascun lors labouret (s'efforçoit)
> A avoir bruyt en ceste feste.
>
> A la dextre du dit feu roy
> Chevauchoit Secille en grant chière,
> A la senestre d'autre arroy (côté),
> Le conte du Mayne son frère.
>
> Les dessusdictz estoient armez
> De leurs harnoix completz et beaulx,
> Et leurs chevaulx couvers semez
> De croix blanches à grans lambeaux.
>
> Après le conte de Clermont,
> Per de France et duc de Bourbon,
> Chevauchoit, et gens de grant mont,
> Qui bruyoit et fringoit à bon...
>
> Puis venoient les autres seigneurs,
> Par ordre et selon leur degré,
> Vestuz de diverses couleurs,
> De satin et de soye à leur gré.

quêtes, un heureux événement. la démission volontaire de Félix V, rendait enfin la paix à l'église catholique. Les préparatifs et les soins de la guerre

> Derrière les paiges du roy
> Havart son escuier tranchant,
> Monté sur ung beau pallefroy,
> Suivoit le train grant pas marchant.
>
> Le panon (penon) portoit de veloux,
> A quatre grans fleurs de lys d'or,
> Brodé de grosses pierres ez boutz,
> Et le seurplus beau et tout d'or.
>
> Après le grant maistre d'ostel,
> Culant armé de pié en cap,
> Portant en fourme de mantel,
> En son col une grant escharpe...
>
> Après venoient les hommes d'armes,
> Estans en nombre bien six cens,
> A tout leur harnoix et leurs armes,
> Tous en point et tenans leurs rans.
>
> Chascun d'eulx portoit une lance
> A panon de satin vermeil,
> Où là ou meillieu pour plaisance
> Y avoit d'or ung bel soleil...
>
> Environ le moulin à vent,
> L'archevesque de la cité
> Et autres furent au devant
> Du feu roy en grant dignité.
>
> Les évesques, abbez, prieurs,
> Et gens d'église en abondance,
> Accompagnez d'autres seigneurs,
> Vindrent faire la révérence.

n'avaient point refroidi le zèle du bon roi. Dès le
renouvellement de ce déplorable schisme, il avait
envoyé à Rome et en Savoie deux prélats distingués

> Cela fait, tost s'en retournèrent ;
> Et après Dunoys lieutenant
> Et ses compaignies arrivèrent
> Pour faire au roy le bienvenant *.
>
> Le dit Dunoys estoit monté
> Sur ung cheval plaisant à l'œil,
> Enharnaché, bien appointé,
> Et couvert de veloux vermeil...
>
> Au costé pendoit son espée,
> La croix pommeau estant tout d'or,
> Qui estoit d'un ruby encharpée,
> Estimé vingt mille escuz d'or.
>
> Après si le suivoient de court,
> Brézé, Jacques Cueur l'argentier,
> Avec le sire de Caucourt,
> Tenans les rancs de leur quartier...
>
> Au devant du roy sur les champs
> Vindrent les bourgeoys de la ville
> De Rouen, et les gros marchans,
> En compaignie belle et gentille ..
>
> Au roy firent la révérence,
> Et parlèrent bien longuement
> En doulx langaige et attrampance,
> Aussi les receut doulcement,
>
> Si luy baillèrent en la place,
> Les clefz de la ville en estraine,
> Et les bailla de prime face,
> A Brézé qu'il fist cappitaine...

* Dunois était entré à Rouen depuis plusieurs jours.

par leurs vertus et leurs lumières, Pons de Clapiers et Nicolas de Brancas. Ils unirent leurs efforts à ceux de Jacques Cœur, de Tanneguy Duchâtel et

>Le roy, du costé des Chartreux
>Fist en la ville son entrée,
>Où clercs, prestres, religieux,
>Si vindrent en belle assemblée.
>
>Les ungz portoient croix et bannières,
>En bel ordre et procession,
>Les autres joyaulx reliquières
>En signe d'exultacion
>
>Toutes les rues estoient parées
>Et tendues à ciel richement,
>Les maisons devant préparées
>De tapiceries grandement.
>
>Les enfans Noël si crioient
>Parmy les rues et carrefours ;
>Ménestriers, tabourins jouoyent
>Es escherfaulx et sur les tours.
>
>Les prestres chantoient en l'église
>De cueur *le Deum laudamus*,
>A orgues selon ce la guise,
>Dont les Angloys estoient bien camus.
>
>Quatre bourgeoys de la cité
>Portoient sur le roy à l'entrée,
>Ung beau ciel vermeil velouté,
>Aux armes du roy et livrée...
>
>Es ruës y avoit personnaiges
>Et une très belle fontaine,
>Jettant par les tuiaux breuvaiges
>D'ypocras, vin et eaue de Seine.

de Guy Bernard (1), évêque de Langres, ambassadeurs de Charles VII.

>Ung peu plus avant sur ung coffre,
>Comme les gens se retiroient,
>L'on veoit y là ung bel togre (tigre),
>Et les petits qui se miroient.
>
>Puis au carrefour de l'église,
>Y avoit ung beau cerf volant (cerf ailé),
>Portant en son col par devise,
>Une couronne d'or boullant (imitation d'or).
>
>Et quant le roy illec alla
>Dire ses grâces en l'église,
>Ledit cerf s'agenouilla
>Par l'honneur et plaisance exquise...
>
>Les habitans de la cité
>Celle nuyct si firent grant feste,
>Jeux, esbaz, dances à planté,
>Jusques au vendredi de reste.
>
>Le lendemain de l'entrée eurent
>Processions fort solennelles,
>Où l'archevesque et autres furent,
>Rendans grâces espirituelles.
>
>La feste si dura cinq jours,
>Et n'eust l'en vu là que viandes,
>Tables es ruës et carrefours,
>Vins, pastez et tartes friandes...
>
>. . . . .
>Vray Dieu puissant et glorieux,
>Ottroiez repos pardurable,
>A l'âme du très piteable,
>Le roy Charles victorieux!

(1) Neveu de Jean Bernard, confesseur de René et archevêque de Tours.

René faisait paraître en toute occasion la foi et la piété qui remplissaient son âme. Guidé par une tradition antique, il avait découvert, l'année précédente, les ossements des saintes femmes(1), qui accompagnèrent, dit-on, de Judée en Provence, Marie Madeleine, Marthe et Lazare. Un immense concours de peuple assista à la translation de ces précieuses reliques. Le village prit le doux nom de *Saintes-Maries*; et, pour perpétuer la mémoire de la miraculeuse navigation de ses célestes patronnes, René voulut que l'écusson de la nouvelle ville représentât un frêle esquif, sans voile ni avirons, fendant les flots d'une mer orageuse, à la seule garde de Dieu.

L'administration de la Provence nécessitait de fréquents voyages. Alors le bon roi traversait la France à cheval, avec une suite peu nombreuse. Dix jours lui suffisaient pour se rendre d'Angers à Lyon, d'où il descendait jusqu'à Arles dans les bateaux du Rhône. Quand Isabelle l'accompagnait, elle faisait le même trajet à cheval ou en litière. Mais dans les dernières années de sa vie, le douloureux état de sa santé ne lui permit plus de s'éloigner de l'Anjou.

Elle ressentait alors les premières atteintes de la maladie de langueur qui la conduisait à la tombe. Plein encore d'illusions et d'espérances, René vou-

(1) Marie Jacobé, Marie Salomé et Sara leur servante. La fête de ces saintes femmes, qui a lieu le 3 mai, attire encore chaque année un grand nombre de pèlerins.

lait vainement multiplier autour d'elle les distractions et les plaisirs. Une fièvre continuelle consumait cette vertueuse princesse. Retirée au château d'Angers, loin des fêtes et du bruit des armes, elle ne s'occupait plus que de l'éducation de ses petits enfants, et d'œuvres de miséricorde et de piété. La mort vint l'y trouver douce, calme et résignée, ne pensant dans ses souffrances qu'à consoler son époux et sa famille (28 février 1452).

René était en Provence, au milieu de ses sujets décimés par une peste cruelle, lorsqu'il apprit le danger de la reine. Il accourut en toute hâte auprès de son lit de mort pour recevoir ses derniers adieux. Nous empruntons ici au naïf chroniqueur de l'Anjou le touchant récit de sa douleur.

« De la perte de sa loyalle compaigne, fut le noble roy de Sicille si actaint de dueil, qu'il en cuyda bien mourir, ne jamais tant comme il fut en vie n'oublia l'amour qu'il avoit à elle. Et ung jour comme ses privez lui remonstroient, le cuydans consoler, qu'il falloit qu'il entre oubliast son dueil et prist réconfort, le bon seigneur, en plorant, les mena en son cabinet, et leur monstra une paincture que luy-même avoit faicte, qui estoit ung arc turquoys, duquel la corde estoit brisée, et au-dessoubz d'icelluy estoit escript ce proverbe italien : *arco pertentare plaga non sana;* puis il leur dist : « Mes amys, ceste paincture fait res-
» ponce à tous vos argumens. Car ainsi que pour
» destendre un arc, ou en briser et rompre la

» corde, la playe qu'il a faicte de la sagette qu'il
» a tirée, n'en est de rien plus tost guarie; aussi
» pourtant si la vie de ma chère espouse est par
» mort brisée, plus tost n'est pas guarie la playe
» de loyalle amour, dont elle vivante navra mon
» cueur. »

» Ainsi respondit le débonnaire prince, et fust
en cest état longtemps, qu'il ne vouloit recevoir
aucune consolation. Car cependant qu'elle vivoit,
il portoit des chaufferettes pleines de feu, au bas
desquelles estoit escript *d'ardent désir,* et faisoit
mettre auprès un chapelet de patenostres, au milieu desquels estoit escript : *dévot luy suis.* Et interprétoient et vouloient dire plusieurs qu'il portoit
telles devises pour quelques dames en amour; mais
saulve leur révérence. Car tant que la bonne princesse son espouse fut en vie, il ne porta devises
que pour l'amour d'elle, et jamais en aultre ne mit
son cueur. »

Livré à une tristesse profonde, René se plut à
multiplier ces emblêmes de sa douleur. On les retrouve surtout dans les gracieuses peintures des
livres de prières, qui lui ont appartenu. Ils ornaient en Anjou tous les lieux qu'il avait le plus
aimé, le manoir de Reculée, la Baumette, la chapelle du bienheureux Bernardin, son confesseur,
dans l'église des Cordeliers, les châteaux de Baugé
et de Launay, et Saint-Pierre de Saumur. Après la
mort prématurée de ses enfants, sur le déclin de
sa vie, il y ajouta une souche d'or, d'où partait

un unique rejeton, avec cette mélancolique devise : *vert meurt.*

Le duc de Calabre, Marguerite et Yolande avaient seuls survécu à leur noble mère, qui avait perdu successivement six de ses enfants, « moissonnés, dit l'historien de Provence, en leur blonde jeunesse (1). »

René, accablé de douleur, ne voulut point profiter des dernières dispositions d'Isabelle. Malgré le don de sa « très chière et bien aymee sœur et compagne, » il céda, en toute souveraineté, la Lorraine à son fils, qui la gouvernait depuis plusieurs années avec une admirable sagesse. L'acte de cession, en date du 26 mars 1452, est un monument touchant de ses regrets et de sa tendresse paternelle.

Les pressantes sollicitations des Florentins et du duc de Milan, le célèbre François Sforce, arrachèrent René à l'accablement où il était plongé. Ce prince, successeur de Philippe Visconti, son beau-père, avait contracté avec le roi de Sicile une étroite alliance depuis le siége de Naples. Ils s'étaient mutuellement juré de se soutenir en cas de guerre et d'unir leurs armes contre le roi d'Aragon. Sforce, attaqué soudainement par cet ambitieux

---

(1) Louis, né le 3 mars 1428, mort à Pont-à-Mousson en 1444; Nicolas frère-jumeau d'Yolande, Charles comte de Guyse, René et Isabelle morts au berceau, Anne élevée à Gardanne, où elle mourut enfant, à la suite d'une chute.

monarque, par la république de Venise, le marquis de Montferrat et le duc de Savoie, réclama l'exécution d'une ancienne promesse. Ses ambassadeurs vinrent trouver le roi de Sicile dans son comté de Provence, et lui offrirent, au nom de leur maitre et de la république de Florence, un subside annuel de cent vingt mille ducats, jusqu'à l'entière conquête du royaume de Naples.

René, qui connaissait l'inconstance italienne, hésita à donner une réponse favorable. Il consulta Charles VII, qui l'engagea à ne point abandonner son allié. Le duc de Calabre, de son côté, pressa vivement son père d'entreprendre cette expédition nouvelle. Ce jeune prince, dans ses rêves de gloire, voulait saisir cette occasion de soutenir les droits de la maison d'Anjou et de la venger de ses revers.

Plusieurs historiens ont reproché à René l'entraînement qui le porta, dans un âge déjà mûr, à reprendre les armes et à guerroyer en Lombardie. L'alliance incertaine du duc de Milan et de vagues espérances ne leur paraissent pas des motifs suffisants pour justifier cette guerre. Il est vrai que les mêmes écrivains reprochent au bon roi, avec plus d'amertume encore, de n'avoir pas dans sa vieillesse défendu l'Anjou contre toutes les forces de Louis XI, et sacrifié cette belle province dans une lutte inutile et sanglante.

Quelles que soient les raisons qui déterminèrent le roi de Sicile, il ne voulut pas abandonner son allié, et pénétra en Lombardie à la tête d'un corps de quatre mille hommes (septembre 1453). Le duc de Calabre vint bientôt l'y rejoindre. Ils détachèrent de la ligue le marquis de Montferrat, prirent d'assaut la forteresse de Pontercio, soumirent Bresse et Crémone, et refoulèrent les Vénitiens jusque dans leurs lagunes. Déjà leurs partisans les suppliaient d'envahir le royaume de Naples, lorsqu'une trêve, conclue sous les auspices du pape Nicolas V, rendit inutiles leurs victoires et leur courage. La prise récente de Constantinople avait enflammé le zèle du pieux pontife. Ses efforts donnèrent la paix à l'Italie, sans réunir ses forces contre l'ennemi commun. Abandonné du duc de Milan, le roi de Sicile revint en France par la vallée d'Aoste. Il sembla dès lors renoncer pour toujours aux armes et aux conquêtes, et borner son ambition au bonheur de ses sujets.

Le temps, en rendant moins amère la douleur que René avait éprouvée à la mort d'Isabelle, n'avait pu combler le vide immense de son cœur. Malgré les tendres soins dont il l'avait entourée, le bon roi n'était point exempt de reproches. De coupables faiblesses avaient rempli ces dernières années écoulées au milieu des tournois et des fêtes, et, quoiqu'elles eussent été voilées par le mystère, et qu'elles semblent être restées inconnues de la reine, leur souvenir se mêlait à des remords.

« Adonques comme il continuoit un dueil, bien que jà fussent deux ans passez, les barons des pays d'Anjou, du Maine et de Provence, tant le pressèrent de prières qu'il leur accorda de s'y marier, par ainsi que ils luy trouvassent quelque vertueuse et noble pucelle qui fust à son gré, dont les barons humblement le mercyèrent, luy promettant de brief luy en trouver une, espérant par ce, le tirer de la mélencolie qui le tuoit; car ils veoient bien qu'il ne povoit plus guères vivre ainsi (Bourdigné.) »

Leur choix tomba sur Jeanne de Laval, que sa beauté avait fait nommer à quinze ans reine des tournois de Saumur et de Tarascon. Le 10 septembre 1455, le cardinal de Foix bénit cette nouvelle union dans l'église de Saint-Nicolas d'Angers; et le jour même, les deux époux firent leur entrée dans leur bonne ville, qui les reçut « en grant joye et lyesse. » Mais le constant attachement que René porta à la belle Jeanne ne lui fit point oublier le souvenir d'Isabelle. Comme aux jours de sa jeunesse, les fêtes et les plaisirs n'embellirent plus sa cour. L'étude, la peinture et la poésie, des occupations graves et les exercices d'une tendre piété, les remplacèrent. C'est aux sentiments qu'ils inspirèrent que nous devons l'ouvrage en prose et en vers, que René composa peu après son mariage, sous le titre de *Mortifiement de vaine plaisance*. Ce traité, dédié par son royal auteur à Jean Bernard, archevêque de Tours, est un dialogue mystique entre l'âme, embrasée de l'amour divin, et le cœur épris des vanités mondaines, une allégorie morale, dont le but est de prouver qu'il n'y a de repos qu'en

Dieu, que les peines et les douleurs de la terre doivent nous élever à lui.

René quitta l'Anjou peu de jours après son mariage. Cédant aux désirs des Provençaux, il se rendit à Aix au commencement du mois de novembre; et ce fut dans cette capitale qu'il reçut les députations des principales villes de son comté. Arles, Aix, Marseille et Tarascon offrirent en présent « de rares et exquises pièces d'orfaiverie, » des flacons de vermeil, des coupes et des bassins d'argent et de riches ayguières, où un habile artiste avait tracé de merveilleux emblêmes.

Touché de cet accueil, le bon roi prolongea son séjour en Provence. Il voulut visiter avec la reine les plus petites villes du comté, en connaître tous les besoins, en adoucir toutes les misères. La confusion de la législation féodale avait depuis longtemps attiré son attention. Il chargea les plus habiles jurisconsultes du tribunal suprême d'Aix (1), de porter la lumière dans ces épaisses ténèbres, et de

---

(1) Ce tribunal créé par Louis III, en 1424, pour remplacer le parlement établi par son père, avait pour président le grand sénéchal de Provence. Composé d'un juge mage, de maîtres rationaux, de plusieurs conseillers, de deux procureurs fiscaux, d'un avocat et d'un procureur des pauvres, il était tout à la fois, une courde justice et un conseil d'administration Il jugeait en dernier ressort, sauf appel au souverain. La garde des archives et l'administration des domaines lui étaient confiées. Transféré à Marseille en 1437, à la suite d'une émeute contre les Juifs, fut l'année suivante réinstallé à Aix, en vertu de lettres-patentes datées de Naples, le 1er septembre 1438.

(*Histoire de René.*)

lui présenter les observations dictées par leur expérience et leur sagesse. Le même travail fut demandé à Jean Breslay, sénéchal de Chemillé, et à Jean Binel, juge ordinaire d'Anjou (1). René leur écrivit de son jardin d'Aix, le 6 octobre 1458, pour leur intimer l'ordre de transcrire et de réunir en un seul corps les coutumes de la province. Il se fit représenter les divers recueils, les lois et règlements de ses prédécesseurs, retrancha et ajouta, selon qu'il lui parut juste et utile. Aucune réforme sage ne fut oubliée par son intelligente bonté. La gloire si pure du législateur devait couronner son règne.

Ce n'est pas sans un étonnement mêlé d'admiration, que nous retrouvons dans son statut sur les tutelles la plus tendre sollicitude pour les intérêts des mineurs. Si leurs mères se remarient, elles sont obligées de rendre un compte rigoureux avant de contracter de nouveaux liens. Le tuteur ne peut être ni leur époux ni leur frère. Les magistrats de la cité interviennent dans ce choix, et des règlements pleins de prévoyance déterminent tout ce qui a rapport à l'entretien et la conservation personnelle des pupilles.

La loi sur les donations, les droits de succession, les substitutions féodales, le retrait lignager sont empreintes du même esprit de conservation,

---

(1) Coutume d'Anjou, par Gabriel Dupineau, commentée par Pocquet de Livonnière.

d'intelligence et de sagesse. Toute donation au-dessus de dix florins, excepté en contrat de mariage, doit mentionner l'approbation du juge, et être faite en présence d'un des consuls, échevins, ou syndics, et de deux parents du donateur.

D'autres statuts portent que l'emprisonnement ne sera jamais décrété sans information et interrogatoire préalable. Si le délit n'est pas de nature à entraîner une peine grave, l'accusé restera en liberté jusqu'au jour du jugement, quand même il ne pourrait offrir de caution.

Une répartition plus juste des subsides et des tailles fut également faite par les soins du bon roi. Il ne maintint l'exemption d'impôts que sur les fiefs nobles, chargés de l'entretien d'un certain nombre de gens de guerre. Le privilége ne s'étendit pas aux terres acquises à titre onéreux ou gratuit par des gentilshommes. L'obligation où ils étaient de verser leur sang pour la défense du pays ne les exemptait point de la loi commune.

Les contestations commerciales ne pouvaient échapper aussi à la prévoyance de René. Il voulut qu'elles fussent réglées sommairement sans longues plaidoiries, ni écritures. D'honnêtes marchands, appelés comme arbitres, exprimaient leur opinion; elle servait de règle au juge chargé de rendre la sentence. L'établissement, sous Charles IX, des tribunaux consulaires, n'est que la réalisation de la pensée du bon roi.

Mais l'ordonnance qui révèle le plus son amour

pour ses sujets, est celle où il ordonne à tous les sénéchaux, baillis, juges, consuls et syndics, de jurer solennellement le maintien des franchises et privilèges de Provence. Les droits du peuple et ceux de nos rois furent toujours intimement unis dans notre patrie. Remontant à une même source, et également sacrés, ils ne peuvent se prescrire ni se séparer, sans que le sol ne tremble. L'anarchique audace du tribun courbe les têtes sous un niveau que n'eût osé imposer le pouvoir absolu ; le despotisme amène les réactions populaires ; et au milieu de ces déchirements intérieurs, le meilleur citoyen reste celui qui confond dans un même amour les principes monarchiques, l'honneur, l'indépendance et les libertés du pays.

Deux années s'écoulèrent dans ces occupations royales, années pleines et heureuses, où chaque jour fut compté par un bienfait de plus, une bonne action nouvelle. Le tendre attachement de Jeanne de Laval avait rallumé l'inspiration poétique de René et jeté des fleurs sur son âge mûr. Souvent on les voyait, sans autre garde qu'un lévrier fidèle, parcourir à pied les campagnes voisines, et encourager par leur présence les travaux et les jeux de pauvres laboureurs. Assis à l'ombre des vieux saules, ils jugeaient avec bonté les contestations qui leur étaient soumises, ramenaient la paix dans les familles désunies, ajoutaient un don gracieux à la dot des jeunes filles, ou devisaient ensemble de poésie et d'amour. Quelquefois même, pour rendre l'illusion plus complète et oublier les soucis de la royauté, les illustres époux gardèrent, dit-on, leurs troupeaux dans les prairies. Un léger chapeau de paille et les fleurs des champs remplaçaient la pesante couronne; et René, cheminant près de sa douce compagne, s'appuyait sur une houlette, ce premier sceptre des rois pasteurs (1).

Un poème, où ces souvenirs ont répandu un intérêt plein de charmes, est la ravissante pastorale de *Regnault et Jeanneton, ou les Amours du Berger et de la Bergeronne*. Sous cette riante peinture de la vie champêtre, Jeanne de Laval dut reconnaître avec émotion la tendresse sans bornes que René lui avait vouée.

Ce fut aussi à la même époque que le bon roi commença son grand poème chevaleresque et allégorique, *la Conqueste de doulce Mercy, par le Cueur d'amour espris*. Mais, quoique ce roman porte la date de 1457, il est à croire que René employa plusieurs années à le composer, et à l'orner des ravissantes miniatures que l'on admire dans le manuscrit original. Dessinées avec un soin

---

(1)   J'ay ung roy de Cecile
        Veu devenir bergier,
        Et sa femme gentille
        De ce propre mestier,
        Portant la pannetière,
        La houlette et chapeau,
        Losgeant sur la bruyère,
        Auprès de leur troupeau.

et une délicatesse extrêmes, elles sont la preuve du prix que René y attachait. Le moyen âge, ses costumes et ses armures, l'église et ses pompes, les mythologiques allégories de la renaissance revivent dans ces petits tableaux, encadrés de fleurs, étincelants d'or et de toutes les couleurs de l'arc-en-ciel.

Nous ignorons à quel point Jeanne de Laval partageait les goûts poétiques de son époux. Vivant toujours auprès de lui, elle dut aimer tout ce qui avait adouci les ennuis de sa captivité et fait le charme de sa vie. Elle le quittait rarement, l'accompagnait dans ses voyages, et lorsque de cruels malheurs accablèrent sa vieillesse, elle eut de douces paroles pour calmer tant de douleurs.

L'un et l'autre affectionnaient singulièrement le séjour de Tarascon, antique cité, baignée par les flots du Rhône, où Louis II avait bâti un château magnifique. Le roi de Sicile s'était plu à terminer et à embellir cette demeure paternelle; nous l'avons vu, avec toute sa cour, y tenir le *Pas d'armes de la Bergère*, alors que Jeanne, simple pastourelle, sans autres atours qu'un gentil chaperon de couleur rose, le *barillet* au côté et la pannetière à la main, donnait aux vainqueurs un baiser, un *annel*.

René composa dans cette ville une partie de ses ouvrages. Il y entretint une poétique correspondance avec le chevaleresque prisonnier d'Azincourt, le brave et spirituel Charles d'Orléans. Tous les deux, longtemps exilés, s'étaient consolés avec leur muse, et, malgré la différence de l'âge, s'étaient voué une amitié à toute épreuve, dès leur rencontre première à la cour de Charles VII. Rien de plus naïvement délicat que leurs douces confidences et l'échange de leurs rondels.

La solennelle translation des reliques de sainte Marthe, patronne de Tarascon, retint René dans cette ville (10 août 1458). Il y assista dévotement avec toute sa cour, et se plut à ordonner lui-même les dispositions de la fête. Une foule immense accourut à cette religieuse cérémonie, où l'on vit pour la première fois apparaître la *Tarasque*, reptile hideux qui vomissait des flammes. Une jeune fille vêtue de blanc attacha son voile au col du dragon, et conduisit sans effort le monstre devenu docile. René, par cette image, avait voulu rappeler un des miracles de la sœur de Marie Madeleine et de Lazare. On lit dans les légendes, que la sainte, à son arrivée à Tarascon, et avant d'y annoncer l'Évangile, délivra les habitants d'un crocodile énorme, qui dévorait les bateliers attardés sur le fleuve, et répandait sur les deux rives la consternation et la mort.

Le temps n'a point effacé dans cette ville le souvenir du bon roi; les jeux qu'il avait établis se célèbrent encore chaque année, et sa mémoire populaire et bénie a été préservée d'un injuste oubli (1).

(1) René, en établissant ces jeux, eut pour principal but d'éteindre d'anciennes querelles des Tarasconais et de leurs voisins. La devise

Le beau château de Louis d'Anjou domine au loin le Rhône; fier et intact, il a vu gronder autour de ses créneaux les siècles et les tempêtes, sans qu'une seule pierre soit tombée de ses tours. Le tombeau du fidèle Cossa, monument touchant d'une royale reconnaissance, orne toujours l'église souterraine de Sainte-Marthe; là, le preux chevalier, comme autrefois le frère de sa céleste protectrice, attend la parole qui doit briser son cercueil pour le réunir à Dieu et au généreux maître qu'il avait tant aimé.

Tandis que la Provence bénissait son souverain et jouissait d'une paix profonde, des événements inattendus arrachaient le roi de Sicile à ses paisibles loisirs. Fatiguée de troubles et de guerres intestines, la ville de Gênes s'était donnée à la France. Charles VII avait nommé le duc de Calabre gouverneur de cette turbulente cité; et, au moment où ce prince en prenait le commandement et dispersait la flotte et l'armée napolitaines, qui en formaient le siége, il apprenait la mort du roi d'Aragon. Une fièvre de quelques jours avait enlevé Alphonse au faîte de la puissance. Il ne laissait, pour héritier du royaume de Naples, qu'un fils illégitime, nommé Ferdinand. Les espérances de René se réveillèrent à cette nouvelle. Il crut de son devoir de monarque et de père, de réclamer l'investiture auprès du pape Pie II.

concordia felix est une preuve de l'intention de ce bon prince. Il pensait avec raison que le plaisir, pris en commun dans ces joyeuses fêtes, réconcilie les esprits irrités et calme les plus rebelles.

5*

L'ancien secrétaire de Félix V et du concile de Bâle, Œnéas Silvius Piccolomini, était monté sur la chaire du prince des apôtres. Dévoré du zèle des croisades, il faisait retentir l'Europe chrétienne de ses gémissements et de ses prières. Tout autre intérêt s'effaçait à ses yeux devant cette pensée. Il s'était lui-même proclamé le chef de la ligue sainte, et sa voix ébranlait l'Italie, menacée par Mahomet II. Peu touché du droit de René en pareille circonstance, soucieux seulement de prévenir toute guerre qui mit obstacle à ses desseins, il refusa l'investiture demandée par ce prince, et reconnut hautement le fils de son rival.

Le roi de Sicile, irrité de cette apparente injustice, interrompit ses relations avec le pontife, et appela de sa décision au futur concile et à ses armes. Ferry de Lorraine prit le commandement des galères de Marseille; une grande activité présida à ces préparatifs de guerre, et, en attendant que la flotte pût lever l'ancre, des vaisseaux marchands portèrent des secours aux seigneurs napolitains, qui avaient attaqué les troupes de Ferdinand et de Pie II.

Le pape, que justifiait la pureté de ses intentions, écrivit à René une lettre paternelle : « Malgré les
» hostilités commises par ses partisans sur les états
» de l'Église et son appel au futur concile, il lui
» était toujours cher à cause de ses vertus. » Pie II lui explique ensuite avec douceur les griefs et les motifs qui avaient déterminé le refus d'investiture,

et finit en le priant de prendre des voies plus conformes à son amour pour la paix (1).

Fermement convaincu de la bonté de sa cause, René crut inutile de répondre à cette lettre. Il hâta le départ de la flotte destinée à seconder les efforts du prince de Tarente. Ce seigneur, grand connétable du royaume, n'attendait qu'une occasion favorable, pour embrasser ouvertement le parti de la maison d'Anjou.

Cependant l'agitation qui régnait à Gênes avait empêché le duc de Lorraine de se réunir aux Napolitains. Le doge Pierre Frégoze, oubliant les traditions de sa famille, la délivrance de sa patrie et ses propres serments, s'était mis à la tête des ennemis de la France. Les Fiesques et les Adornes avaient laissé sommeiller leurs vieilles haines. Ils réunirent leurs partisans et soulevèrent la multitude.

Nous ne suivrons point Jean d'Anjou dans cette lutte glorieuse, où il déploya toutes les qualités héroïques de sa race. La défaite de Fiesque et de Frégoze, tué de sa propre main, apaisa cette terrible sédition. Il rétablit l'ordre par sa prudence autant que par sa valeur, et le sénat lui décerna le titre de *conservateur de la patrie*.

Confiant alors le commandement de Gênes, qu'il laissait calme et tranquille, à Louis de Vallier, il mit à la voile le 4 octobre 1459, et débarqua à

---

(1) *Histoire de René d'Anjou.*

Gaëte avec l'élite de la chevalerie de Provence et de Lorraine. Quelques historiens prétendent que, pour enlever aux siens tout espoir de retour, il renvoya sa flotte sur les côtes de France, ne voulant d'autre alternative qu'une couronne ou un tombeau.

L'attachement des Napolitains pour le sang de leurs anciens rois, sembla se ranimer à la vue du duc de Lorraine. Un soulèvement presque général agita la terre de Labour, la Pouille et les Abruzzes. Jean vit une partie de la population se ranger sous ses bannières. Il avait inscrit au-dessus des fleurs de lys et des *allérions* de ses armes, ce verset de l'évangile, qu'un saint pape appliqua depuis au vainqueur de Lépante : *Fuit homo missus à Deo, cui nomen erat Joannes.* Une éclatante victoire sur les bords du Sarno (7 juillet 1460), parut d'abord assurer son triomphe (1). Inférieurs en nombre à leurs ennemis, les Angevins se couvrirent de gloire. Il leur eût été facile d'entrer à Naples avec les vaincus, si au lieu de s'arrêter à faire des prisonniers, ils eussent continué leur marche. Ferdinand, rentré presque seul dans sa capitale, l'avouait volontiers en parlant de cette bataille : Le premier

---

(1) Les plus illustres familles de Provence, toujours prodigues de leur sang, eurent de glorieux représentants à la bataille de Sarno. Le président d'Hozier cite, entre autres, les Barras, Baschis, Blacas, Castellane, d'Arbaud, Demandolx, Gérente, Gombert, Grasse, Grimaldi, Grille, Glandevez, Forbin, LainceI, l'Estang, Pontevez, Portellet, Puget, Renaud d'Atcin, Sabran, Vento, Villeneuve.

» jour, disait-il, les ennemis estoient maistres de
» ma personne et de mon royaulme ; le second, ils
» auroient pu se rendre maistres de mon royaulme
» et non de ma personne : le troisième ils n'avoient
» plus aucun pouvoir sur les deux. »

Le duc de Lorraine avait accordé généreusement la liberté à tous les prisonniers de guerre. Tandis que l'Italie bénissait sa clémence, Jean Cossa s'était rendu auprès du pape Pie II, pour le prier de ne pas prolonger la lutte par une obstination inutile ; mais rien n'avait pu toucher l'inflexible pontife. Il avait déclaré que le malheur de son allié était une raison de le secourir, et non de le livrer à ses ennemis par un lâche abandon.

« Puisque Notre Seigneur Jésus-Christ, répondit
» le vieux guerrier, s'est si visiblement déclaré en
» notre faveur, nous tâcherons de nous passer de
» de son vicaire (1). » Il prit alors congé du pape, et revint immédiatement auprès du duc de Lorraine, qui s'était emparé de Bayes et de l'île d'Ischia.

Cependant le roi de Sicile n'abandonnait point son fils au milieu de ses victoires. Inquiet de ne pas le voir marcher sur Naples, il écrivait à son chancelier, Jean des Martins :

« Combien que je sçay les peines, charges et
» despenses, que a porté le pays de Provence, et
» dernièrement d'un don qu'ilz ont faits pour six
» ans ; toutefois la très grant miracle et victoire,

---

(1) *Histoire de René d'Anjou.*

» que Dieu monstre et administre à *Monsieur*, est
» besoin et nécessaire que chascun l'ayde... Chan-
» celier, servez moy à ce besoin, et soyez certain
» que je le reconnaistray, à vous et aux vostres...
» Pour ce, je vous prie, que vous y employez vos
» cinq sens de nature, et qu'il n'y ait serviteurs,
» marchands, ni compères épargnez. *Monsieur*
» aura assez de quoy eulx récompenser... Dieu soit
» garde de vous. »

Pendant que le roi de Sicile, les yeux sans cesse tournés vers Naples, envoyait à son fils de l'or et des soldats, et ne négligeait rien qui pût aider au triomphe de ses armes, le doge Prosper Adorne introduisait dans Gênes les troupes du duc de Milan, et secouait le joug de la France. Prévenu par René de cette nouvelle révolte, Charles VII détacha de son armée un corps de six mille hommes, qui se grossit en s'embarquant à Marseille d'un millier de Provençeaux. Cette expédition ne fut pas heureuse. Les Français, attaqués par une multitude d'ennemis, succombèrent presque tous dans de sanglantes rencontres; et Gênes, déchirée de nouveau par les factions, en proie à la tyrannie de ses grandes familles, crut recouvrer son indépendance et son orageuse liberté.

C'est ici le lieu de venger avec M. de Villeneuve la mémoire de René d'une calomnie historique, répétée par dom Calmet et le continuateur de Vély, sur la foi de l'auteur italien de la vie de François Sforce. Selon lui, le roi de Sicile, tranquille témoin, du pont de son vaisseau, du désastre des Français, aurait ordonné dans sa colère de prendre la haute mer, afin de ne laisser aux fuyards aucune chance de salut. Le caractère de René, ses vertus chevaleresques, sa vie entière démentent cette accusation, soulevée par un écrivain étranger, qui ne la reproduit d'ailleurs, « que comme un bruit populaire, digne de peu de créance. » Il paraît même certain que le bon roi ne prit aucune part à cette guerre, et qu'à l'époque où ses historiens le font trahir ainsi ses compagnons d'armes (16 juillet 1461), il était à Marseille, auprès du lit de mort d'une sœur de Jeanne de Laval.

Plus nous avançons dans cette vie si pure, et plus les malheurs et les chagrins vont s'amonceler sur la tête de René. La mort avait enlevé son frère et son ami, le glorieux Charles VII (25 juillet 1461). Marie d'Anjou n'avait pas tardé à suivre son époux dans la tombe. La grande Marguerite remplissait alors le monde du bruit de ses infortunes et de son héroïsme maternel; enfin le duc de Lorraine, après quatre ans de combats, s'était éloigné de Naples, vaincu par l'épée de Scanderberg (1).

(1) Georges Castriot, prince d'Albanie, surnommé l'Alexandre chrétien. Accoutumé à vénérer les ordres du souverain pontife, comme les oracles de Dieu même, il accourut, à l'appel de Pie II, prendre le commandement des troupes du pape et de l'armée napolitaine. Une grande victoire remportée sous les murs de Troies, dans la Capitanate, assura la couronne à Ferdinand.

Ce héros qui était venu au monde, disent les chroniques, avec l'em-

La peste ravageait alors la Provence. Ce cruel fléau moissonnait la population de Toulon et des villes voisines; et il n'y avait pas une famille qui n'eût à pleurer plusieurs des siens. Profondément ému de ces calamités, René exempta pendant cinq ans de toute espèce de tailles les habitants de cette ville, du bourg de la Vallette et de quelques autres villages. Sa royale charité s'étendait à toutes les souffrances, et jamais sentiment de crainte personnelle n'eut accès dans son cœur.

Séjournant alternativement en Provence et en Anjou, il soumit à une assemblée de notables, tenue dans cette dernière province, le recueil des lois et coutumes demandé à Jean Breslay et à Jean Binel. Des lettres-patentes, en date du château d'Angers (janvier 1462), approuvèrent cette compilation, base de la législation de l'Anjou du xve siècle au xviiie.

René reçut à cette époque la visite de Louis XI, qui lui prodigua jusqu'à l'affectation les égards et les témoignages d'un attachement presque filial. Inquiet de l'asile qu'avait trouvé en Bretagne le jeune duc de Berry, le soupçonneux monarque avait voulu connaître « le vouloir de ceulx qui l'avoient quitté, pour suyvre son frère. » Il entoura son oncle de caresses, visita avec lui les châteaux d'Angers, des

---

preinte d'une épée sur le bras droit, tua de sa main dans les combats plus de deux mille Turcs. Mahomet II croyant qu'il se servait d'armes enchantées, Scanderberg lui envoya son sabre. « Il lui suffisait, disait-il, de garder le bras qui le maniait dans les batailles. »

Ponts-de-Cé et de Saumur, établit en l'honneur de la Vierge, « sa bonne maîtresse et grant amie, » un chapitre de chanoines dans la petite île de Béhuard, et ne manqua pas d'honorer la vraie croix de Saint-Laud, qui lui avait toujours inspiré une salutaire frayeur (1). Ces marques de dévotion, feintes ou réelles, un langage familier et affectueux, et de riches présents donnés avec adresse lui concilièrent l'affection des bons bourgeois d'Angers, et préparèrent peut-être l'injuste et violente usurpation de la province.

Louis, pour s'assurer des dispositions des principaux seigneurs, avait convoqué à Tours les grands vassaux de la couronne. Il se plaignit amèrement du duc de Bretagne, et leur demanda s'il pouvait compter sur leur fidélité, en cas d'une guerre prochaine. René protesta de leur dévouement, « envers et contre tous, en foy et loyaulté. »

Si le bon roi était sincère, il n'en était pas de même des autres seigneurs. L'hypocrite ambition de Louis, ses fourberies, son despotisme, avaient soulevé les serviteurs les plus dévoués de son généreux père. Le duc de Bretagne et le comte de Charolais étaient à la tête de cette ligue menaçante, que couvrait de son nom le duc de Berry. « Ils vouloient, disaient-ils, apporter un remède aux

---

(1) Une croyance générale, partagée par Louis XI, attribuait à cette relique la puissance de faire mourir dans l'année le parjure qui violait son serment. — Ménage, dans sa *Vie de Pierre Ayrault*, nous a conservé le texte de cet engagement redoutable.

misères du royaume, chasser des conseillers pervers et soulager le pauvre peuple, accablé par la gabelle, les exactions et les impôts. « Ce prétexte, ajoute Anquetil, qui séduit toujours la multitude, fit appeler ce soulèvement la *guerre du bien public.* »

Jean, mécontent du roi et de ses nouveaux ministres, fut un des premiers à se joindre aux princes confédérés. Il avait avec lui cinq cents lances et un corps d'infanterie suisse. Son cri de guerre, comme celui du comte de Charolais, était: « *Exemption de tailles, bien public et franchises.* »

« Ce noble prince, dit Commines, à tous alarmes le premier armé de toutes pièces, et son cheval toujours bardé, sembloit bien prince et chief de guerre, et tiroit droict aux barrières de nostre ost. Comme il estoit bien faict de sa personne, beau, gracieux, doulx, éloquent, modéré, libéral et grant capitaine, il avoit l'estime et la confiance des troupes, qui n'obéissoient à personne plus volontiers qu'à luy. »

René avait vu cette révolte avec douleur. Opposé au soulèvement général qui entrainait presque tous les princes du sang, il écrivait à son fils, de Launay-lez-Saumur, le 10 août 1464 :

« Mon filz, monseigneur le roy, m'a présentement escript par Gaspar Cosse (1), et aussi envoié le double d'unes lettres, que lui avez escriptes, le-

---

(1) Fils de Jean Cossa.

quel par ces lettres me fait sçavoir qu'il envoie devers vous le seigneur de Precigny, et que de ma part je voulsisse aussi envoier devers vous aucuns des miens qui me fust feable. Mon filz, vous savez ce que je vous ay fait savoir par l'evesque de Verdun, de la voulenté du roy et de la mienne aussi; tousiours m'avez esté obeissant jusques apresent, encores, si vous estes saige, ne commencerez-vous pas à ceste heure à se autrement, et je le vous conseille pour vostre bien et honneur; et sur ce veuillez croire et aussi faire, et accomplir ce que vous dira de ma par mondit seigneur le roy et moy, ledit Gaspar, que j'envoie devers vous pour ceste cause; autrement, je ne pourroye estre content de vous. Nostre-Seigneur soit garde de vous.

» Votre père, RENÉ. »

René, pour éviter les soupçons de Louis XI, crut devoir lui faire tenir une copie de sa lettre :

« Mon très redoublé seigneur, » ajoutait-il en s'adressant au roi,

« Je me recommande à vostre grâce si très humblement que je suis. Plaise vous savoir, monseigneur, que par Gaspar Cosse ay veu ce qu'il vous a plu m'escrire, et comment aviez delibéré avoier devers mon filz de Calabre, le seigneur de Precigny, me exhortant et ordonnant y envoier aucuns de mes serviteurs qui me fust feable; sur quoy, monseigneur, en obeissant tousiours à vos bons plaisirs et commandemens, je y envoie ledit Gaspar, duquel vous savez, il a assez cognoissance; auquel j'ai donné charge expresse de passer et retourner par vous, et puis tirer de là devers mon dit filz, pour lui dire ce qu'il vous plaira lui en charger. Avecques ce que je luy ay de ma part aussi dit pour lui enjoindre de par moy, et sur ce escripts à mondit filz, par ledit Gaspar; ainsi que plus à plain verrez par la coppie de mes lectres, que vous envoie ci inclouse, ou par lesdictes lectres mesmes, si c'est vostre bon plaisir les veoir et ouvrir; priant à Dieu, mon très redoublé seigneur, qu'il vous doint bonne vie et longue.

» Escript à Launay, le 10ᵉ jour d'aoust.

» Vostre très humble et obéissant,

»Le roi de Sicile, duc d'Anjou, etc.

» RENÉ. »

La bataille de Montlhéry (13 juillet 1465) et le peu de succès du siége de Paris disposèrent les confédérés à écouter des paroles de paix. Jean d'Anjou, après avoir publiquement refusé de séparer sa cause de celle de ses alliés, ne tarda pas à s'apercevoir qu'ils n'avaient ni son désintéressement, ni sa droiture. Il prit le parti d'aller trouver le roi à Paris, et d'y jeter les bases d'un traité général. Dans les conférences qu'il eut avec Louis, il lui reprocha courageusement d'avoir déserté à

Naples, malgré de solennelles promesses, la cause d'un prince de son sang, et stipulé lui-même cet abandon dans des lettres adressées à Ferdinand. Il ajouta que son duché était un fief de l'empire, et qu'aucun lien de vasselage ne l'unissait à la couronne de France.

Le roi, qui voulait à tout prix calmer ces justes ressentiments, prodigua les protestations et les caresses. Il offrit « à son très amé et beau cousin de Calabre » deux cent mille écus d'or, huit mille archers et cinq cents lances pour reconquérir le royaume de Naples. La Lorraine fut déclarée exempte de tout hommage; et Jean obtint en outre le gouvernement de Vaucouleurs.

Surpris de ces faveurs qu'il n'avait point sollicitées, il hâta de tous ses efforts la conclusion de la paix. « Je pensois, disait-il aux seigneurs qui » vendaient leur soumission, cette assemblée estre » pour le bien public; mais je commence à veoir » que c'est pour le bien particulier. » Les traités de Conflans et de Saint-Maur furent en partie son ouvrage.

« Louis XI, dit un historien, savait sur toutes choses s'accommoder au temps, lorsqu'il était le plus faible, et céder à ses ennemis ses droits et ses prétentions afin de les désunir; mais quand une fois il avait rompu leur ligue, il reprenait ce qu'il avait cédé, et ne tenait rien de ce qu'il avait promis. » René, malgré son inviolable fidélité, devait bientôt en faire l'expérience.

La mort de l'infant don Pèdre de Portugal avait laissé la Catalogne en proie à l'anarchie. Soulevée depuis plusieurs années contre le roi Jean II, frère d'Alphonse V, cette belliqueuse principauté avait offert la couronne d'Aragon au fils de la reine Yolande. Ses députés s'étaient rendus à Angers, auprès du roi de Sicile; ils l'avaient supplié de se mettre à leur tête, et de venir à Barcelone prendre posssssion d'un trône mérité par ses vertus. Reué était trop âgé pour se bercer encore d'ambitieuses chimères. Il accueillit gracieusement les députés catalans, leur dit que sa vieillesse ne lui permettait point d'accepter leurs offres, mais qu'il leur enverrait, à sa place, son fils Jean d'Anjou et Ferry de Vaudemont (1467).

Le roi de Sicile, en faisant parvenir à Louis XI cette nouvelle importante, crut l'occasion favorable de lui rappeler de récents engagements. Une réponse évasive prouva qu'il avait à tort compté sur la foi royale. Louis n'avait aucun intérêt à garder sa parole. Il se borna à des vœux stériles et à des secours sans importance, tout en prêtant douze cent mille écus au roi d'Aragon, et lui retenant en gage le Roussillon et la Cerdagne. Le duc de Lorraine vit alors qu'il n'avait rien à attendre que de lui-même. Huit mille Angevins, Lorrains et Provençaux (1) répondirent à son appel; il traversa les

(1) Au nombre des chevaliers provençaux qui suivirent Jean d'Anjou dans cette expédition, nous trouvons Boniface de Castellane, nommé conseiller et chambellan de ce prince, en considération « de sa loyauté,

Pyrénées à leur tête, et fit à Barcelone une entrée triomphale. Deux victoires près de Roses et de Villademat (1468) excitèrent jusqu'au délire l'enthousiasme des Catalans. Le jeune prince Ferdinand commandait les Aragonais à cette dernière bataille. Son cheval fut tué dans la mêlée, et il ne dut la liberté qu'au dévouement d'un fidèle serviteur, qui mit pied à terre malgré ses blessures, pour sauver le fils de son roi.

prud'hommie et aultres louables vertus, comme aussi de ses grants et fructueux services. »

La maison de Castellane, longtemps souveraine de la ville de ce nom, est une des plus illustres de Provence. Inconstants, ambitieux et prodigues, turbulents et magnifiques, aimant avec passion la guerre, la poésie et les troubadours, les sires de Castellane, en jetant un grand éclat sur leur nom, servirent ou troublèrent alternativement leur patrie. Depuis sa réunion à la France, peu de familles ont plus noblement payé leur dette au pays.

Barthélemi Roger, dans son *Histoire d'Anjou*, pages 364 et 365, cite les noms de gentilshommes de la province, qui comparurent à trois montres faites par Jean de Lorraine, sénéchal et gouverneur d'Anjou, au mois de décembre 1468. Il paraît certain que ces montres furent faites pour l'expédition de Catalogne.

« Du 15 décembre, au Lion-d'Angers : Jean Baraton, seigneur de Varennes, Macé de Fechal, René de Charnacé,, Yves de Charnacé, Jean de Charnacé, Ambroise de Launay sieur de *Cac*, Macé de la Barre sieur de Fougerais, Thibaut de la Barre, Jean Chazé, Jean de la Barre sieur de Montrevault, Jean Descepeaux, Jean de Biton, Guillaume Bodier, Sébastien de Mergot, René de Launay, Pierre Le Poulchre ou Le Bel, Pierre Lenfant, Jean Lenfant, Colas Lenfant, Denis d'Andigné pour son père, Jean de la Roussardière, Pierre de la Corbière, Jean de Feschal, Jacques du Tertre, Pierre de Quatrebarbes, Pierre du Mortier, Pierre de Portebise, Mathelin de Portebise, Jean Mauviel, Bertrand de Cossé, Henri de la Chesnaye, Jean Lenfentin, Michel de Mergot, René de Mauviel, Olivier Haton, Pierre Touchard, Girard Cuissart, Gallot de la Roche, Hardouin de Grand-Moulin, Jean de Loucheraye, Pierre de Chambely, Thibaut du Bois,

Les hostilités continuèrent l'année suivante avec une extrême vigueur. Surpris à Peralta pendant une nuit obscure, don Juan s'enfuit jusqu'à Figuières sans vêtements, sans casque et sans épée. Les provinces de Gironne et de Tortose, Berguza, Palamos, le Lampourdan entier se soumirent au vainqueur (1469 et 1470).

L'histoire a recueilli la lettre que le roi de Sicile adressait à Jean d'Anjou, à la nouvelle de ces suc-

<small>Jean de Champagné, Jean du Mortier, René de Laporte, Messire Jean d'Orvaux, Jean d'Andigné, Jean d'Andigné son fils, Amaury du Chastelier, Jean Quatrebarbes, Jean de Poncé, Raoulet du Chastellet, Thibaud de Bellanger, messire Gilles de Brie et Louis Gilles de Brie son fils, Félix de Savonnières, René de Brie, Guillaume de Chivré pour Jean de Chivré, Jean de Saint-Aignan pour messire Pierre de Saint-Aignan, Pierre de Limesle, Michel de Saint-Aignan, Louis Quatrebarbes, Elie Perceault, Jean du Buat pour Guillaume du Buat, Mathelin Rogeul pour le sieur de la Faucille, Jean Morderet, Guillaume de Saint-Amadour, Jean Pelaut, René de la Chesnay, Jean Hamelin, Yvon de Lingrée, Mathelin Haton, René de Saint-Amadour, messire Hugues de Montalais et son fils, Guillaume de la Brunetière, Guyon Quatrebarbes, René le Guay, Georges du Chesne, Pierre de Lahaye, Pierre de Chivré, Mahé d'Andigné, Simon d'Andigné, Lezin de Lingrée, Guillaume de Meaulne, Geoffroy de Launay, messire Anthoine Clerembaud, Gilles de Bugnons, Pierre le Poulchre, le sieur d'Ingrandes, Guillaume Crespin sieur de la Girardière, Jean de la Genouillerie, Pierre Coisnon, Guillaume du Boys, Jean d'Orvaux pour son père d'Orvaux, François du Boys, Jean Hulellin, Gilles de la Crossonière, Jean Racape, Jean du Boys pour la dame de Scepeaux, Etienne du Bois pour Jean de l'Espinay, Guillaume de la Grandière, Raoulet du Chesne, Gilles de la Saugere, Jean de Bois-Jourdan, Jean du Buat, René Valeaux pour le sieur de Cherupeau son père, Robert Le Roy, Jean de la Chapelle, Jean de la Chesnaye, Charles Valeaux, René de Monteclert sieur de la Bigeotiere, messire René Frezeau.

« Du 18 décembre, à Chemillé : Jean le Gai sieur de la Fautrière,</small>

cès ; il lui rappelle d'abord, « que pour amplifier sa couronne et son nom, depuis sa première jeunesse et essais d'armes, il s'estoit courageusement présenté à travaux et dangers innumérables ; qu'il avoit esté par deux fois en Italie avec gros et puissant exercite (armée, *exercitus*), où toujours il s'estoit montré preulx et valeureux combattant. »

« Très illustre et cher fils, nostre premier né, » ajoute-t-il, dans un transport d'orgueil paternel,

Jean de la Cour pour son père, le sieur de la Bellière, Jean d'Aubigné, pour Guillaume d'Aubigné, Jacques de Daillon a présenté Gilles de Daillon son fils, Jean de l'Espronnière a présenté Guillaume de l'Espronnière son frère, messire François Baraton, François Chaperon, François de la Brunetière, Pierre de la Haye, messire Jean de la Béraudière, Hardouin de la Béraudière son frère, Louis le Roux, François de Savonnières, Jean Escoublant, Louis de Daillon, Louis de Villeneufve, Christophe de la Rivière, Jean de Savonnières sieur de la Coindrière, Jean Malineau pour son père, Jean le Roux, René de Saint-Germain, Jean Guaisdon, Louis de la Crossenière, François d'Aubigné pour Thibaud d'Aubigné, Pierre Chenu, Etienne Malineau, Thibaud Le Gay, Jean de la Rivière, Hardy de Toutvoy, Jean de l'Espronnière sieur dudit lieu, Jean Le Gay pour son père, sieur de la Guimaunière, Guyon Le Gay sieur de la Ribaudière, Henri de l'Epronnière pour son père, Hardy de la Béraudière, Jean Baudry pour son père, Jean de Chevruc, Guillaume Le Gras sieur de la Roche-Tabusteau, Jean Le Gras sieur de Langerie, la veuve feu messire Guillaume Chenu, messire Jean du Puy-du-Feu, Jean de Saint-Aignan, Michaud Torchard, messire Jacques du Plessis, Guillaume du Casau.

» Du 21 décembre, à Loudun, pour les chastelenies de Loudun et Mirebeau : Jean de Fay, Louis de Massilles, Jean de Chanchevrier, François Laurent, Méry de Saint-Gouin, Guillaume Fretard, Mathelin du Verger, François de Villiers, Bertrand de Marconnay, René le Roy, Mathelin de Cuouppes, Mathelin de Marconnay, Louis Bonchamps, Jean de l'Espine pour François du Puy, Guillaume de Mondieu, Louis de la Croix, Jean de Cherité, la veuve Guillaume Tison. »

» nous laissons qu'à Gênes, les années passées,
» vous avez montré tant d'actes de prouesse, déli-
» vrant la ville assiégée de ce roy si puissant par
» terre et par mer; et que Pierre de Campofregose,
» pour lors duc de la cité, ayant pris et tourné ses
» armes contre nous par une grande perfidie et
» desloyauté, a esté étendu mort et roide sur le
» pavé de vostre main, après plusieurs honorables
» playes reçues sur vostre corps; et qu'à présent
» vous êtes en Catheloigne, avec le harnois au dos,
» pour le recouvrement du droict et de la couronne
» maternelle, qui nous est deue, du royaume et de
» la jurisdiction d'Aragon. Mais de quelle grandeur
» et magnanimité de courage, de quelle force,
» vigilance et sagesse faites-vous maintenant la
» guerre contre Jean nostre capital ennemy! Tes-
» moin en est bien Geronde (Gironne) et toute la
» province emporitaine (le Lampourdan), tesmoins
» en sont bien les respoussements des ennemys,
» les forteresses et les chasteaux pris, les places
» munies, qu'en passant par la force et vertu de
» vos armes se sont rendues et remises à vostre
» main. Nous taisons vostre prudence, vostre jus-
» tice, doulceur et bénignité, et la modestie dont
» vous usez au gouvernement des peuples et des
» citez, avec plusieurs aultres royales et très excel-
» lentes vertus, dont Dieu a illustré vostre esprit.
» Si qu'il nous sera mieulx séant de ne pas parler
» plus tant de vos haultes et tant héroïques quali-
» tés, de peur que nous ne semblions parler de

» nous-mesmes, en parlant de vous, qui estes
» nostre fils bien-aimé, et nostre propre chair et
» nourriture (1). »

Au moment où René adressait à son fils ces touchantes paroles, la Catalogne était soumise; et Jean d'Anjou, au comble de la gloire, espérait achever la conquête de l'Aragon. Il avait envoyé une ambassade au roi de Castille, pour lui demander la main de l'infante Isabelle (2); tout semblait sourire à ses projets, lorsqu'il fut atteint d'une maladie mortelle, au retour d'un pèlerinage à Notre-Dame de Montserrat. Les larmes et les prières de tout un peuple ne prolongèrent point la vie du héros. Il expira à Barcelone au milieu de ses triomphes, le 13 décembre 1470, à l'âge de quarante-cinq ans.

Les Catalans qui, pendant sa vie, se pressaient sur son passage, baisaient ses armes, ses éperons et jusqu'à la mule qu'il montait, furent en grand deuil à sa mort. Durant neuf jours, son corps fut exposé dans une salle de son palais. Chacun venait s'agenouiller dévotement et prier aux messes célébrées pour le repos de son âme, depuis le point

---

(1) César Nostradamus; *Histoire de Provence*.

' (2) Peu de jours avant la mort du duc de Lorraine, Carrion, son écuyer, était parti pour la Castille, muni de pleins pouvoirs de son maître Quand le roi Henri l'aperçut, il lui fist le bienvenant; puis luy dict : « Monsieur l'escuyer, je suis fort marry des nouvelles que j'ay. —
» Sire, quelles sont-elles? — Vostre maistre, le duc Jehan, est allé à
» Dieu. » Quant l'escuyer oist ces nouvelles, il fut tout transy. »

du jour jusqu'à l'heure de nones. Le duc Jean, recouvert d'une robe de velours noir, la barrette en tête et sa bonne épée au côté, fut porté dans les rues et carrefours de la ville. Le cortége s'arrêtait sur les places principales, les chevaliers inclinaient ses bannières : on n'entendait que des sanglots, des lamentations et des cris (1).

Le caveau sépulcral des rois d'Aragon s'était refermé sur les ducs de Lorraine, lorsque le fidèle Carrion descendit à Angers chargé du noble cœur de son maître. René, à cette vue, pensa mourir de douleur. Il fut longtemps comme privé de sentiment et de vie, sans prononcer une seule parole. Ses infortunes croissaient avec les années, et cette mort prématurée n'était que le présage d'inexprimables malheurs.

Entraîné par les exploits de Jean d'Anjou, nous n'avons pas voulu interrompre notre récit. Il nous faut jeter maintenant un coup d'œil en arrière; les jours heureux du roi de Sicile furent trop clairsemés dans sa vie pour les laisser en oubli.

La loyale conduite de René pendant la guerre *du bien public* avait désarmé l'inquiète défiance de Louis XI. Il paraissait plein de respect pour sa vieillesse, et cherchait les occasions de lui témoigner sa vertueuse reconnaissance. Le roi de Sicile, qui aimait toujours le fils de Marie d'Anjou, se rendait avec Jeanne de Laval au château d'Am-

---

(1) Dom Calmet, *Histoire de Lorraine.*

boise, quand Louis y tenait sa cour, assistait à des
représentations dramatiques jouées en som honneur,
et ne soupçonnait point de mauvaise foi dans ces
démonstrations intéressées. De son côté, le rusé
monarque ne manquait jamais de faire à son *très
cher et amé* oncle et cousin quelque beau présent,
et de lui accorder des faveurs, qui coûtaient moins
encore, comme de le faire asseoir à ses côtés sur
un fauteuil de velours cramoisi, exactement pareil
au sien, ou de l'autoriser à signer ses lettres et ordonnances d'un grand sceau de cire jaune, préro-
gative exclusivement réservée jusqu'alors à la couronne de France.

« De retour, dit Bourdigné, à son puissant chastel d'Angers, le bon roi reprennoit vie convenable
pour resjouyr sa vieillesse, comme planter et enter
arbres, édiffier tonnelles, pavillons, vergiers, gal-
leries et jardins, faire bescher et parfondir fosses,
viviers et piscines pour nourrir poissons, et les
veoir nager et esbattre par l'eau clère, avoir oy-
seaulx de diverses manières, en buissons et ar-
bresseaulx, pour en leurs chantz se délecter. Et
pour certain il fut le premier qui d'estranges pays
fist apporter en France paons blancs, perdrix
rouges, fleurs de œillets de Provence, roses de
Provins et de Muscadetz, et plusieurs autres sin-
gularitez ignorées en Anjou auparavant. Et disoit
aux princes et ambassadeurs de divers pays, qui le
venoient visiter, qu'il aymoit la vie rurale sur toutes
autres, pour ce que c'estoit la plus seure façon et

manière de vivre, et la plus loingtaine de toute terrienne ambition. »

Souvent on le voyait dans un bateau de pêcheur descendre la Maine jusqu'au couvent de la Baumette, solitaire ermitage taillé dans le roc, à l'image de la Sainte-Baume. Il aimait à honorer la patronne de la Provence, et avait fondé un couvent de cordeliers, en mémoire du bienheureux Bernardin, son confesseur. Les jours de fête, il suivait l'office dans un psautier qu'il avait donné aux bons pères (1). Il partageait volontiers leurs repas; et, si l'on en croit la tradition populaire, consacrée par une gothique inscription, le plat qui

---

(1) Ce psautier manuscrit, in-4°, sur vélin, relié en veau fauve, fait aujourd'hui partie de la bibliothèque d'Angers.

On lisait sur la première feuille du psautier, qui malheureusement a été enlevée :

« Le 8 novembre 1465, le roy René de Jérusalem et de Sicile, duc d'Anjou, donna aux frères religieux, de la religion et observance de monseigneur saint François, estant en son esglise de la Baumette lez Angers, le présent psautier, pour demourer et estre à perpétuité audict hermitage, pour le divin service de ladicte esglise; et pour plus grande approbation dudict don, à eulx fait par ledict sieur dudict présent, ledict seigneur à cy mis et apposé son seing manuel, faict mettre et apposer le mien, de moy Allardeau, son indigne secrétaire, et protonotaire de notre sainct père le pape, les jour et an ci-dessus.

» Présens, Jean de Beauvau, seigneur dudict lieu, sénéschal du pays d'Anjou, et Bertrand de la Haie, seigneur de Malelièvre; Saladin d'Anglure, seigneur de Nogent, chambellan, et maistre Jehan Breslay, juge ordinaire du pays d'Anjou, tous conseillers dudict sieur, et plusieurs aultres gentilshommes.

» Signé RENÉ, *manu propriâ*.

» Et plus bas, ALLARDEAU. »

lui servait à la messe abbatiale, fut incrusté après sa mort dans les murs du monastère.

Le peuple, qui accourait sur les pas de René, vint visiter à son exemple cette pieuse solitude. Elle devint un lieu de pèlerinage, où se rendait chaque année à la fête patronale une partie de la population angevine.

Le temps n'a point détruit le couvent de la Baumette; la foule joyeuse couvre à certains jours les prairies qui s'étendent jusqu'à la Loire; et les cloîtres, le réfectoire, la chapelle taillée dans le roc dominent encore la vallée. Mais aucun chant sacré ne s'élève de cette enceinte recouverte de lierre. Les cours et les jeux établis par le roi de Sicile, ont cessé depuis longtemps; et à sa mémoire vénérée se mêlent aujourd'hui de sanglants souvenirs.

Au pied du rocher penché sur les eaux, qui sert de fondement à l'abbaye, s'arrêtait, il y a un demi-siècle, une barque chargée de victimes et de bourreaux. Elle portait soixante-douze vieillards arrachés au sanctuaire, et que n'avaient protégés ni leurs cheveux blancs ni leurs vertus (1). Liés deux à deux, ils priaient avec ferveur au milieu des blasphèmes. Tout à coup de larges ouvertures, agrandies à coups de hache, donnent passage à

---

(1) Ces prêtres apppartenaient presque tous au diocèse de Nevers. Ils avaient plus de soixante ans, et n'étaient condamnés qu'à la déportation. Ils furent noyés dans l'hiver de 1794, en face de la Baumette.

l'eau de la Maine. Un léger tourbillon fait bouillonner sa surface. Puis le fleuve, pur et tranquille, continue vers la Loire son cours accoutumé.

A l'opposé de la Baumette, un peu au dessus d'Angers, René avait découvert en chassant un saint anachorète. Il se nommait Macé Bucheron, était prêtre et chapelain du chapitre de Saint-Maurice, mais il avait abandonné sa prébende pour vivre dans la solitude de pain noir et de racines. Le roi, touché de ses vertus, lui bâtit une cellule et une petite chapelle. Il y ajouta pour lui-même un jardin et un modeste logis qu'il venait souvent visiter à pied en traversant la ville. Il l'appelait son cher ermitage de *Reculée*. C'était dans cette retraite, embellie de sa main de peintures et d'ingénieuses allégories, qu'il aimait à deviser avec les principaux bourgeois d'Angers, les artistes et les savants attirés à sa cour.

Autour de sa demeure royale s'élevèrent bientôt de pauvres habitations recouvertes de chaume. Elles étaient occupées par des pêcheurs qui venaient jeter leurs filets sous les fenêtres de René. Le bon roi avait toujours eu pour ces braves gens une affection singulière. Entre plusieurs beaux priviléges qu'il leur concéda, il voulut qu'ils ouvrissent la marche de la procession de la Fête-Dieu. Leur doyen, précédé de ménestrels, y portait un cierge énorme, où saint Pierre était représenté en cire avec ses vêtements pontificaux, un filet à la main. Selon les prophétiques paroles du Sauveur, le pêcheur du lac Génézareth était transformé en pêcheur d'hommes.

A Marseille, un tribunal particulier, les *Prud'hommes pêcheurs*, fut créé pour juger promptement et sans frais, les différends élevés entre les membres de cette classe laborieuse. René en publia lui-même les statuts, que le temps et l'opinion ont respectés.

La chasse était un de ses délassements favoris. Pour plaire à Jeanne de Laval, qui l'aimait avec passion, il avait entouré de murs un vaste parc, auprès de la petite ville de Saint-Rémi, en Provence. On dit même qu'il échangea la riche baronnie d'Aubagne contre les landes stériles de Saint-Cannat, où le gibier était plus abondant. En Anjou, « il s'esbattoit à la chasse du cerf, » dans ses domaines de Launay (1), de Baugé et de Beaufort. Sa meute, quoique peu nombreuse, était ardente et bien dressée; rarement ses faucons manquaient leur but. Il possédait de belles armes de plaisance et de guerre. Mais, comme il était généreux sur toutes choses, il s'en défaisait volontiers en faveur de ses amis (2). Le temps consacré à ce noble

---

(1) Ce château, dont plusieurs parties contemporaines de René existent encore, appartient aujourd'hui à M. le marquis d'Armaillé. Louis XIV l'exempta du logement des gens de guerre en souvenir du bon roi.

(2) Monsieur du Plesseys, en revange des deux belles arbalestes d'acier que m'avez données, et pour ce aussi, que depuis me suis enquis que vous estes très bon arbalestier, et que prenez grant plaisir à tirer de l'arbaleste, je vous advise que de ma part toute ma vie y ay prins grant plaisir. Et affin que voiez comment suis artillé, je vous envoie une de

exercice, ne lui faisait pas oublier les devoirs de la royauté; et, si ce rapide exposé de la vie de cet excellent prince ne suffisait pas pour convaincre les esprits les plus prévenus, sa correspondance, sauvée de la destruction et de l'oubli par M. le chevalier Lautard (1), nous en fournirait une preuve plus éclatante.

mes arbalestes, laquelle vous certiffie qu'elle a esté faicte de la main d'un Sarrazin à Barcillonne; ne jamais ne vieult aprendre aux crestiens de les faire telles. Et pour ce qu'elle est d'estrange façon, et qu'elle tire plus loing selon la petitesse de quoy elle est, que nulle autre arbaleste de son grant, que je veisse onequos, je la vous envoie, en vous priant que la tenez bien chière, et ne la vueillez donner à personne que vive, car vous n'en trouverriez point de telle, ne jamais jour de ma vie n'en vis de si belle façon, ne de si bonne aussi. Il me semble que le traict que je vous envoie sera trop pesant pour elle; mais je ne le vous envoie que pour veoir la façon. Et adieu vous diz en me faisant savoir s'il est rien que je puisse pour vous, car je vous certiffie, que vous n'en serez point esconduit devant tous autres encore, et pour ce, esprouvez moy quant vous vouldrez.

Escript au Mesnaige, ce mercredi 27e jour d'avril.

Signé : RENÉ.

(Tiré de la collection de M. Feuillet de Conches, savant archéologue, qui a eu la bonté de nous adresser cette copie.)

(1) Ces lettres transcrites sur un registre par les secrétaires de René et toutes signées de sa main, sont datées de Tours, d'Angers, de Baugé, des Ponts-de-Cé, de Launay, d'Aix, de Tarascon, de Marseille, d'Avignon et de Gardanne, etc., écrites en français, en italien, en catalan et en latin; elles embrassent une période de six années (1468 à 1474), se suivent exactement et ne laissent que de courtes lacunes, pendant lesquelles il est facile de reconnaître que René était alors en voyage. Leurs caractères en sont bien conservés et passablement formés. Mais ils sont de leur siècle, et par conséquent difficiles à déchiffrer et hérissés d'abréviations.

Deux cent quatre-vingt-dix lettres composent ce recueil, que le pré-

L'amour de René pour les lettres le suivit jusqu'à la tombe. Du fond de la Provence ou de l'Anjou, il écrivait aux savants de toute l'Europe, faisait copier à grands frais les manuscrits grecs ou latins nouvellement découverts, enrichissait de précieux ouvrages les bibliothèques de ses châ-

sident Peyresc avait acheté de l'historien de la Provence. Oubliées dans le chartrier d'un vieux château de la maison de Simiane, elles ont échappé à l'incendie et à la dévastation de 1793 par un de ces hasards merveilleux, auxquels la prudence humaine est étrangère.

Ces lettres, où la bonté de René et son amour pour ses peuples se dévoilent à toutes les lignes, sont en général très courtes, d'un style simple et concis; le latin en est aisé, quelquefois élégant, mais souvent un peu recherché. La tournure des phrases et les inversions annoncent de la facilité et une longue habitude de la manière et du dialecte de la chancellerie romaine.

Aucun auteur, aucun écrivain ne les avait fait connaître, avant M. le chevalier Lautard, secrétaire perpétuel de l'Académie de Marseille, et l'un des hommes dont le caractère et la science honorent le plus sa ville natale. C'est lui qui le premier révéla leur existence et prouva leur authenticité dans deux mémoires publiés en 1812 et 1816, dont sont extraites les réflexions qui précèdent.

Notre nom et nos travaux étaient inconnus du savant académicien, lorsque nous nous sommes adressé à lui, sans autre titre qu'un amour commun pour le bon roi de Sicile. Dire avec quelle bienveillance de cœur, M. Lautard s'est empressé d'accueillir toutes nos demandes, nous a communiqué son précieux dépôt, en a extrait lui-même les lettres, dont il nous a envoyé la savante et fidèle traduction, nous serait impossible. Nous le prions seulement de recevoir ici l'hommage de notre respectueux attachement et de notre profonde reconnaissance.

M. Roux-Alphéran, ancien greffier en chef de la cour royale d'Aix, nous permettra aussi de lui offrir le même hommage. C'est à ce savant, laborieux et modeste, dont le désintéressement égale le dévouement et la fidélité héréditaires, que nous devons un grand nombre de renseignements, et la copie du tableau de l'Adoration des Mages, attribué à René depuis un temps immémorial.

teaux et des couvents qu'il affectionnait. Tandis que le moine Hugues de Saint-Césary transcrivait par ses ordres les poésies oubliées des troubadours provençaux, que Martial d'Auvergne publiait son livre si curieux des *Arrêts des cours d'amour (arresta amorum)*, et qu'Honoré Bonnor, prieur de Salon, composait son *Arbre des batailles*, et lui donnait pour préface la relation de la grande victoire remportée sur Satan par le glorieux archange, René encourageait les premiers essais de poésie dramatique. Il conservait au château de Beaufort la copie la plus authentique et complète des *Mémoires du sire de Joinville*, faisait recueillir par les officiers de sa cour des comptes, les chroniques enfouies dans les chartriers de ses châteaux, appelait aux universités d'Aix et d'Angers les plus habiles professeurs, et fondait des bourses gratuites pour de pauvres écoliers. Les nombreuses lettres que nous avons citées montrent qu'il parlait le latin, le catalan, l'italien et le provençal avec une égale facilité. L'écriture sainte et les chefs-d'œuvre de l'antiquité païenne lui étaient également familiers; et c'est sans doute à l'enthousiasme inspiré par leur étude, que doit être attribué l'étrange mélange de mythologie et de christianisme remarqué dans ses écrits, dans les fêtes chevaleresques, les cérémonies religieuses qu'il présidait, et surtout dans la célèbre procession de la Fête-Dieu à Aix.

Tandis que sous son sceptre paternel, ses États jouissaient d'une paix profonde, un événement imprévu, où son nom se trouve mêlé, plongeait la France entière dans l'étonnement et la stupeur. Louis XI, toujours en querelle avec Charles-le-Téméraire, était venu presque seul à Péronne, au milieu des Bourguignons, pour hâter par sa présence la conclusion de la paix. Le nouveau traité était près d'être signé, et les deux princes semblaient vivre dans une familiarité affectueuse, lorsque des courriers apportèrent au duc la nouvelle que les Liégeois, excités par les émissaires de Louis, avaient rompu la trêve, massacré leur évêque et les soldats laissés en garnison. Une furieuse colère s'éleva comme une tempête dans l'âme de Charles. Flottant pendant trois jours entre des résolutions extrêmes maître de la personne du roi, de sa couronne et de sa vie, il marchait à grands pas, se jetait sur son lit, se relevait avec violence, et, de temps à autre, arrêtait ses regards sombres sur la vieille tour de Péronne, où Herbert de Vermandois avait tenu emprisonné pendant vingt ans l'infortuné Charles-le-Simple.

Prenant enfin une détermination plus digne de lui, il imposa au monarque les conditions les plus dures, les lui fit jurer sur la croix de Charlemagne et le traîna au siége de Liège plutôt en captif qu'en allié. Une des clauses les plus humiliantes de ce traité, que nous croyons être restée jusqu'ici inconnue, obligeait Louis XI à sommer le roi de Sicile de prendre les armes contre lui-même, s'il venait à violer son serment.

« René, par la grâce de Dieu, Roy de Hiérusalem, de Cécile, d'Arragon, de l'isle de Cécile, Valence, Maillorques, Cardaignes et Corseignes, duc d'Anjou, de Bar et conte de Barcelonne, de Prouvence, de Fourcalquier, de Pimont, etc.,

» A tous ceulx qui ces presentes lettres verront, salut.

» De la partie de notre tres chier et tres amé cousin le duc Bourgongne, nous ont esté presentées les lectres de monseigneur le Roy, desquelles la teneur s'ensuit :

» Loys, par la grâce de Dieu, roy de France, à nostre tres chier et tres amé oncle le Roy de Cecile duc d'Anjou, salut et dilection.

» Comme par la réunion de paix, d'amitié et concorde fait entre nous et nostre tres chier et tres amé frère et cousin le duc de Bourgongne, entre autres choses avons consenty et accordé que les princes de mon sang, telz que nostre dict frère et cousin vouldra nommer, jureront et promectront sur leur foy et honneur de entretenir et garder ladicte paix et tout le contenu es lectres d'icelle, sans riens faire ne souffrir faire au contraire; et qu'ilz chascun d'eulx assisteront et serviront nostre dict frère et cousin à l'encontre de nous, en leurs personnes, de toutes leur puissance et de leur pays et subgetz, ou cas que par nous ou par autres de nostre sceu ou consentement ladicte paix soit enfrainte, ou contrevenu au contenu es lectres sur ce faictes; et que de ce ilz bailleront leurs lectres scellées en formes deue à nostre dict frère et cousin, sans delay, contredict ou difficulté. Et avons desclairé par lesdictes lectres de paix que ou cas de ladicte infraction, lesdicts princes seront et demourront quictes, absolz et exempts envers nous et noz successeurs de tous sermens, devoirs et services que par eulx et leurs dicts subgetz nous sont deuz; desquelz oudict cas les avons quictés, absolz et exemptez, ainsi que ces choses appèrent plus à plain par lesdictes lectres d'icelui traictié de paix. Et il soit ainsi que nostre dict frere et cousin de Bourgongne nous ait desclairé et nommé vous et autres desdicts princes de nostre sang, desquelz il veult avoir les seurtés dessus desclairées; en nous requerant que nostre plaisir soit vous ordonner et commander de faire les sermens et promesses dessus dictes, et affin qu'il vous en appert octroier sur ce, de faire expedier nos lectres patentes en tel cas pertinent. Pour ce, est il que nous, ces choses considerées, voulant de nostre part entretenir et accomplir à nostre dict frère et cousin ce que promis lui avons par ledict traictié de paix et user de bonne foy envers lui, avons consenty et consentons et par ces présentes vous mandons, ordonnons et enjoingnons que à y iceluy nostre frère et cousin de Bourgongne, ou à son certain commandement, vous baillez, expediez et faictes delivrer incontinent et sans delay ou difficulté vostre lectre et scelle en forme deue, par laquelle vous promectrez et jurerez sur vostre foy et honneur d'entretenir et garder ladicte paix et tout le contenu es lectres d'icelle, et que aucune chose ne sera par vous faicte, ne souffert faire au contraire, aussi que vous assisterez et servirez nostre dict frère et cousin à l'encontre de nous, en vostre personne, de toute vostre puissance et de vos pays et subgetz, ou cas que par nous ou par autre de nostre sceu ou consentement ladicte paix soit enfrainte ou contrevenu au contenu et lectres d'icelle comme devant est dict. Laquelle chose ne adviendra au plaisir nostre, et s'il advenoit, que Dieu ne veuille, nous voulons et desclairons des maintenant que ou dict cas serez demourez quictes, absolz et exemptz envers nous et noz successeurs de tous sermens, devoirs et services, qui par vous et voz dicts subgetz nous sont deuz, et desquelz sermens, devoirs et services, nous, ou cas dessus dict, et non autrement, des maintenant pour lors, quictons, absolvons et exemptons vous et voz dictz subgetz par la teneur de ces lectres. En vous ordonnant et commandant que sans mesprendre envers nous et noz dicts successeurs, vous ou dict cas de infraction de nostre part, ou contrevenu au contenu desdictes lectres dudict traictié, servez nostre dict frère et cousin contre nous, comme dict est, car ainsi nous plaist et voulons estre fait. Et de ce faire vous donnons pouvoir, congié, licence et auctorité par ces dictes presentes.

» Donné à Péronne le xiiij jour d'octobre l'an de

grace mil cccc soixante huit, et de nostre règne le huitieme.

» Ainsi signé, par le Roy en son conseil,

» J. DELALOCRE. »

« Savoir faisons que nous, désirant complaire à mondict seigneur le Roy, et tousiours demourer en son obeissance comme tenuz sommes et raison est, avons par son commandement et ordonnance fait et promis, jurons et promectons, en parolle de Roy et sur nostre honneur, d'entretenir et garder ladicte paix et tout le contenu es lectres d'icelle paix sans riens faire ne souffrir faire de nostre part au contraire, et avec que assisterons et aiderons nostre dict cousin de toute nostre puissance de nos pays et subgetz, ou cas que par mon dict seigneur le Roy ou par contenu es lectres d'icelle paix. En tesmoin de ce nous avons signé ces presentes de nostre main et fait sceller de notre scel.

» Donné en ma ville de Saumur, le unzieme jour de may, l'an de grace mil cccc soixante neuf (1).

» RENÉ.
» Par le Roy, BENJAMIN. »

(1) Cette charte officielle, pièce originale et inédite, revêtue du sceau et de la signature autographe du roi René, nous a paru assez importante pour être reproduite en entier. C'est l'un des documents historiques les plus precieux que nous ayons entre les mains. Nous en avons fait l'acquisition à Paris, au mois de septembre 1841, après que M. Paulin Paris, membre de l'Institut et l'un des conservateurs adjoints de la Bibliothèque royale, eut vérifié et constaté son authenticité. Cette charte

Louis XI, étranger à tout sentiment généreux, tenait moins à l'honneur de son nom qu'à sa réputation d'habileté et de ruse. Il échangea l'écharpe blanche fleurdelisée contre la croix rouge de Bourgogne, abandonna les Liégeois sans hésitation comme sans remords, et assista en témoin impassible au pillage et à la destruction de leur malheureuse ville. Mais cruellement blessé des railleries des Parisiens, il évita à son retour de visiter *ses bons compères*. Sa vengeance s'étendit aux oiseaux dressés à répéter le nom de Péronne. Le bourreau fut chargé de les mettre impitoyablement à mort, et d'informer en même temps contre leurs imprudents instituteurs. La crainte que Louis inspirait ne le préservait ni du ridicule ni de la honte.

L'éloignement de René du théâtre de la guerre et l'administration de ses États, ne détournaient

---

est écrite à pleines lignes sur une feuille de vélin parfaitement conservé.

On remarque sur le revers, en caractères de la même époque que ceux du corps de la charte, ces mots :

« Scellé du Roy de Cécile pour l'entretenement de la paix faite à Peronne l'an mil iiij clxviij. »

Les lignes suivantes, d'une écriture moderne, sont tracées encore sur le revers, mais au haut :

« Traitté de Peronne   1468.
                       1469.

» Promesse de René, roi de Sicile, en suitte des lettres que le roy
» Louis XIe luy avoit envoyées pour ce sujet, et lesquelles sont icy in-
» sérées, d'entretenir la paix faite à Peronne, en octobre 1468, entre
» ce roy Louis et Charles duc de Bourgogne. Les lettres du roy Louis à
» Peronne, le 14 octobre 1468. Les lettres de promesse à Saumur, le
» 11e may 1469. »

point son attention des événements qui se succédaient en Catalogne. Nous l'avons vu envoyer à Jean d'Anjou de l'argent et des soldats; il lui adressait de nombreuses lettres, où l'on reconnaît toujours son esprit de droiture et la bonté de son cœur.

« Mon très cher fils, lui écrivait-il du château
» du Baugé, le 28 mars 1468, la justice exige que
» nul ne soit privé de son droit. Or, on vient
» de saisir à Barcelonne, où vous commandez, un
» bâtiment qui appartient à Jean Ruiz, sujet du roi
» de Castille. Vous savez que la paix la plus du-
» rable nous unit depuis un temps immémorial
» avec ce digne prince, et que nous avons toute
» son amitié. Indépendamment de ces titres pré-
» cieux, l'équité ordonne cette restitution. Ainsi,
» ne balancez pas à donner des ordres pour mettre
» relativement à cet objet notre conscience en re-
» pos. Restez toujours uni à la sainte Trinité (1). »

Un prince, que l'injustice révoltait à ce point, ne pouvait être indifférent à l'intérêt de ses vassaux. Il écrivait la même année au roi de Portugal :

« Prince sérénissime, notre cher cousin et frère,

---

(1) Cette lettre, dont nous devons la traduction à M. le chevalier Lautard, est écrite en catalan, dialecte qu'affectionnait singulièrement le bon roi, pour l'avoir appris enfant sur les genoux de la reine Yolande. René avait écrit le 11 janvier précédent, sur le même sujet, au gouverneur-général de la Catalogne.

» par la grâce de Dieu, roi de Portugal, René, par
» la même grâce, roi d'Aragon, de Jérusalem et
» de Sicile, salut et augmentation de prospérité.

« Notre sujet, Raphaël Bonet, marchand de
» Barcelone, nous a exposé que faisant le com-
» merce dans votre royaume, il forma le projet, il
» y a quelques mois, de revenir dans sa patrie;
» qu'à cet effet il passa une convention avec un
» nommé André Bers, portugais de nation, com-
» mandant le bâtiment marchand *la Modeste;* qu'il
» fut réglé entre eux, que ledit André Bers ramè-
» neroit par mer Raphaël Bonet à Barcelone et
» qu'il porteroit toutes les marchandises que lui,
» Bonet, lui confierait. L'affaire étant conclue, le
» vaisseau mit à la voile. Mais à peine a-t-il perdu
» la côte de vue, que Bonet s'aperçoit que le navire
» dévie de la route ordinaire. Il fait des représen-
» tations au capitaine, qui n'en tient aucun compte
» et continue sa marche. Le perfide fait force de
» voiles, et arrive bientôt sur les côtes de Naples.
» Là, il oblige Bonet à débarquer sur-le-champ, et
» disparoît avec les marchandises de notre vassal.

» Or, prince sérénissime, comme c'est un de
» vos sujets qui a commis ce délit, nous vous
» prions qu'il vous plaise ordonner des poursuites
» contre André Bers, et de faire rendre à Bonet
» ses marchandises avec une juste indemnité pour
» ses frais. Nous vous supplions en même temps
» de nous donner une prompte réponse, et de

» croire que nous vous rendrions semblable justice
» en pareille occasion (1). »

La mort de Jean d'Anjou n'avait point diminué l'attachement des Catalans pour les petits-fils de la reine Yolande. En l'absence de Ferry de Vaudemont, qui commandait à Barcelone sous le duc de Lorraine, ils avaient proclamé roi d'Aragon, Nicolas d'Anjou, marquis de Pont-à-Mousson, devenu, par la mort inopinée de Jean son frère aîné, le seul héritier de son illustre père. Mais ce jeune prince était plus soucieux de plaisirs que de gloire. Retenu à Paris par Louis XI, qui lui promettait la main de sa fille Anne de France, il ne se rendit point aux vœux des députés catalans. Un temps précieux s'écoula en stériles promesses; et l'armée lorraine, fatiguée de vaincre pour un prince étranger à ses périls, abandonna la Catalogne, qui se soumit enfin à don Juan d'Aragon (1471).

Nicolas parut peu regretter cette glorieuse conquête. Le désir d'épouser Marie de Bourgogne, fille unique de Charles le Téméraire, lui avait fait renoncer à l'alliance de Louis XI. Quelques piquantes railleries des bourgeois de Metz l'armèrent contre cette ville. Il tenta follement de la surprendre, et succomba à son retour, emporté par une fièvre contagieuse, lorsqu'il s'apprêtait à venger la honte de sa défaite (27 juillet 1473) (2).

(1) Cette lettre, traduite par M. Laulard, est écrite en latin.
(2)   Par ung neufviesme jour d'apvril,
       A pied levé comme ung cabral,

Il avait alors vingt-quatre ans, et ne s'était fait connaître que par son inconstante légèreté. Mais sur sa tête reposaient les dernières espérances de son aïeul. Toutes les douleurs déchiraient à la fois l'auguste vieillard, et l'unique rejeton de cette grande maison d'Anjou était brisé sur sa tige.

Accablé sous ce nouveau malheur, René n'éprouva de consolation qu'en hâtant la délivrance de la reine Marguerite. Une lettre écrite de Gardane, peu de temps après la mort de son fils, contient ces mélancoliques paroles :

« Ma fille, que Dieu vous assiste dans vos con-
» seils! car c'est rarement des hommes qu'il faut
» en attendre dans l'infortune. Lorsque vous dési-
» rerez moins ressentir vos peines, songez à celles
» que j'éprouve. Elles sont grandes, ma fille, Dieu
» les connaît, et cependant je vous console (1). »

Depuis le jour où cette princesse, dans tout l'éclat de la jeunesse et de la beauté, était venue partager la couronne du fils d'Henri de Lancastre, sa vie n'avait été qu'une suite continuelle de révoltes réprimées, de succès infructueux, de revers et

>S'en vint avec son exercite
>Tout secret au plus près de Metz...
>
>Ses joyes furent terminées :
>Car il mourut celle année,
>Et partit sans page ny valet,
>Le vingt-septième jour de juillet.
>
>   (*Chronique de Metz.*)

(1) Traduction de M. Lautard.

de douleurs. Les querelles des deux Roses avaient transformé l'Angleterre en un vaste champ de bataille, où le bourreau glanait après le massacre, et disputait aux oiseaux de proie les blessés et les morts. La hache et le poignard achevaient sur l'échafaud, ou dans la tente royale, les malheureux dont le sang ne coulait pas assez vite; l'hostie sainte avait cessé de protéger les vaincus, réfugiés au fond du sanctuaire; le prêtre était égorgé en défendant les victimes, et des haines implacables, une férocité de bêtes fauves fermaient tous les cœurs à la pitié.

Triste jouet des factions, qui rugissaient autour de lui, le faible Henri VI abandonna à Marguerite le soin de défendre sa couronne. Les sombres cachots de la Tour de Londres s'ouvrirent au bruit des victoires de la reine. Elle avait délivré le monarque prisonnier, et taillé en pièces à Wakefield les partisans de Richard d'York (1461).

Vaincue bientôt après à Pontefract par le cruel Edouard, forcée de se réfugier en Ecosse, de traverser les mers avec son fils dans ses bras, elle résolut de passer sur le continent, et d'inviter tous les vrais chevaliers à venger ses injures. Louis XI parut d'abord insensible à ses malheurs. Mais quand elle offrit de remettre Calais en gage, il lui prêta vingt mille couronnes, et permit à Pierre de Brézé, grand sénéchal de Normandie, de suivre sa bannière (1462). Marguerite débarqua en Angleterre avec deux mille Français, après cinq mois d'absence. Son courage lui rallia une nombreuse armée. Elle s'empara des comtés du Nord, livra de nouveaux combats, et balança longtemps encore la fortune d'Edouard et du comte de Warwick.

Un jour que, fugitive et poursuivie de toutes parts, elle s'était réfugiée dans les montagnes du Northumberland, elle tomba avec son fils entre les mains de bandits, qui se disputèrent ses dépouilles. Comme les épées étaient tirées pour le partage du butin, Marguerite s'enfonça au plus épais de la forêt. Mais à peine avait-elle fait quelques pas, qu'elle fut arrêtée par un autre brigand, attiré par ce cliquetis d'armes. Alors ne prenant conseil que de son désespoir : « Mon ami, lui dit-elle, sauve le fils de ton roi. » Ce sublime appel à la générosité d'un bandit ne fut pas jeté en vain. Il fléchit le genou devant l'héroïque mère, et la conduisit en sûreté au camp des Lancastriens.

De nouveaux revers forcèrent la reine de quitter l'Angleterre, sans abattre sa constance. Une barque de pêcheur la déposa sur les côtes de Flandre au milieu d'une tempête (1463). Philippe de Bourgogne fit un généreux accueil à son illustre parente. Il lui remit une somme d'argent considérable, et l'escorta honorablement jusque sur les frontières du Barrois, où elle fixa sa résidence auprès de Jean d'Anjou. Suivant alors avec anxiété le cours des événements, elle berçait ses chagrins de la pensée de replacer encore son mari et son fils sur le trône d'Angleterre.

Le ressentiment du comte de Warwick contre Edouard IV ranima ses espérances (1470). Elle consentit à oublier de mortels affronts. Le *grand faiseur et défaiseur de rois,* réfugié à la cour de France, prit la rose rouge de Lancastre, et fiança sa fille, à Amboise, au jeune prince de Galles.

Le comte, dont les ballades ont célébré les exploits, avait toujours été le favori du peuple. Son exil l'en avait rendu l'idole. Il n'eut pas plus tôt mis le pied en Angleterre, qu'il vit une foule immense se presser sur ses pas. Il entra en triomphe à Londres; et Henri VI, libre de nouveau, sortit de la Tour, la couronne sur la tête, et vint rendre grâce à Dieu dans la cathédrale de Saint-Paul. On ignore si l'infortuné monarque éprouva quelque joie de sa délivrance. Affaibli par ses malheurs et sa captivité, il semblait indifférent aux efforts tentés pour sa cause.

Cependant Edouard s'était enfui sur le continent auprès de son beau-frère, Charles de Bourgogne. Puissamment secondé par ce prince, il arma une flotte de dix-huit grands navires, et jeta l'ancre à Ravenspur (14 mars 1471), au lieu même où plus de soixante ans auparavant, Henri IV avait débarqué, quand il détrôna Richard II. L'audace d'Edouard le servit autant que sa fortune. Une marche rapide le rendit maître de Londres et du malheureux Henri VI, et Warwick, vaincu à Barnet, tomba en héros sur le champ de bataille, le jour où Marguerite débarquait à Plymouth, après une pénible et longue traversée.

Cette mère, qu'aucun danger personnel n'avait jamais fait pâlir, s'évanouit de douleur en apprenant ce désastre. Elle versa des larmes abondantes sur le sort de son fils, et voulut le dérober aux périls qui menaçaient sa tête. Réfugiée avec lui dans le sanctuaire de Beaulieu (1), elle résista longtemps aux instances de ses fidèles lords. Ils avaient juré de mourir pour sa défense. La journée de Tewsbury les trouva tous fidèles à leur serment.

Marguerite et son fils furent faits prisonniers à cette sanglante bataille. On réserva la reine pour orner le triomphe; l'enfant fut conduit dans la tente d'Edouard. Quand le roi lui demanda, d'une voix sombre, le motif de son retour en Angleterre : « Je » suis venu, répondit-il fièrement, défendre la cou- » ronne de mon père, et mon propre héritage. » Ces généreuses paroles étaient un arrêt de mort.

Edouard, ivre de fureur, frappe le jeune prince au visage avec son gantelet de fer. Les ducs de Clarence et de Glocester lui enfoncent leur dague dans le cœur. Ce dernier faisait l'apprentissage du massacre des enfants d'Edouard (2).

Le meurtre de Henri VI mit le comble aux infortunes de Marguerite. Cette reine, « l'épouse et

---

(1) Édouard fut le premier à violer le droit d'asile des églises, que les chefs lancastriens avaient toujours respecté.

(2) *Histoire d'Angleterre*, par le docteur Lingard.

la mère la plus malheureuse de son siècle, » resta cinq années captive dans un cachot de la Tour. Quand Edouard, vaincu par les prières de René, consentit enfin à accepter une rançon (1476), elle se retira en Anjou, au château de Dampierre, modeste manoir de François de la Vignolle, un de ses plus dévoués serviteurs. C'est dans cette retraite qu'elle termina une vie marquée par tant de grandeurs et d'adversités (1482).

Des nombreux enfants du roi de Sicile, il ne restait plus que Marguerite et Yolande (1). Cette dernière seule avait un fils. Il se nommait René, comme son auguste aïeul, dont il faisait revivre les vertus et le nom. A la mort de Nicolas d'Anjou, le duché de Lorraine lui était tombé en héritage, et toute la tendresse du vieux roi s'était reportée sur la tête de ce jeune prince.

Retiré au château de Baugé, René y vivait dans une retraite profonde. Des grâces à répandre, de pieuses fondations, des services à récompenser, adoucissaient ses douleurs (2). Il avait obtenu la

---

(1) René avait perdu en outre Blanche d'Anjou, mariée à Bertrand de Beauvau, sire de Précigny. Il fut longtemps inconsolable de sa mort. C'était l'aînée des trois enfants naturels qu'il légitima.

(2) Non seulement le bon roi payait généreusement les services personnels, mais il croyait devoir récompenser aussi tous ceux qui étaient rendus à ses sujets. C'est ainsi qu'il donna, en toute propriété, les moulins construits sous les arches du pont d'Angers, à Jacques Legris, riche et honnête bourgeois, qui, dans une année de disette, avait distribué une grande quantité de farine aux pauvres de la ville.

« René, dit M. Grille dans une intéressante notice sur Jeanne de

canonisation de son saint confesseur, le bienheureux Bernardin, et lui avait fait élever, aux Cordeliers d'Angers, une magnifique chapelle (1). De riches *ex voto*, de brillantes armures, des vitraux sur lesquels l'artiste avait fidèlement reproduit les traits d'Isabelle et de ses enfants, des sculptures d'une délicatesse exquise, le portrait ciselé de Jeanne de Laval, décoraient le gothique sanctuaire. René y avait peint de gracieux emblèmes, et s'était plu à graver sur le marbre des vers en l'honneur de la passion du Sauveur. Plus tard, il ordonna que son cœur, ouvert pendant sa vie à son pieux confesseur, reposât avec celui de Jeanne, au-dessus du précieux reliquaire. Ils y restèrent exposés à la vénération publique, jusqu'à ce temps de funeste

Laval, donnait tout, ne se réservait rien, et, dans cet abandon extrême, embarrassait souvent le contrôleur de ses finances. Il avait engagé, pour payer sa rançon, ses villes et ses domaines; plus tard il vendit ses pierreries et ses joyaux. Nous trouvons à Angers un Guillaume Heurteloup, qui donne au roi une forte somme (le chiffre n'en est pas autrement désigné), et reçoit en échange une paire d'heures enjolivées de rinceaux et de culs de lampes, deux daims, trois taureaux de Jauges et cinq cavales de la Gastine. Jean Richard, en échange d'une concession de péage sur la Maine, se charge de fournir le menu grain pour les pigeons du colombier de Reculée; un Jacques Grille, marchand bien famé, achète au roi un collier de perles sur le prix de mille florins. Mais il le remit à René peu de mois après, déchirant le marché sans usure, quand le prince se vit à même de rembourser la créance. »

(1) In honore et reverentiâ D. N. J.-C., et pro singulari affectione quam habuimus et habemus ad sanctum, gloriosissimum beatum Bernardinum...

(Archives du royaume. — Charte de René. — Cordeliers d'Angers.)

mémoire, où des bourreaux en délire profanaient de leurs mains sanglantes la cendre sacrée des tombeaux,

René ne devait pas longtemps conserver la paix dont il jouissait dans la solitude. La mort de Nicolas d'Anjou avait allumé l'insatiable ambition de Louis XI. Convoitant déjà l'héritage de son oncle, il se rendit à Angers, dans le but apparent de surveiller le duc de Bretagne, mais en réalité pour aviser aux moyens de dépouiller le vieux roi. Comme il ne trouvait, malgré son désir, aucun motif plausible, il se contenta « de festoyer les Angevins, d'aller disner et souper à leur logis, dans l'intention, dit Bourdigné, d'incliner à lui leurs mœurs. » Il retourna ensuite à Paris, épiant une occasion favorable de réaliser ses projets.

Louis pouvait ajourner une perfidie, mais s'il espérait en retirer quelque avantage, il n'y renonçait jamais. Fatigué d'une dissimulation hypocrite, il entre en Anjou avec cinquante mille hommes (1474). Angers ouvre ses portes à l'ambitieux monarque. Il s'y installe avec ses soldats, s'empare du château et en confie le commadement à Guillaume de Cérizay, puis, sous prétexte que René entretenait des intelligences avec le duc de Bretagne, il donne à la ville une charte municipale, des lettres de noblesse au maire et aux échevins, et se proclame souverain de la province.

Le bon roi était à Baugé lorsqu'il apprit l'arrivée de Louis. Ne pouvant soupçonner une pareille

trahison, il monte à cheval pour le recevoir, ignorant encore « ce qui avoit esté faict à son préjudice, et combien que ses domestiques en feussent bien informez, toutefois de paour de le courroucer ne lui en osoient rien dire, congnoissant la grant amour et affection que le bon seigneur avoit à iceluy son pays d'Anjou. Mais quant ils veirent qu'il estoit délibéré de venir à Angiers, quelcun de ses plus privez et familiers gentilz hommes luy desclaira l'affaire, luy priant prendre en pacience, et ne se mélancolier. Le noble roy oyant racompter la perte et dommaige de son pays d'Anjou, que tant il aymoit, se trouva quelque peu troublé, et non sans cause. Mais quand il eut reprins ses espritz, il dict : « Je ne offençay oncques le roy de France,
» par quoy il deust faire un tel tour. Mais le vou-
» loir de Dieu soit faict, qui m'a tout donné et me
» peult tout oster à son plaisir. Le roy n'aura point
» de guerre avecques moy pour mon duché d'An-
» jou; car mon aage ne se donne plus aux armes,
» et n'en sçauroit plus porter le travail; mais Dieu,
» qui est vray juge, en jugera entre luy et moy.
» Jà longtemps a que j'ay proposé de vivre le reste
» de ma vie en paix et repos d'esprit, et le feray
» s'il m'est possible. »

Quelques historiens ont blâmé avec amertume la résignation de cet excellent prince. Mêlant l'ironie à l'insulte, ils prétendent que René peignait une bartavelle, au moment où il apprit l'invasion de ses états, et que, dans son indifférence il n'interrompit pas même son travail. Cette fable, reproduite sous toutes les formes et à toutes les époques de la vie de René, n'a pas besoin d'être réfutée (1).

Cédant à une impérieuse nécessité, le bon roi ne voulut point que les épées fussent ensanglantées pour sa cause. Il calma le ressentiment de ses fidèles serviteurs, et s'achemina vers la Provence avec Jeanne de Laval. « Où est la main, s'écrie

---

(1) Wulson la Colombière la répète, en en changeant seulement la date. « On raconte, dit-il, que lorsque des messagers annoncèrent à René la défaite de Gênes et la perte du royaume de Naples, ils le trouvèrent occupé à peindre une perdrix rouge, qu'il acheva les ailes desployées, voulant ainsi representer que nos biens estant ailés, il n'est pas en nostre pouvoir de les arrêter. »

Selon Chevrier, ce n'est plus une perdrix, mais une pieuse peinture sur verre que René terminait au château de Brâcon dans sa captivité. « Lorsque Vidal de Cabanis entra, ajoute cet écrivain, René ne lui demanda pas même ce qui pouvait l'amener auprès de lui. Il continua de peindre. L'envoyé impatienté lui dit : Monseigneur, la bonne royne Jehanne à luy Dieu l'a appelée. — Son âme ayt Dieu ! » dit René. Après quoi le duc leva sa barette, se signa, dit le *De profundis* et « besongna de rechief. »

Ailleurs, le même écrivain raconte sérieusement que René ayant reçu en Provence une lettre, où le duc de Calabre lui demandait de prompts secours, répondit à son fils : « *Primo caro genito*, je vous salue. Je n'y puis aller, je suis occupé de choses saintes. »

On sait, dit encore Chevrier, qu'un des fils du roi-duc, étant à Naples, écrivit à René que s'il n'arrivait pas promptement à son aide, Alphonso se rendrait maître de Naples. René lui fit cette réponse de capucin : « Mon fils, quand j'aurai fini ma dernière procession, je penseray à garantir mes états d'Italie. »

Or nous avons vu qu'Alphonse d'Aragon était mort avant l'entrée du duc de Lorraine en Italie, et que ce dernier n'entra jamais à Naples.

(*Pièces justificatives de l'Histoire de René d'Anjou.*)

encore son naïf chroniqueur, qui pourroit satisfaire à descriptre les regretz et doléances des povres Angevins, eulx voyant privez d'un si vigilant tuteur, protecteur du pays, conservateur de l'esglise, entretien des nobles, deffendeur du commun, amoureux de paix et concorde, substantateur des povres, des dames et damoyselles honorable support, administrateur incorruptible de justice, et en général de tout son populaire très bening et miséricordieux père. L'on ne se doit esmerveiller s'ils eurent grant regret et tristesse de le veoir absenter d'eulx. Car ils perdoient leur joye, support et bonne fortune, et, pour conclusion, oncques prince n'ayma tant subjectz qu'il aymoit les siens, et ne fut pareillement mieulx aimé. »

Louis XI, maitre de l'Anjou, ne comptait pas borner son usurpation à l'envahissement de cette province. Il demanda avec menace la cession du Barrois et du comté de Provence, en échange d'une pension viagère de soixante mille florins. A ces conditions, disait-il, il consentait généreusement à abandonner ses droits de succession comme fils et héritier de Marie d'Anjou, à ne plus exiger le remboursement de la dot d'Anne de France, touchée par le duc Nicolas, et de cinquante mille écus avancés pour la rançon de la reine Marguerite.

René était déjà éloigné de l'Anjou lorsqu'il apprit ces étranges exigences. Il avait vu sur sa route le duc de Bourbon et le connétable de Saint-Pol, qui l'avaient pressé de réclamer la protection du duc de Bourgogne. Le motif de cette entrevue fut deviné par Louis. Il entra dans une feinte fureur, et somma René de comparaître devant son parlement.

Une inique procédure fut alors entamée. Le roi écrivit à ses fidèles conseillers pour connaître leur avis. C'était avec une douleur profonde qu'il s'était déterminé à poursuivre son oncle vénéré. Mais l'intérêt de son royaume l'emportait sur ses affections particulières. Il détaillait ensuite une foule de prétendus griefs, et finissait en exprimant le désir de reconnaître l'innocence de René.

Les juges prévaricateurs et les complices ne manquent jamais aux tyrans, et Louis avait rempli le parlement de ses séides. La Cour, après de longs débats, déclara qu'on pouvait en bonne justice arrêter le roi de Sicile; mais eu égard à la parenté, à son grand âge, à la répugnance du roi pour les voies de rigueur, elle ajourna René à venir en personne justifier sa conduite, sous peine de bannissement et de confiscation de corps et de biens, s'il n'obéissait à cette sommation. (Anquetil.)

Tandis que le parlement, complaisant et docile, rendait ce monstrueux arrêt, Louis XI, impatient de tout retard, s'avançait jusqu'à Lyon, et donnait l'ordre à ses troupes d'occuper le Barrois. Le loyal Cossa commandait cette province. Il se rendit en toute hâte auprès de l'ombrageux monarque, et défendit son vieux maître avec une vertueuse indignation. Nostradamus nous a conservé ses géné-

reuses paroles : « Sire, vous avez tort, et ne de-
» vez aucunement vous esbahir; si le roi René a
» esté tenté de mettre ses royaumes et seigneuries
» sous la protection du duc de Bourgogne, il a été
» bien et beau conseillé à cela par ses plus loyaux
» et sages serviteurs, voire très expressément par
» moi-même; parce que vous, qui estes fils de sa
» propre sœur et son légitime nepveu, luy avez
» osté les duchés de Bar et d'Angers, et l'avez
» mal mené en toutes ses affaires; si que nous
» avons bien voulu mettre en avant ce marché sans
» dessein accompli, ni envie résolue, afin qu'au
» vent de ces nouvelles, il vous print l'envie de
» nous faire la raison, et congnoistre que le roy
» mon maistre est vostre oncle et de vostre sang. »

Louis écouta Cossa avec calme et sans l'interrompre. Puis s'adressant aux familiers qui l'entou-
raient : « Si le sénéchal du roi de Sicile ajoute un
» mot de plus, qu'on ait à le coudre dans un sac,
» et à le jeter à la rivière. » L'exécution eût suivi
de près la menace, si Cossa n'eût quitté Lyon
immédiatement.

L'ambition de Louis XI était satisfaite, et il
n'entrait pas dans ses vues de consommer cette
spoliation. Satisfait d'avoir sans coup férir agrandi
ses états et dépouillé un vieillard d'une partie de
ses héritages, il consentit à lui laisser le comté de
Provence, lui promit même la restitution du Barrois et de l'Anjou, et lui donna des marques
extérieures d'attachement et de respect. Mais ses

obscures intrigues ne cessèrent d'attrister la vie du bon roi; elles l'entourèrent jusqu'à la tombe, et jetèrent sur ses dernières années l'irrésolution, le découragement et la crainte. Nous devons aux sentiments inspirés par cette longue suite d'attentats, le traité philosophique de *l'Abusé en court*.

A la porte gothique d'une vieille église, sur la froide dalle qui recouvre les degrés, M° Aristote rencontre un vieillard, qui a follement dépensé à la cour son héritage et sa jeunesse. Un dialogue s'établit entre le philosophe et le courtisan. Ce dernier lui raconte ses malheurs et comment se sont évanouies une à une toutes les espérances, toutes les illusions dont il s'était bercé. L'amour, l'amitié, la fortune, l'ont tour à tour trahi. Triste jouet de l'ambition et de ses propres folies, il est réduit à l'hôpital, dernier asile offert par la *Pauvreté*.

L'amour des Provençaux devait faire oublier à René ces injustes violences. Il s'était arrêté à Marseille, avec son neveu, Charles du Maine, devenu l'unique héritier de la maison d'Anjou depuis la mort de son père. René venait de lui faire épouser Jeanne de Lorraine, fille d'Yolande et de Ferry, et il lui destinait son duché d'Anjou et le comté de Provence. Il annonça même publiquement ses intentions aux Etats convoqués à Aix (août 1474). Charles reçut le serment des députations des villes principales, en qualité d'héritier et de successeur du roi de Sicile, son oncle et aïeul bien-aimé.

Ce ne fut pas sans faire violence à son cœur que

René prit cette détermination. Les nobles qualités de son petit-fils le duc de Lorraine, sa valeur brillante et ses malheurs avaient augmenté encore un attachement paternel. Chassé de Nancy par Charles le Téméraire, René II soutenait contre ce belliqueux souverain une lutte désespérée. Il ne lui restait de tous ses états que la seule ville de Saarbourg. Son courage inébranlable était plus grand que ses revers, et il ne se laissait abattre ni par l'abandon de ses amis, ni par l'adversité.

Louis XI, en paix avec le duc de Bourgogne, favorisait secrètement les tentatives du jeune prince. Mais s'il désirait avec ardeur l'humiliation de son orgueilleux vassal, il n'oubliait pas que les états héréditaires du roi de Sicile étaient, en partie, des apanages régis par la loi salique, et susceptibles de retour à la couronne de France. Il ne pouvait donc lui convenir de voir les alérions de Lorraine remplacer les fleurs de lys. Son opposition et ses menaces, la crainte d'une guerre de succession, le vœu des États, l'amour du bon roi pour son peuple, les conseils, les instances de Palamède de Forbin et de Jean de Mathéron, ses principaux ministres, firent adopter cette importante décision (1).

René, tranquille désormais sur l'avenir de la Provence, se consacra tout entier au bonheur de ses sujets. Ils étaient devenus ses enfants depuis qu'il avait perdu les siens; et leur attachement

---

(1) *Testament de René.*

était la seule consolation qui ne lui fût pas enlevée. Il est dans la nature des nobles cœurs, battus par l'infortune, de conserver leurs douces affections; tandis que le malheur inspire aux âmes vulgaires un froid égoïsme, eux seuls calmes et sereins ressemblent à ces sources transparentes, dont rien n'altère la limpidité.

Chaque année, le bon roi réunissait à son palais d'Aix les Etats du comté. Là, comme un père au milieu de sa famille, il exposait avec une touchante simplicité la situation du pays. L'assemblée formulait ses vœux et votait des subsides. Ils n'étaient jamais que temporaires, et cessaient avec les besoins qui les avaient fait naître.

Souvent, malgré son grand âge, René était en voyage; sans gardes, sans armes et sans pompe, accompagné seulement de quelque sage serviteur, il se rendait à cheval aux extrémités de ses états. L'humble bastide d'un fidèle sujet était préférée aux palais des prélats et aux castels des hauts barons. Il aimait à reconnaître gracieusement l'hospitalité qui lui était donnée. Mais le gage le plus cher qu'il pût laisser à son hôte était son portrait crayonné de sa main royale sur la muraille blanchie. Plusieurs familles d'Aix, d'Apt et d'Avignon ont longtemps conservé avec un respect religieux ce précieux souvenir. Quelquefois aussi René anoblissait son hôte; et on lui a même injustement reproché d'avoir prodigué cette éminente faveur. Outre la nécessité de combler les vides laissés par la guerre, il croyait avec raison qu'une barrière éternelle ne devait pas séparer les races chevaleresques et les classes populaires; qu'il est juste et sage de satisfaire de légitimes ambitions, de calmer peut-être des jalousies inquiètes, et d'élever successivement les familles distinguées par leurs vertus, leur courage et leurs lumières. Quoique les armes (1), la magistrature et les hautes charges

---

(1) René récompensa surtout les familles napolitaines qui avaient abandonné leur patrie pour s'attacher à sa mauvaise fortune. Nous citerons entre autres Nodon Bardelini, ou Bardelin, fourrier des logis du bon roi de Sicile. Les lettres de noblesse accordées à ce fidèle serviteur, signées de la main de René et ornées de ses emblèmes favoris, méritent d'être reproduites.

René, par la grâce de Dieu, roy de Hierusalem, de Sicile, d'Aragon, de l'isle de Sicile, Valence et Maillorques, Sardaigne, Corseigne, etc., duc d'Anjou, de Bar, etc., comte de Barcelone, de Provence, de Forcalquier, de Pymont, etc.

Savoir faisons à tous présens et avenir, comme aux roys et princes loys (*licet*, il est permis) et appartiengne exaulcer et eslever en honneurs et prééminence ceulx qui, par bonnes œuvres et honnestes faitz l'ont mérité et desservy, et qui en continuant le méritent et desservent chascuns jours, affin que ceulx, qui par les princes sont eslevez et exaulcez se doient efforcer de persévérer de bien en mieulx, en leurs bonnes meurs et vertus encommancées, et soient exemple aux aultres de les ensuir (suivre, imiter), pour parvenir à telle grâce et louange;

Savoir faisons que nous, ayans considération aux grans vertus et mérites estans en la personne de nostre amé et féal serviteur, Nodon Bardelin, lequel a toujours suy et fait œuvres vertueux et de homme noble, redvisans à mémoire les services qu'il nous a faitz en maintes manières, à l'entour de nostre personne, dignes de grant recommandacion, icelluy Nodon Bardelin, ensemble ses enfants qui descendront de luy en léal mariage, avons pour ces causes et aultres à ce nous mouvans, de nostre plaine puissance auctorité annobli, et annoblissons et faisons nobles par ces présentes, pour doresnavant joir et user des privilèges de

municipales fussent la source ordinaire d'une pareille faveur, le bon roi pensait que l'industrie et le commerce, exercés avec honneur et probité, méritaient bien du pays. C'est ainsi qu'il donna des

noblesse, tout ainsi que font et ont accoutumé de faire les autres annoblis de chascun de noz payz dessusdictz. Auquel Nodon Bardelin, pour considération des agréables services qu'il nous a fait et que espérons qu'il nous fera, luy avons donné et par ces présentes donnons telle finance, que pour occasion de cette présente grâce il seroit tauxé paier; et icelle luy avons quicté et quictons, non voulans qu'il en soit faict aucune tauxacion ou desclaracion. Et en signe de noblesse et pour décoracion d'icelle, luy avons donné les armes telles qu'elles sont painctes en la marge de ces présentes, qui sont de gueules à une fesse (face d'or), et troys losenges de sable, lesquelles il pourra et ceux de sa dite postérité porter, et recevoir ordre de chevalerie toutes les fois que bon leur semblera, et tenir fiefz nobles, villes, chasteau et forteresse. Si donnons en mandement par ces dictes présentes, à nos très chers et féaulx lieutenans mareschaux et séneschaux, gens de nos comptes, baillifz, prévotz, et outres noz justiciers, et officiers de chascuns de nos dictz pays, ou leurs lieutenans et à chascun d'eulx, si come à luy appartiendra que ledit Nodon Bardelin facent, seuffrent et laissent chascun endroit soy et sadite postérité, joir et user plainement et paisiblement, à tousjours mais, de l'effect et conteou en ces dictes présentes, sans en ce mectre ou donner, ne souffrir estre mis ou donné aucun ennui, destourbier (*disturbium*, trouble) ou empeschement, au contraire. Car tel est nostre plaisir et voulons estre fait, et affin que ce soit chose ferme et estable à tousjours, nous avons faict mectre nostre scel à ces dictes présentes.

Données au palais d'Aix, le cinquième jour de mars l'an de grâce mil quatre cens septente deux.

RENÉ.

Suit richement enluminé l'écusson des Bardelin.

Le dernier rejeton de cette fidèle famille, le général de Bardelin, ancien garde du corps du roi martyr, et l'un des huit gardes qui accompagnèrent Louis XVIII en 1814 à son débarquement à Calais, est possesseur de ce titre.

lettres d'anoblissement à une famille Ferry (1), originaire du Dauphiné, qui introduisit la première en Provence l'art de fondre et de couler le verre. Il venait la visiter familièrement à la manufacture de Goult, située entre Apt et la Val-Sainte, donnait lui-même le dessin de vitraux « moult bien variolés, » et encourageait par son exemple et sa présence les artistes employés à les colorer.

A toutes les époques de sa vie, René avait cherché dans la peinture des consolations à ses malheurs. Captif dans la tour de Bar, il avait orné de portraits les ogives de sa prison ; à la mort d'Isa-

(1) Leurs honorables descendants n'ont pas cessé d'exercer à Marseille la même profession. Cette industrie parut alors si belle, qu'elle devint tout d'abord le partage de pauvres gentilshommes. En Normandie, quatre anciennes familles, qui prétendaient avoir pour souche quatre fils naturels de Guillaume le Conquérant, les Brossard, les Caqueray, les Vaillant et les Bongard en obtinrent le privilége exclusif. Entre autres motifs à l'appui de leur demande de concession, ils firent valoir qu'une profession qui présentait des dangers plus grands que ceux de la guerre, ne pouvait être exercée que par des hommes habitués aux armes. Le péril dans ces siècles batailleurs anoblissait les hommes et les choses.

Reconnaissants de la protection éclairée du bon roi, les frères Ferry lui avaient fait présent d'un grand verre à boire, dont la forme et la hauteur étaient celle d'un calice. La coupe pouvait contenir la pinte de Paris. Sur les parois intérieures, l'artiste avait peint un Christ sur la croix ; la Madelaine était à ses pieds, et on lisait au bord du vase en caractères gothiques cette curieuse légende :

> Qui bien beurra (boira),
>   Dieu voira ;
> Qui beurra tout d'une haleine
> Voira Dieu et la Magdeleine.

belle de Lorraine, nous le voyons choisir de mélancoliques allégories, images naïves des sentiments de son âme. Dans sa vieillesse, il retrace sur son tombeau la figure de la mort, comme l'emblême du néant de toutes les grandeurs humaines; il peint les joies et les souffrances de l'Eglise, la prédication de Marie Madeleine, l'adoration des Mages au berceau du Sauveur, et exprime sous les formes les plus suaves sa tendre piété pour la mère de Dieu.

« Ce bon et dévot prince, dit Champier, qui aymoit les arts et sciences, se délectoit fort en sculpture. » La gravure, l'architecture et les médailles, la musique, l'imprimerie encore au berceau, l'agriculture et l'industrie, tous les arts utiles durent à sa protection éclairée une partie de leurs progrès.

Aix était le séjour le plus habituel du bon roi. Il y habitait le palais de ses anciens comtes, qu'il avait agrandi et restauré « d'une merveilleuse façon. » Mais la plupart des cités de Provence avaient un vieux château destiné à lui servir de demeure momentanée. Saint-Cannat, Fréjus, Tarascon, Baux, Saint-Rémi, Arles, Martigues, Salon, Saint-Tropez et une foule d'autres villes recevaient chaque année ses visites. Il descendait à Apt chez Antoine d'Albertas, à Hyères chez Jacques Clapiers, ou bien chez les Fabri; à la Barben, antique manoir féodal, chez son conseiller le grand Palamède de Forbin; à Aix il allait souvent surprendre Jean de Mathéron, son fidèle compère.

Aucun prince n'accorda d'aussi grands priviléges aux Marseillais. Il venait les voir fréquemment, et possédait dans leur ville deux beaux logis, et sous leurs murs une bastide. « Considérant, disait-il, leur sincère affection et leur constante fidélité, il se croyoit obligé de les traiter avec toute douceur. » Il leur permit de fixer eux-mêmes leurs impôts et les droits sur les marchandises, de les établir à temps ou à perpétuité selon leur bon plaisir. La franchise du port était presque complète. Les habitants ne payaient rien ; les étrangers n'étaient taxés qu'à 5 sols par 100 florins.

« Il aima tant les Marseillais, dit une charte de 1472, qu'il accorda un sauf-conduit pour une année à tous les peuples qui voudroient négocier avec eux, qu'ils fussent infidèles ou chrétiens, amis ou ennemis, sujets soumis ou rebelles ; ils pouvoient venir par terre ou par mer, demeurer dans la ville ou en partir à leur gré, parce qu'il est du devoir du prince, ajoute René, de penser au profit et à l'avantage de ses sujets ; et qu'il doit écouter humainement leurs honnêtes demandes, surtout s'ils sont déchus de l'état florissant où ils se sont vus, non pas par leur faute, mais par les caprices de la fortune, ainsi qu'il est arrivé à la ville de Marseille, si célèbre autrefois, et qui mérite si bien de recevoir toutes ces faveurs (1). »

---

(1) Archives de la maison de ville. Ruffi, *Histoire de Marseille*. Rapports faits à l'Académie de Marseille, par M. le chevalier Lautard.

Un prince de ce caractère devait être adoré dans cette noble cité, si enthousiaste et si fidèle. Aussi séjournait-il volontiers dans ses murs. L'hiver, lorsque le mistral soufflait avec violence, il aimait à se promener sur le port par un beau soleil de midi; il s'informait des besoins du commerce maritime, interrogeait avec bonté les marins et les pêcheurs, qui venaient respectueusement baiser sa main vénérée. La tradition a conservé le souvenir de ces promenades royales; et à Marseille comme à Aix, le peuple, dans son naïf langage, les appelle encore *les cheminées du bon roi René.*

Mais rien ne peint mieux peut-être la touchante familiarité qui régnait entre René et ses serviteurs, que la lettre écrite par Jean Binel, juge ordinaire d'Anjou, à la mort du chancelier Jean des Martins.

Jean Binel, seigneur de Tessé, docteur ès-lois, trésorier et juge ordinaire d'Anjou et quatrième maire après la réunion de cette province à la couronne, était né à Saumur et professa longtemps le droit à l'université d'Angers. René, connaissant son mérite, le nomma chancelier de Provence, après la mort du vénérable Jean des Martins.

Binel lui répondit l'admirable lettre suivante :

« Sire, je me recommande à vostre bonne grâce,
» tant et si très humblement comme je puis. Et
» vous plaise sçavoir, sire, que par Loys porteur
» de ces présentes, ay reçu les lettres qu'il vous
» a pleu m'escrire, contenant que vostre vouloir

» est de me commettre en vostre office de chan-
» celier, de présent vacant, par le décès de feu
» vostre chancelier, à qui Dieu pardoint. Sire, en
» ce et aultres chouses despiéça (depuis longtemps),
» ay cogneu et cognoy que de vostre bonté et bé-
» nignité que vous avez eu et avez vouloir et af-
» fection à moy; car me offrez le plus grant hon-
» neur et estat que jamais pourrois avoir, dont je
» vous remercie, si très humblement comme je
» puis.

» Sire, l'honneur et estat qu'il vous plaise m'of-
» frir je n'ouseraye accepter, pour ce que je sçay
» et cognois que de moy n'y seriez servi, comme
» il appartient, et que par adventure vous enten-
» dez le devoir estre. Car jamais je ne fus au pays,
» je ne cognois ne entends la manière de faire et
» coustumes de par de là, et mesmement n'en
» entends le langage; et ainsi bonnement ne vous
» y sauroye servir, au moins comme l'estat et of-
» fice, qui est en justice le plus grant et le plus
» honorable de vos pays, le requiert.

» Sire, s'il vous plaist que ne croyez pas que le
» regret de la ville et du pays dont je suis natif,
» de la maison, de ce petit héritaige que je puis
» avoir, ne de mes parents et amys de par deçà,
» ne aussi la crainte de l'air de par delà, qui est
» peut-être plus gras et plus fort qu'il n'est icy,
» me le feront faire; car il n'est chouse que ne
» voulsisse de bon cueur abandonner et repousser
» pour vostre service, non seulement mon vail-

» lant, mais aussi bien ma personne et ma vie.
» Et bien mal me seroit que de vostre grâce me
» vouldriez avancer en si grant honneur et estat,
» il vous tournast par mon défault à desplaisir ou
» domaige.

» Pourquoy, sire, vous supplie très humblement,
» qu'il vous plaise m'avoir pour excusé, et me te-
» nant à vostre grâce, tousjours me mander et
» commander vos bons plaisirs, et je les accom-
» plirai à mon pouvoir au bon plaisir (de) Nostre
» Seigneur, auquel je prye qu'il vous doint très
» bonne vie et longue, et accomplissement de vos
» très nobles désirs (1).

» Escript en vostre ville de Saulmur, le samedi
» 23e jour d'avril 1475.

» Vostre très humble et très obéissant serviteur,

» JEAN BINEL. »

---

(1) Les mêmes sentiments de naïve confiance se retrouvent dans une lettre de Michelle des Louzis, veuve de Jean du Plessis, seigneur de Parnay, chevalier du Croissant et chambellan de René.

« Sire, dit-elle, je me recommande à vostre bonne grâce tant et si
» humblement comme je puis, désirant sçavoir de vos nouvelles et
» santé plus que prince du monde, lesquelles je prie à Dieu qu'elles
» soient telles que les désire chascun jour.

» Plaise à vous sçavoir, sire, que depuis le trépassement de feu mon
» mary, j'ay fait garder vostre place de Loudun, jusqu'au jour que mon-
» seigneur de la Jaille en fist prendre possession, qui est d'une dem e
» année au plus, laquelle ay payée au lieutenant, qui pour lors y com-
» mandoit; par quoy, sire, vous supply, si très humblement que je puis,
» qu'il vous plaise de vostre grâce mander aux gens de vostre chambre
» des comptes à Angiers, me faire payer la dicte demye année, et que

La mort, qui fauchait successivement les vieux serviteurs de René, pouvait bien courber sa tête blanchie, mais elle était impuissante pour dessécher son cœur. Il était resté ouvert à ceux qu'il aimait, comme aux beaux jours de sa jeunesse ; et jamais peut-être le bon roi n'avait pris plus vivement l'intérêt de ses amis, que depuis ses malheurs. Toutes ses lettres révèlent ces caractères d'une âme aimante ; chaque mot présage une bonne

» je ne l'aye fait faire à mes dépens ; car je suis seure que ne vouldriez
» souffrir les dicts gaiges me estre tollus (*tollere*, enlevés).

» Et plust à Dieu, sire, que vostre bon playsir fust estre en votre
» pays d'Anjou, auquel estes tant désiré ! afin que vous peusse veoir à
» mon aise, et vous festoyer en l'isle de connilz (lapins), gras chap-
» pons et bons vins de Parnay, pour lesquels vous désire souvent. »

Le président de la chambre des comptes d'Angers était alors James Louet, conseiller et trésorier du roi de Sicile. Ménage, dans sa *Vie de Pierre Ayrault*, nous a conservé la lettre suivante :

« A nos chers et grands amis les gens des comptes de monseigneur
» le Roi à Paris,

» Le Roi de Jérusalem, Sicile, duc d'Anjou, per de France.

» Très chers et grands amis, nous envoyons présentement par delà
» nostre amé et féal conseiller et trésorier James Louet, pour aucunes
» nos grandes affaires ; lesquelles lui avons chargé vous dire, et expo-
» ser de nostre part. Si vous prions bien acertes que à son rapport
» vueilliez ajouter pleine foi et créance, comme à nous-mesmes ; en
» vous signifiant toujours, si chose vouliez que puissions, et nous vous
» y complairons volontiers, et de bon cueur. Et soit Nostre Seigneur,
» qui, très chers et grands amis, vous ait en sa saincte garde.

» Escrit à Launay, ce 19e jour de juin. »

M. le comte de Maquillé, pair de France sous Charles X, et M. le vicomte de Chemellier sont aujourd'hui les derniers représentants du côté maternel de l'ancienne famille des Louet, venue de Provence en Anjou avec le roi René, et distinguée dans la magistrature et les armes.

action, ou annonce un bienfait. Il s'intéressait vivement à Honoré de Flotte, recteur de l'université d'Aix ; il le recommande au Saint-Père avec la chaleur de l'amitié.

« La science et la vertu, dit-il en terminant, la
» noblesse de son cœur, sa douceur et des mœurs
» pures le font distinguer parmi les gens de bien,
» et me le rendent de jour en jour plus cher. Ce
» sont les motifs qui m'engagent à le recommander
» à Votre Sainteté. »

Mais rien ne prouve davantage l'attachement qu'il portait à ses amis, que la lettre suivante adressée au pape Paul II, en faveur du pieux héritier d'un nom illustre.

» Saint Père, je ne saurais trop vous entretenir
» d'Honoré-Pierre de Castellane, noble de père et
» de mère de temps immémorial. C'est trop faible-
» ment vous exprimer ma pensée, que de vous
» dire que ses vertus me le rendent très cher, lui
» et les siens. Dans tous les temps il fut fort atta-
» ché à ma maison, et la sienne mérite sans con-
» tredit d'être payée du plus tendre retour. Veuil-
» lez donc, Saint Père, maintenir dans votre
» justice, et par votre autorité, cet excellent sujet
» de l'Église et de l'État, dans la jouissance du
» prieuré séculier de Fréjus (1). »

Nous avons vu René pendant sa longue carrière

---

(1) Traduction de M. Lautard ; rapports à l'Académie de Marseille.

étendre sur les lettres sa royale protection, et servir lui-même de modèle et d'exemple aux poëtes et aux troubadours. Nous l'avons montré en lutte avec l'adversité, déployant un héroïque courage et une bonté plus grande encore. Tour à tour victorieux, conquérant ou prisonnier, jouet de la fortune et des hommes, père et législateur de ses sujets, il a presque toujours conservé un droit égal à nos hommages; et cependant nous n'avons dissimulé ni ses défauts ni ses faiblesses. Une dernière page nous reste à remplir; et bien qu'elle soit triste et sanglante, nous craindrions en l'omettant d'altérer la sincérité du récit.

A Aix, sur la place où s'élevait l'église de l'Oratoire, on voyait encore, il y a cinquante ans, une croix adossée à la muraille du palais de l'Université. Une inscription était tracée sur sa base. Elle indiquait qu'un Juif, nommé Asturge Léon, le même dont les sacriléges imprécations avaient soulevé la Provence, en 1439, avait expié par sa mort d'abominables blasphêmes.

René, qui n'avait cessé de protéger les Juifs de son comté, de les garantir de tout outrage, souvent même malgré les réclamations des Etats, hésita longtemps avant de livrer ce malheureux à la justice. Il lui fit conseiller d'implorer sa clémence, et lui envoya pour l'éclairer des clercs d'un grand savoir, son propre confesseur et enfin l'archevêque d'Aix. Rien ne put faire fléchir le fanatique vieillard. Il injuriait les docteurs, et proférait publiquement de nouvelles insultes contre le Christ et sa bienheureuse mère.

« Quant le bon roy, dit Bourdigné, sceut son obtination, il en fut fort desplaysant. » Il ordonna à son chancelier d'instruire le procès, et abandonna Asturge au tribunal suprême, qui le condamna « à estre despouillé tout nud sur un eschaffaut dressé au droict de sa maison, et là estre escorché vif. »

La sentence, publiée à son de trompe, fut reçue dans la ville avec une satisfaction générale. Elle promettait un spectacle à la multitude; et les nobles et les marchands, toujours la proie de détestables usures, étaient sans pitié pour cette malheureuse nation.

Tandis que le bourreau commençait les apprêts du supplice, une députation formée des Juifs les plus riches de la ville fut introduite auprès du roi. L'un d'eux, portant la parole, lui offrit au nom de tous une somme de vingt mille florins, à la condition de favoriser l'évasion du coupable. René, rempli d'indignation, les congédia, en leur disant qu'il ne vendait point la justice. Il alla aussitôt trouver ses conseillers et leur raconta cette étrange proposition.

« Quelques-uns, ajoute le chroniqueur, jà corrompuz par pécune, furent d'avis d'accepter les florins, et de laisser aller le paillard à tous les dyables. » D'autres, s'apercevant au visage austère de René, « qu'il ne falloit parler ainsi, » opinèrent pour condamner les Juifs à une amende considérable, à moins qu'ils ne consentissent à remplacer les bourreaux. Le malheureux Asturge subit son supplice ; et l'on assure même que quatre gentilshommes masqués, animés par un sombre fanatisme, se firent les exécuteurs de la terrible sentence. « Il est douloureux de penser, dit un historien provençal, qu'un monarque aussi clément que René ait été obligé de sévir contre ce misérable vieillard ; » mais il est impossible d'apprécier avec équité ce cruel acte de justice, sans se reporter en même temps au siècle qui en fut témoin.

Aix retentissait encore de malédictions contre les Juifs, lorsque la grande bataille de Nancy y fut connue. Le jeune vainqueur de Morat avait délivré sa capitale et reconquis son duché. Le gantelet de fer, qu'il n'avait pas craint d'envoyer en signe de défi au plus puissant prince de la chrétienté, était teint du sang bourguignon.

Charles, que les chroniqueurs représentent, « comme n'ayant oncques la paour au visaige, et duquel on disoit qu'il ne craignoit rien fors la chute du ciel, » n'avait pu se défendre de sinistres pressentiments. Le matin du combat (5 janvier 1477), le lion doré qui surmontait son cimier, était tombé de son casque ; et le duc élevant les yeux au ciel, s'était écrié : *Hoc est signum Dei !* Dans un de ses accès de fureur qui tenaient du délire, il avait juré d'entrer à Nancy pendant l'octave de la fête des Rois. Son serment devenait prophétique comme les dernières paroles des mourants.

Le 7 janvier, deux jours après la bataille, une pauvre femme découvrait auprès d'un ruisseau glacé un cadavre souillé de sang. Un anneau précieux brillait à sa main droite. Il était étendu, nu et dépouillé, le visage à moitié caché dans la fange. D'horribles blessures empêchaient de distinguer ses traits. La peau enlevée par la glace pendait en lambeaux; et des loups affamés avaient dévoré une partie de la tête.

Le duc en cet état était méconnaissable; mais en l'examinant avec plus de soin, de fidèles serviteurs le reconnurent en pleurant. Son corps, soigneusement lavé, fut transporté dans une maison voisine sur un lit de parade, tendu de velours noir, coupé d'une croix de satin blanc, avec six grands écussons. Charles, les mains jointes, fut vêtu de soie blanche. On lui mit sur la tête un bonnet de satin cramoisi et une couronne ducale enrichie de pierreries. Il avait aux jambes des *houzeaux* d'écarlate, sous sa tête un coussin de drap de velours. A ses pieds, sur un escabeau, étaient une croix et un bénitier de vermeil. Deux hérauts d'armes et quatre chevaliers, portant des torches, se tenaient debout aux coins du poêle. La salle n'avait pas d'autres lumière, si ce n'est deux cierges allumés sur un autel. Autour des murs on avait tendu de noir des siéges destinés aux seigneurs, officiers et gentilshommes du duc de Bourgogne et de René.

Le corps demeura ainsi pendant trois jours, et

tout le monde eut la liberté de le voir à découvert. Le duc de Lorraine y vint en grand deuil. Il était vêtu à l'antique, portant une longue barbe d'or à la manière des preux. Il s'approcha de Charles, lui prit la main et dit en fondant en larmes : « Chier » cousin, vostre âme ait Dieu! vous nous avez fait » moult maux et douleurs. » Puis se mettant à genoux devant l'autel, il y demeura en prières environ un quart d'heure, et donna au corps l'eau bénite. Les seigneurs et les gentilshommes des deux princes lui rendirent le même devoir.

Le jour suivant, on l'embauma et on le mit dans un cercueil de plomb, renfermé dans un autre de bois. Quatre comtes, deux barons et quatre écuyers le portaient sur leurs épaules. Les chevaliers lorrains, les Bourguignons prisonniers, les bons bourgeois de Nancy, un cierge à la main, tous les prêtres et religieux de la ville et des environs formaient le funèbre cortége. La prédiction était accomplie : avant la fin de l'octave, Charles entrait à Nancy pour y être déposé dans le caveau de l'église de Saint-Georges (1).

René II assista pieusement à ces obsèques. Il fit ce jour-là de grandes largesses aux pauvres, et fonda un anniversaire pour le duc décédé. Puis il ordonna de recueillir tous les cadavres laissés sur le champ de bataille. On les enterra au nombre de 3,900, dans plusieurs grandes fosses, au-dessus

---

(1) Extrait de dom Calmet et de la chronique de Lorraine.

desquelles fut bâtie une église, sous l'invocation de Notre-Dame de Bon-Secours. Une belle croix de pierre sculptée s'éleva à l'endroit même où Charles était tombé.

Le duc René, couvert de gloire, se rendit en Provence. Il y fut reçu avec tendresse par son aïeul, qui eut un instant la pensée de rompre le testament fait en faveur du comte du Maine. Champier même prétend que le bon roi n'imposa à son petit-fils d'autre condition que de prendre le nom et les armes de la maison d'Anjou; mais que le jeune héros s'y refusa, en disant qu'il ne pouvait abandonner l'écusson que ses ancêtres tenaient du grand Godefroy de Bouillon, roi de Jérusalem.

Quoiqu'il en soit, ce projet eut assez de consistance pour être immédiatement connu de Louis XI; il en conçut de sérieuses inquiétudes, et envoya auprès du roi de Sicile le sire de Blanchefort, chargé de riches présents. L'intérêt de la Provence fit maintenir la première résolution de René. Il confirma la cession du Barrois faite à son petit-fils, et maintint toutes ses autres dispositions.

La mort approchait pour le roi de Sicile : il avait perdu successivement Louis de Beauvau, Jean Cossa et les autres compagnons de sa jeunesse et de ses travaux. Ses forces s'affaiblissaient avec son grand âge. On ne le voyait plus sortir de son palais d'Aix pour faire ses promenades accoutumées. Bientôt on annonça que René était tombé dangereusement malade. De la vieille cité le bruit se répandit jusqu'aux extrémités de la Provence. Dans toutes les villes et les hameaux le peuple adressa des prières à Dieu.

Les églises ne pouvaient plus contenir la foule qui s'agenouillait dans leur enceinte. La douleur commune avait confondu les rangs. Les laboureurs qui vivaient sous leurs vignes et leurs figuiers, à l'abri de toute exaction et pillage, les marchands protégés par le bon roi, les gentilshommes qui avaient combattu à ses côtés, les pauvres qu'il secourait chaque jour, tous exprimaient les mêmes craintes, et partageaient les mêmes sentiments (1).

(1)   Quand le bon seigneur s'alita,
Ce fut pour tous grand domaige.
Neuf jours durant on ne cessa
De prier pour luy, cela sais-je.
La royne au-devant de l'imaige
De Nostre Dame alloit prier ;
A la mort ne faut reculer.

L'ung des nobles qui jamais fu,
Mourust dedans la ville d'Aix,
De la fleur des lys descendu,
Sa mort nous fu piteu regret.
Sur son lit dedans son palais
Rendit l'âme bénignement.
Il est fol qui la mort n'atend.

Pleurez petits et grands, pleurez,
Car perdu avez le bon sire,
Jamais ne le recouvrerez.
Sa mort sera grief martyre...

(Guillaume de Remerville, argentier de René.)

Les expressions manquent aux chroniqueurs pour peindre la douleur des Provençaux à cette fatale nouvelle. Ils perdaient leur protecteur, leur ami et leur père. Les travaux des champs étaient interrompus et les boutiques fermées, comme aux jours de calamité publique, lorsque la peste étendait sur le comté ses impitoyables ravages. Cependant la maladie augmentait de plus en plus; il devenait impossible au roi de Sicile de sortir de sa chambre. Un autel y avait été dressé; et son pieux confesseur, Elzéar Garnier, y disait la messe chaque jour, en présence de Jeanne de Laval, du comte du Maine et des officiers de sa maison.

René, touché profondément de l'amour qu'on lui témoignait, semblait oublier ses souffrances pour consoler sa famille. Il aimait surtout à voir jouer près de lui Marguerite de Vaudemont, le plus jeune des enfants de sa fille Yolande. « C'étoit tout son contentement, dit l'auteur de la vie de cette sainte princesse, que de l'avoir dans sa chambre, de la faire prier Dieu, en joignant ses petites mains; et rien ne lui étoit plus agréable que ce qu'il jugeoit venir de l'esprit et invention de cette charmante créature, alors âgée d'environ douze à treize ans. »

Une scène touchante marqua les derniers jours de l'auguste vieillard. Jean de Mathéron, Fouquet d'Agoult, le grand sénéchal Pierre de la Jaille et Palamède de Forbin, introduits autour de son lit de mort, y trouvèrent le comte du Maine, la reine et tous les membres de la famille royale. Le bon roi les pria de garder fidèlement ses dernières intentions, et d'être pour son neveu et son petit-fils de loyaux serviteurs, comme ils l'avaient été pour lui-même. Puis se tournant vers ce prince, il lui recommanda d'aimer son peuple, de ne pas le surcharger d'impôts, de lui donner bonne justice, enfin de se souvenir « que Dieu veux que les rois lui ressemblent plus par débonnaireté que par puissance. »

René voulut ensuite que les portes de son appartement fussent ouvertes. Il renouvela ses adieux aux officiers de sa maison, aux principaux habitants d'Aix, à ses pauvres serviteurs et domestiques. Tous fondaient en larmes à la vue de leur maître, étendu sur une simple couchette à rideaux de toile rayée. Mais le bon seigneur doucement les reconfortait, et leur disait de saintes paroles. Il avait reçu le matin même le précieux corps de son Sauveur, dans les sentiments de la plus humble piété, et son visage, bien que creusé par la souffrance, portait l'empreinte d'une joie céleste.

Quand il eut ainsi satisfait à son amour pour son peuple, il pria le père Elzéar de ne plus le quitter et de lui choisir dans son psautier de touchantes lectures. Il avait conservé toute son intelligence; et on l'entendit répéter les paroles sacrées, tant qu'un souffle de vie fit battre son noble cœur.

C'est ainsi qu'il s'endormit doucement en Dieu, à l'âge de soixante-douze ans, sans convulsion ni agonie, le lundi 10 juillet 1480, à l'heure de vêpres (1).

Un long cri de douleur, parti de l'intérieur du palais, apprit au peuple qu'il avait perdu son père. Ce fut alors dans cette foule une désolation inexprimable. Tous veulent revoir encore leur souverain bien-aimé. Ils se précipitent dans ses appartements, baisent ses pieds glacés, et ne s'éloignent qu'après avoir longtemps contemplé ses traits, dont le caractère de bonté n'était point effacé par la mort. Quatre jours entiers, René fut ainsi exposé à la vénération publique. Jour et nuit la multitude se pressait autour du lit funèbre. On y voyait des habitants de toutes les parties de la Provence, les députés des villes et des Etats, les corporations des métiers, le clergé, la noblesse, les pauvres, les artisans, de simples laboureurs. Les affaires et les malheurs privés disparaissent devant cette perte immense. Jamais semblable douleur ne s'était emparée de tout un peuple.

Le 14 juillet fut le jour des obsèques. Les rues d'Aix étaient tendues de noir jusqu'au faîte des maisons; des drapeaux de même couleur flottaient aux fenêtres, et la population entière suivait en habits de deuil. Le convoi étant arrivé, à la chute

---

(1) *Histoire de René d'Anjou.*

du jour, à l'église de Saint-Sauveur, on acheva le service funèbre, « au milieu de cris et de larmes inconsolables, dit Galaup de Chasteuil. » Le cercueil fut déposé dans une chapelle latérale, en attendant le monument qui devait le renfermer.

Personne ne pouvait alors penser que le corps du bon roi ne restât pas en Provence. Mais lorsqu'à l'ouverture du testament on connut la disposition qui prescrivait de le transporter dans l'église Saint-Maurice d'Angers, près de celui d'Isabelle, de violents murmures s'élevèrent pour la première fois du milieu de cette population fidèle. Elle résolut d'établir une garde autour du cercueil, et de s'opposer par la force à son enlèvement.

Les Etats confirmèrent par leur adhésion ce mouvement populaire. Ils supplièrent la reine de renoncer à remplir cette clause du testament de son époux. On vit même des religieux de Saint-Maximin qui offrirent de jurer sur l'Evangile que René l'avait révoquée de vive voix, peu d'instants avant de mourir.

Il n'était pas au pouvoir de Jeanne de répondre par un refus à ces instances passionnées. Elle sembla se rendre à tant de vœux, et calma par ses paroles l'émotion de la foule. D'habiles artistes présentèrent le plan d'un mausolée de marbre, destiné à perpétuer l'attachement et la reconnaissance des Provençaux. L'inscription latine en fut même adoptée (1). Elle est aujourd'hui gravée en partie sur le piédestal de la statue élevée par la ville d'Aix à la mémoire de René de Sicile.

Jeanne avait dit à la Provence un adieu éternel. Ce palais et ces châteaux, où ses jours avaient coulé si heureux et si calmes, lui paraissaient vides et déserts. Elle était retournée en Anjou dans son comté de Beaufort, pour y continuer une vie de miséricorde et de bienfaisance. Mais avant de s'éloigner des lieux qui gardaient le corps de René,

(1)   Æternæ memoriæ
Renati, Hierosolimi et Siciliæ regis,
Andegaviæ et Barri ducis,
Provinciæ et Forcalquerii comitis.
Qui bello simul et pace clarus, sed infelix,
Felicem se solum apud Provinciales agnovit.
Qui externis æquè et domesticis hostibus
Impetitus, fidem in aliis sæpè labentem,
Incorruptam semper in Provincialibus
Est expertus.
Qui regno pulsus, liberis orbatus, opibus
Exutus, omnia in benevolentia Provincialium
Invenit.
Qui Provinciales tantâ comitate, tantâ
Beneficentiâ cumulavit, ut principem
Æquissimum, regem mitissimum, patrem
Optimum appellarint.
Et hoc immortale grati animi, fidei,
Observantiæ monumentum
Futuris sæculis consecrarint.

Voici la traduction de cette inscription latine :

A l'éternelle mémoire
De René, roi de Jérusalem et de Sicile,
Duc d'Anjou et de Bar,

elle avait reçu la parole de Charles du Maine et d'Olivier de Pennart, archevêque d'Aix, de l'aider à religieusement accomplir les dernières volontés de son époux.

L'année entière s'écoula sans présenter une occasion favorable. Cependant, comme la vigilance diminuait avec la crainte, Jeanne envoya en Provence deux de ses fidèles serviteurs, Jehan du Pastis et Jacquemin Mahiers, d'une discrétion et d'un dévouement à toute épreuve. Ils étaient porteurs de lettres de la reine au roi de Sicile et à l'archevêque d'Aix, et devaient se concerter avec eux pour enlever nuitamment, et à l'insu du peuple, le corps et cœur du bon roi.

L'amour et la sollicitude de Jeanne avaient aplani tous les obstacles. Elle avait envoyé à Aix un de ses charriots, sous le prétexte apparent de

Comte de Provence et de Folcalquier.
Illustre à la fois dans la guerre et la paix, mais malheureux,
Il ne connut le bonheur qu'auprès des Provençaux.
Également assiégé par des ennemis étrangers et domestiques,
Il trouva souvent dans les autres une foi chancelante,
Mais elle fut toujours incorruptible chez les Provençaux.
Chassé de son royaume, privé de ses enfants,
Dépouillé de ses richesses,
Il retrouva tout ce qu'il avait perdu dans l'amour des Provençaux.
Il les combla de marques d'une si grande bienveillance
Et de tant de bienfaits, qu'ils l'ont appelé
Le plus juste des princes, le plus doux des rois,
Le meilleur des pères.
Cet immortel monument de leur reconnaissance,
De leur fidélité et de leur vénération,
Ils l'ont consacré aux siècles futurs.

conduire en Anjou « certaines robbes et tapisseries laissées dans son palais. » Une exemption de droits et de péages, revêtue du sceau royal, prévenait les visites des collecteurs de tailles; les lampes continuaient de brûler dans la chapelle ardente; seulement un drap de velours d'azur, semé de fleurs de lys d'or, devait remplacer le drap funèbre étendu sur le cercueil.

L'enlèvement eut lieu, comme l'avait prévu la reine. Chargés de leur précieux dépôt, Jehan du Pastis et Jacquemin Mahiers se rendirent à Roanne en toute hâte, où ils s'embarquèrent sur la Loire. Enfin, après une mystérieuse traversée, ils vinrent descendre aux Ponts-de-Cé, au commencement d'août 1481.

La joie fut grande dans le duché d'Anjou à cette heureuse nouvelle. Elle était tellement inespérée, que le doyen et le chapitre de Saint-Maurice exigèrent, avant d'y ajouter croyance, l'ouverture du cercueil. Le roy de Sicile apparut à tous les regards sans aucune trace de la corruption de la tombe; il semblait s'être endormi depuis peu comme s'il venait de trépasser. Ses anciens serviteurs versèrent des larmes à cette vue. Ce fut pour eux une grande consolation et une grande douleur.

Dieu avait béni la pieuse fraude de la reine; René, selon son désir, reposait près d'Isabelle, dans le caveau royal de la maison d'Anjou. Un magnifique tombeau leur fut élevé par les soins de Jeanne, non loin du grand-autel, dans l'église de

Saint-Maurice. Cette princesse le fit exécuter en marbres précieux, sur les dessins laissés par son époux. Elle s'était réservé son cœur qu'elle déposa dans la chapelle du bienheureux Bernardin.

De ces monuments vénérés, il ne reste aujourd'hui que le caveau funèbre. Préservé de la profanation par un merveilleux hasard, il renferme encore les cendres du bon roi et des princes ses aïeux. Mais si des mains mercenaires et sacriléges ont dispersé les marbres qui recouvraient son tombeau, sa mémoire, comme celle du grand Henri, s'est conservée pure dans le cœur de ses peuples. Pour expier un jour de démence, ils ont confié au génie de David le soin d'éterniser ses traits. A l'ombre des grands arbres, plantés sur le cours de la ville d'Aix, René étend encore la main pour bénir les Provençaux, et Angers, grâce au ciseau de son glorieux enfant, acquittera bientôt une dette sacrée.

4 décembre 1844.

Cte DE QUATREBARBES.

LA PLATELÉE D'ABLETTES

DU ROI RENÉ.

Au commencement d'août 1462, tandis que le roi de Sicile habitait le château d'Angers, un pauvre pêcheur lui fournit l'occasion de donner une nouvelle preuve de la bonté et de la commisération qui lui avaient déjà valu, de la part de ses sujets les plus humbles, le titre de Bon Roi René, depuis son avènement au duché d'Anjou, en 1454.

Plusieurs terrains, qui appartenaient au domaine d'Anjou et étaient situés derrière le jardin des Carmes d'Angers, dans le Pré de la Savate, ayant été mis aux enchères, Michel Enquetin s'était rendu adjudicataire de l'un d'eux, à la charge d'en payer une rente perpétuelle de onze sous. Aucun emplacement n'était plus avantageux pour l'exercice de sa profession. Au sortir de sa barque, Enquetin gagnait, en quelques pas, la petite loge construite en bois et en terrasserie, dont le chaume abritait sa nombreuse famille. Malheureusement le succès ne répondit ni à ses espérances ni à ses efforts.

Les filets et lignes qu'il tendait, entre la Haute et la Basse-Chaîne, lui donnaient rarement du poisson d'une espèce recherchée et d'un prix élevé ; le produit de sa pêche suffisait à peine à l'entretien de six petits enfants et de leur mère : comment sa femme et lui, dénués de toute autre ressource, pouvaient-ils compter tous les ans onze sous à M. le receveur d'Anjou ?

Poursuivi pour défaut de paiement, menacé d'une expropriation qui l'empêcherait d'exercer son état et le réduirait, avec tous les siens, à n'avoir ni feu ni lieu, Enquetin s'adresse au roi René. Après lui avoir exposé sa misère, il le supplie, très humblement, *en pitié, charité et aumône,* de remettre au pauvre pêcheur et à sa nombreuse famille la rente de onze sous, moyennant *aucun ligier devoir,* tel que serait son bon plaisir.

René ému à ce récit, fait, on peut le croire, par Enquetin lui-même, exauce avec empressement sa prière : il le décharge, ainsi que ses héritiers, le 17 août 1462, du paiement de ces onze sous, somme très forte alors, qu'il convertit en un plat de poisson le plus commun et le moins cher que l'on pêche encore aujourd'hui dans la Maine. Une *platelée d'ablettes,* apportée tous les ans, le 1er mai, au château d'Angers, assurera désormais à Enquetin la propriété de son *placistre* du Pré de la Savate.

Non content d'imposer silence à son procureur général, dont le zèle aurait pu voir dans la nouvelle redevance une aliénation du domaine du roi, René assure la perpétuité de cet acte de munificence en le faisant enregistrer, le 25 août 1462, par la Chambre des Comptes d'Angers. Il en délivre même à Enquetin ses lettres-patentes, écrites sur parchemin, auxquelles étaient suspendues le grand sceau d'Anjou en cire rouge. Le style touchant de cette pièce autorise à dire qu'elle a été rédigée par René lui-même, qui y a apposé d'une main courue, mais hardie, sa signature et son paraphe, et, sur le replis du parchemin, le mot *GRATIS*, afin que les clercs de sa chancellerie ne réclamassent rien au pauvre pêcheur.

Michel Enquetin conserva ce document avec une sollicitude d'autant plus pieuse qu'il lui devait son bonheur et celui de toute sa famille. La protection et la générosité du roi de Sicile ne se réduisirent probablement pas à la *Platelée d'Ablettes;* elles amenèrent dans l'humble cabane du Pré de la Savate assez d'aisance pour que le propriétaire ait pu élever ses enfants, les établir et même laisser à chacun d'eux plus que sa femme et lui n'avaient jamais possédé avant le 17 août 1462. Ils terminèrent leurs jours à un âge avancé, peu de temps après leur bienfaiteur, aux funérailles duquel ils assistèrent sans doute avec leurs fils, leurs filles et leurs petits enfants, le 9 octobre 1481, lorsque la reine Jeanne de Laval eut ramené d'Aix le corps du bon roi qui avait voulu reposer au milieu de ses chers Angevins.

Après leur mort, le Placitre fut partagé entre leurs deux fils Mathieu et Jean Enquetin, dont chacun se trouva ainsi débiteur d'une demi-platelée. Mathieu échangea sa moitié, le 11 janvier 1483, contre une planche de vigne, que lui céda Jean Foulquet, paroissien de Saint-Maurice, auquel, le 16 avril suivant, Jean Enquetin, pêcheur comme son père, vendit la sienne à raison de dix écus d'or de 32 sous 1 denier la pièce, c'est-à-dire 16 livres 10 deniers. Foulquet abandonne plus tard le séjour d'Angers et va demeurer à Foudon. Cette circonstance le décide à se défaire à son tour, le 22 mars 1491, du Placitre, dont il avait changé la destination. Les Carmes le lui payent 70 livres tournois, et ils l'annexent à leur jardin.

Ces derniers, par suite de leur acquisition, devaient un droit de vente et d'amortissement assez considérable au domaine d'Anjou. Le sénéchal des cens, nommé Pierre Guyot, cédant aux sollicitations du Père Gardien et de ses frères, considérant en outre « que ledit petit jardin est très con- » venable pour l'augmentation du couvent, et » qu'ilz sont pauvres mandians, vivant religieuse- » ment; et pour plus les obliger à prier Dieu pour » la bonne prospérité du roy... du consentement » des procureur et advocat du roy, et par délibé- » ration d'aucuns des autres officiers et gens du » conseil, » réduit ce droit à 4 livres tournois, le 8 janvier 1492. La redevance du Plat d'Ablettes fut maintenue. Le receveur d'Anjou voulut même exiger les onze sous portés dans la baillée faite primitivement à Michel Enquetin ; toutefois les Carmes n'eurent qu'à produire le titre dont Jean Foulquet leur avait fait remise, pour établir qu'il s'appliquait non seulement au pêcheur et à ses héritiers, mais aussi à leurs ayans-cause. Nous n'avons pu vérifier si la *Platelée d'Ablettes* a été payée au château d'Angers jusqu'à la Révolution.

Après la suppression du couvent des Carmes, les lettres-patentes du roi de Sicile furent recueillies par M. Toussaint Grille, ainsi que les six pièces originales auxquelles sont empruntés les détails qui précèdent. Elles existent aujourd'hui, en très bon état, dans les archives du département de Maine et Loire, auquel elles ont été cédées par la ville d'Angers, avec les titres de la maison des Carmes que nous avons catalogués, en 1851, sous le n° 137, dans l'*Inventaire des Archives Grille*.

Le document dont nous imprimons le texte a été pris, pour ainsi dire, au hasard parmi ceux qui existent encore inédits et inconnus dans nos divers dépôts. Il n'est pas besoin de longs commentaires pour en faire comprendre la portée. Sa lecture établit suffisamment pourquoi, à travers les siècles et les révolutions, le titre de BON est resté inséparable du nom du ROI RENÉ ; et pourquoi aussi des acclamations unanimes ont salué le vote du Conseil municipal d'Angers pour l'inauguration du monument élevé en l'honneur de l'excellent prince par le talent de notre statuaire David, par la munificence de M. le comte Théodore de Quatrebarbes.

BAILLÉE FAICTE PAR LE FEU ROY DE CÉCILLE DU JARDIN QUE JACQUET FOULQUET A DE PRÉSENT VENDU AUX RELIGIEUX DES CARMES, OU EST LA GALLERYE.

René, par la grâce de Dieu, roy de Ihérusalem et de Sicile, duc d'Anjou, per de France, duc de Bar, comte de Provence, de Forcalquier et de Pimont, à tous ceulx qui ces lettres verront, salut. Comme nos amez et féaulx conseilliers les gens de nostre Chambre des Comptes à Angiers aient fait baillée, au plus offrant et derrenier enchérisseur, de certain placistre sis ou Pré de la Savate, ou derrière et joignant le jardrin des Carmes de nostre ville d'Angiers, plus à plain confrontée ès lettres de ladicte baillée (1), attachées à ces présentes, à Michau Enquetin, pouvre home pescheur, pour en payer par chascun an la somme de onze soulz tournois à nostre recepte ordinaire d'Anjou; et soit ainsi que ledit Enquetin nous ait fait remonstrer qu'il a sa femme et six petiz enfans, et n'a héritage, ne sa dicte femme, fors seulement ladicte baillée, en la quelle il a fait édiffier une petite loge ou maison de pou de valeur, faicte de bois à esquerrer et de terrasserie, couverte de chaume, et qu'il gaingne la plus part de sa vie, de sa dicte femme et enfans, dès longtemps, à pescher entre

---

(1) Nous n'avons pas retrouvé ces lettres.

les deux chaesnes de nostre dicte ville d'Angiers, en la rivière de Maienne; nous suppliant très humblement que ledit devoir de XI soulz il nous pleust, en pitié, charité et aumosne, lui donner et remettre à aucun ligier devoir, tel que seroit nostre bon plaisir, et sur ce lui impartir nostre grace;

Savoir faisons que nous, aïans considéracion à ce que dit est, au dit Enquetin, sa dicte femme et enfans, et pour pitié et aumosne, avons donné, remis et abourné, donnons, remettons et abournons le dit devoir de XI soulz par an à une Platelée d'Ablettes; les quelles ablettes ledit Enquetin, ses héritiers ou aïans cause, nous seront tenuz, doresnavant, payer par chascun an, au premier jour de may, en nostre chastel d'Angiers, pour et ou lieu de ladicte somme de XI soulz; de laquelle somme de XI soulz voulons et déclarons, par ces présentes, que ledit Enquetin, ses héritiers ou aïans cause, en demourent quictes et deschargez perpétuelement, et voulons que, par nostre receveur d'Anjou présent ou à venir, il ne soit contraint, ne ses héritiers, à payer, pour raison de la dicte baillée, que les dictes ablettes.

Si donnons en mandement, par ces dictes présentes, ausdiz gens de noz Comptes que, prins et receu dudit Enquetin, en nostre dicte Chambre des Comptes, obligation de nous continuer, et à nos successeurs, la dicte Platelée d'Ablettes par chascun an, à cause du dit placistre et maison confrontez comme dit est, icellui Enquetin facent, seuffrent et laissent joïr et user plainement et paisiblement du dit don, octroy et abournement, par la forme que dessus; et le facent mettre hors des papiers de nostre recepte au regart du dit devoir de XI soulz. Et sur ce imposons silence à nostre procureur d'Anjou; car ainsi le voulons et nous plaist estre fait par ces présentes, nonobstant que on voulust dire que ledit devoir fust en diminucion de nostre domaine, et quelsconques ordonnances faictes sur le fait de nostre dit domaine, restrinctions, mandemens ou deffenses à ce contraire.

Donné en nostre chastel d'Angiers, le xvij^e jour d'aoust, l'an de grace mil cccc soixante et deux.

Signé : RENÉ, *avec paraphe.*

Sur le repli :

Par le roy, Guillaume Bernard, grenetier d'Angers, et autres présents, *signé :* Benjamin.

Et de la main du roi, GRATIS.

P. Marchegay,
archiviste de département de Maine et Loire.

LES
FONTAINES DU ROI RENÉ

AU

CHATEAU D'ANGERS.

Le château d'Angers a toujours été l'une des résidences chéries de René, roi de Jérusalem, des Deux-Siciles, d'Aragon, de Valence, de Majorque, de Sardaigne et de Corse; duc d'Anjou et de Bar; comte de Barcelone, de Provence, de Forcalquier, de Piémont, etc., etc.

C'. dans l'admirable forteresse bâtie par saint Louis et par la reine Blanche de Castille, à l'abri des tours qui, pendant toutes les guerres des XIIIe, XIVe et XVe siècles, s'étaient constamment maintenues pures de la domination anglaise et avaient toujours vu flotter l'étendard aux armes de France, que l'excellent monarque était né, le 10 janvier 1408.

Le jour de sa naissance avait été salué avec allégresse : Angers semblait avoir le pressentiment que le second fils de Louis II d'Anjou et d'Yolande d'Aragon, serait le meilleur, et aussi le dernier de ses souverains nationaux. Des lettres-patentes du 20 février 1409, prouvent combien cette joie fut grande et générale dans toute la ville, par le don gratuit de 400 livres offert par les habitants à la très chère et aimée compagne de leur duc (1).

Pendant toute la durée de son règne, René devait justifier les espérances qui étaient nées avec lui. Nul prince ne s'est montré aussi dévoué au bien-être de ses sujets.

Les doléances et requêtes (2) adressées par lui, en 1451, au roi Charles VII, suffiraient au besoin pour prouver à quel point il s'efforçait de faire supprimer, ou tout au moins réduire, à ses propres dépens (3), les impôts, tailles, traites et autres charges que le roi de France voulait leur imposer.

Ruinée par la guerre des Anglais, par les mau-

---

(1) Loys par la grâce de Dieu roy de Ihérusalem et de Sicile, duc d'Anjou, conte de Prouvence et de Forcalquier, du Maine, de Pimont et de Roucy, etc., etc.... Comme noz bien amez les bourgeois et habitans de nostre dicte ville (d'Angiers) aient octroyé à nostre très chière et très amée compaigne, à son joyeulx et derrenier enfantement de l'enfant qu'il a pleu à Nostre Seigneur nous donner, la somme de quatre cens livres tournoys, en don, à prendre sur eulx pour une foyz, etc., etc..... Donné en nostre chastel d'Angiers, etc., etc..... *Orig. en parchemin. Biographie Grille.*

(2) Archives d'Anjou, vol. 2, p. 305-339.

(3) Au regart de la moitié de la taille nommée la Taille du Roy, qui appartient audit seigneur (René), par don du roy (Charles VII).... A

vaises récoltes des années précédentes, la province d'Anjou présentait alors l'aspect le plus douloureux. La plupart des habitants, dit le mémoire cité plus haut, *couschent sur la paille et sont nuz et descouvers, meurent eulx et leurs familles comme de faim; et les autres vont mandiant et quérant les aumosnes par ledit pays et se trennent par les villes et les champs à grans compaignies; et devant le chastel d'Angiers, ledit Seigneur estant là, s'en trouve, le plus des jours, huit cent à mil personnes, en si piteux estat que chascun en devroit avoir compassion* (1).

Grâce au roi René, cette triste situation ne tarda pas à disparaître. Sa bravoure, déjà éprouvée dans les guerres qu'il avait soutenues contre le duc de Bourgogne et pour maintenir ses droits au royaume de Naples, avait surtout brillé lors des dernières victoires auxquelles Charles VII devait l'expulsion des Anglais. Avec la paix, on vit renaître la prospérité telle qu'elle était *devant ces dernières guerres, que ledit païs d'Anjou estoit fort peuplé, riche, fertil et habondant de biens.*

esté avisé par ledit seigneur..... que ce imposera une porcion de ladicte moictié de la Taille du Roy, la maindre que bonnement faire se pourra, eu égard à la necessité du peuple; sur laquelle porcion pourra ledit seigneur faire des rabés ès lieux où il verra estre à faire, ainsi qu'il a fait l'année passée... En tant que touche touz fraiz (de perception) pour ce que ledit seigneur scet quelle charge c'est à ses subgietz.... Advize ledit seigneur de donner aux dictz commissaires (percepteurs) de ses propres deniers, pour leur deffray, la somme de.... pour tousjours descharger et entretenir le peuple. Ibid., p. 334, 335.

(1) Ibid., p. 314.

Les soins continus de cette administration éclairée et paternelle, devaient l'attacher plus encore au château d'Angers, où il en méditait et accomplissait tous les actes.

Sa première préoccupation avait été de lui maintenir le rang qu'il avait toujours occupé comme place militaire. Absorbées par les frais de leurs expéditions en Italie, les finances de ses prédécesseurs n'avaient pas permis de faire aux tours et aux remparts les réparations nécessitées par la seule action du temps. Le roi René y fit travailler sous ses yeux. Pendant ses voyages, il écrivait souvent, de la manière la plus impérative (1), pour que les gens de la Chambre des Comptes continuassent son œuvre. En peu d'années le château, l'enceinte de la ville elle-même, avaient non seulement repris leur aspect formidable, mais encore reçu toutes les additions, tous les perfectionnements réclamés par les progrès de la stratégie et par l'application générale de l'artillerie.

Si, dans la crainte de trop *fouler ses sujets,* il n'y entretenait plus une garnison nombreuse, il avait du moins suppléé au nombre par le choix des guerriers auxquels il en confiait la garde. Les arsenaux en étaient toujours bien garnis, et Louis XI y recourut lui-même plus d'une fois, notamment dans la guerre qu'il entreprit, en 1472, contre le duc de Bretagne (2).

(1) V. notamment Archives de l'Empire, p. 1342, f. 243 v°.
(2) *A Monsieur le Gouverneur d'Anjou.* — Monsieur le Gouver-

Comme habitation, le château d'Angers devait aussi être l'objet d'une sollicitude toute particulière, de la part d'un prince ami des lettres et des arts aux progrès desquels il a contribué plus qu'aucun de ses contemporains. Des objets antiques, des meubles richement sculptés, des tableaux, des tentures splendides, décoraient ses vastes salles.

Après avoir soulevé l'une des tapisseries qui garnissaient l'appartement royal, le long de la ruelle du lit, on entrait dans un petit *comptouer, derrière la chambre et emprès le retraict du roy de Secille,* où le bon prince venait s'enfermer au milieu de ses livres (1), *pour mieulx à part et hors bruit passer*

neur, j'ay sceu qu'il y a ou chastel d'Angiers des pierres de bonbardes et de canons dont j'ay bien à besoigner, pour quoy je vous prie que vous les bailliez au Maistre de l'Artillerie ou à ceulx qu'il y envoiera devers vous pour les quérir. Et en ce faisant, vous me ferez ung grant plaisir, et scay bien que mon oncle n'en sera pas marry. Escript au Plesseys-Macé, le IIIᵉ jour de juillet. *Ainsi signé* LOYS, *et plus bas* Tilhart.

Receues le IIIjᵉ jour dn moys de juillet MCCCCLXXII, par M. le Gouverneur d'Anjou ; et lui ont esté présentées par ung des gens de l'Artillerie. Les quelles veues, par l'advis du conseil du roy de Secile, a esté advisé que, en obéissant au contenu, on ne les doit point reffuser, et que mond. sʳ le Gouverneur les doit faire bailler. *Original. Archives de l'Empire*, K. 71, *nᵒ* 20 *bis.*

M. le Gouverneur, je vous prie que vous m'envoiez les pavillons de monsieur mon père, qui sont à Angers, et je les rendray ; et les m'envoiez incontinant, je vous en prie. Escript au Plesseis-Macé, le IIIᵉ jour de juillet. *Ainsi signé* LOYS. Tilhart. *Ibid.* p. 1342, *fol.* 178 vᵒ.

(1) La plus grande partie de ce riche mobilier fut envoyée à Aix, le 8 septembre 1473, conformément à une lettre du roi René, 12 mars. Abusant de la vieillesse de son oncle, Louis XI s'était emparé de l'Anjou, et le Bon Roi quittant, avec regret et douleur, son bien aimé pays,

temps, et où ne pénétraient que ses familiers les plus intimes. Le sire de Beauvau, sénéchal d'Anjou, entr'autres, y cherchait souvent dans la lecture de *maints romans et maints livres,* un remède aux peines d'amour qui le tenaient *séchissant sur le pié, tout esperdu, pensif et merencolieux, deffuyant solas, esbatz, riz et tous jeux* (1).

La chapelle ne témoignait pas moins du bon goût que de la piété du prince. Son architecture hardie et élégante tirait un nouvel éclat des brillantes verrières qui garnissaient ses fenêtres ogivales; son autel resplendissait de belles étoffes, d'ornements et de vases précieux, au milieu desquels s'élevait *une grant croix d'or, en laquelle est la relicque de la vraye croix, avec le pié ou empatement d'icelle croix fait en manière d'un rocher, lequel pié n'est que d'argent doré;... de laquelle croix ledit seigneur a acoustumé faire faire parement en sa chapelle, luy estant en ce païs d'Anjou* (2).

Près de là un jardin, dont l'étendue était néces-

pour aller vivre en repos, le reste de ses jours, dans son comté de Provence, avait voulu diminuer le poids de cet exil en s'entourant des objets qui lui rappelaient le château d'Angers. V. *Roger*, Hist. d'Anjou, p. 360.

(1) Roman de Troïle et Criseida, *Bibliothèque impériale, Mss. La Vallière, n°* 112.

(2) Archives de l'Empire, p. 1342, fol. 194. Déposée dans le trésor de la cathédrale d'Angers, le 2 avril 1473, elle fut remise, au mois de novembre 1476, à l'archevêque d'Aix, pour la porter au roi de Sicile en Provence.

sairement très restreinte, offrait néanmoins les plus belles fleurs de l'Anjou et celles que le roi René avait recueillies en Provence, en Italie et en Espagne (1)

Enfin une ménagerie, aux vastes cages en madriers de chêne, renfermait des lions, des léopards, des dromadaires, des autruches et autres animaux ou oiseaux curieux (2), qui attiraient au loin les étrangers.

A tous ces raffinements d'un luxe si bien entendu, il manquait néanmoins un complément plus regrettable encore à l'aspect de la Maine, que du haut des tours et des remparts, on pouvait suivre depuis l'île Saint-Aubin jusqu'à son embouchure dans la Loire.

Les puits du château devaient satisfaire aux besoins de la garnison en cas de siége; mais en pleine paix, au milieu des richesses de la royale demeure, l'eau qu'ils fournissaient était insuffisante même pour les usages domestiques. Les bêtes et les oiseaux étrangers souffraient beaucoup de cette pénurie; et les plantes du petit jardin, en proie à un soleil dont les rayons ardents desséchaient le sol, ne pouvaient développer leurs corolles aux mille couleurs, qu'au prix des soins les plus dispendieux. René avait reconnu lui-même tous ces

---

(1) V. le Bulletin historique de M. Aimé de Soland, n° 1, p. 10.
(2) Arch. de l'Empire, p. 1341, 1342, 1343, passim. Roger, *Hist. d'Anjou*, p. 370, ne parle que de la ménagerie d'Aix.

inconvénients. Bien des années avant d'avoir réuni dans son château, toutes les splendeurs dont nous n'avons pu donner qu'une faible idée, il s'était appliqué à y faire arriver des eaux vives, et il aurait voulu y former des bassins, des cascades, des gerbes jaillissantes, comme il en avait souvent admirés en Provence et surtout en Italie. Il n'avait ménagé ni les peines ni l'argent pour arriver à ce but.

Les documents qui suivent en donneront la preuve. Outre leur intérêt local, et le rapprochement auquel ils peuvent donner lieu parmi nous, tout ce qui se rapporte aux *travaux publics*, à une époque aussi reculée que le milieu du XVe siècle, mérite d'attirer l'attention. Nous allons donner ici, textuellement, tout ce que nous avons découvert sur le projet des *fontaines du roi René*, dans un des registres de la Chambre des Comptes d'Anjou, qui est conservé aux *Archives de l'Empire,* et coté P. 1341.

Au commencement de l'année 1451, arrivèrent à Angers, deux frères, nommés Jean et Guillaume les Nicolas, se disant *maîtres en l'art de faire des fontaines*. Ils étaient étrangers, et nous ne savons pas par qui ils avaient été attirés en Anjou, à moins que, chose fort probable, ce ne fût par René lui-même.

Quelles ont été les propositions faites par eux au roi, quels engagements prirent-ils, comment travaillèrent-ils pour les remplir, et pourquoi, au lieu du succès dont ils se flattaient, et pour lequel rien ne leur avait manqué en conseils, coopération et surtout en argent, l'entreprise n'a-t-elle abouti qu'à une déception complète? C'est ce qui résultera de la lecture des documents qui suivent.

Le premier contient une exposition complète de l'affaire. C'est le marché passé le 6 avril 1451 (nouveau style), entre les gens du duc d'Anjou, alors en Provence, et les maîtres-fontainiers. Il est copié en ces termes au folio 53 v° du registre cité :

Le vj^e jour d'avril, l'an 1450, avant Pasques.

Sur la manière de faire venir jusques au dedans du chastel d'Angiers, devant la chappelle dudit chastel, à cauc vive, une fontaine sise près Villevesque, et joindre et assembler avecques icelle fontaine une autre fontaine moindre, qui est à quartier et à ung quart de lieue loing de la dite autre fontaine, la quelle manière Jean et Guillaume les Nicolas, frères, eulx disans maistres de faire fontaines, dient estre possible et ont prins la charge de la y faire venir; a esté aujourd'huy, vj^e jour d'avril 1450, fait marché par le roy de Sicile duc d'Anjou, per de France, ou ses gens et officiers, avecques les d. Jehan et Guillaume les Nicolas frères, les quelx et chascun d'eulx pour le tout, sans division, etc., etc., ont promis et promettent que, en faisant faire et fournissant par led. roy des matières et en la fourme et manière que cy après sera déclairé;

C'est assavoir : que led. seigneur roy face faire voulter lesd. deux fontaines de bon ouvraige de maczonnerie, à ses propres coustz et despens; Item que led. roy fournisse de boys de chesne néccessaire pour led. œuvre, rendu sur place comme besoing sera, ou quel, à leur avis, fauldra environ dix mille pièces de boys chascune du long de doze piez ou environ, ou de tel nombre qu'il y fauldra fournira ledit seigneur comme dit est; Item que iceluy seigneur roy face percer à ses despens le nerf de la douve et de la muraille dud. chastel d'Angiers, au lieu qui sera trouvé le plus convenable pour faire le passeaige de l'eaue de lad. fontaine pour conduire jusques dedans led. chastel; Item que led. roy oultre face contens et taisans toutes parties qui pourroient prétendre avoir aucunes actions d'intérestz ou desdommaigement sur les dommaiges qui à eulx et chascun d'eulx peuent ou pourroient avenir touchant le passaige et chemin qu'il fault prendre sur plusieurs terres, prez, vignes et autres héritaiges à eulx appartenans, par lesquelx il faut prandre le conduit et chemin à faire venir l'eaue desd. fontaines aud. chastel, et de ce garder lesd. fontaines de tous dommaiges;

De faire, fournir et acomplir le parsus de l'œuvre de lad. fontaine, c'est assavoir : de faire et prandre bien et convenablement les fondemens ou se mettront les tuaux; de asseoir lesd. tuaulx bien et deuement et fournir, à leurs despens, de virolles de fer pour mettre partout entre deux pièces desd. tuaux une virolle, et entièrement faire et acomplir tout le seurplus dud. œuvre, et icelle fontaine faire venir et rendre, à eaue vive, jusques au dedans du chastel d'Angiers et encontre et joignant lad. chappelle, dedans du premier jour de may prochain venant en ung an prochain ensuyvant; et ce pour le pris et somme de doze cens escuz, dont led. seigneur roy de Sicile leur fera faire bon et loyal paiement, en faisant et besoignant aud. œuvre ainsi et à l'eure que les cas le requerront.

Et de tenir et enteriguer, parfaire et acomplir par lesd.

Nicolas, frères, toutes et chascunes les choses cy-dessus déclairées, par eulx promises, sans jamais faire ne venir encontre en aucune manière, ont obligé et obligent lesd. Jehan et Guillaume les Nicolas, fontainiers, et chascun d'eux pour le tout, sans division, etc. etc., eulx et touz leurs biens meubles et immeubles présens et avenir, quelz quilz soient, à prandre, vendre, etc., etc., et leurs propres corps à tenir prison et hostaiges en quelque royaume, duchié, conté ou autre seigneurie qu'ilz et chascun d'eulx pourront estre trouvez. Et ont renuncié, et renuncent par devant nous, quant à ce, au bénéfice de division et à toutes et chascunes, les choses qui tant de fait, de droit que de coustume, pourroient estre faictes, dictes ou obicées contre la fourme, teneur ou substance de ces présentes en aucune manière, en tout ne en partie, et généralement, etc., etc., jugez et condampnez et par la foy et serment de leurs corps sur ce baillée en nostre main à leurs requestes, présens...

Ainsi le roi donnera 1,200 écus, il fournira les tuyaux en bois de chêne, chacun ayant en longueur une toise ou environ; il fera voûter les deux fontaines voisines de Villevêque, choisies pour fournir de l'eau vive au château d'Angers, et percer le nerf de la douve et de la muraille; il indemnisera les personnes sur les propriétés desquelles les tuyaux de conduite seront posés. De leur côté, les frères Nicolas feront tous les autres travaux, garniront les tuyaux de viroles et amèneront l'eau des susdites fontaines dans l'enceinte du château, le long de la chapelle, dans un an à partir du 1er mai 1451. En garantie de cet engagement, ils offrent non-seulement tous leurs biens, mais encore leurs propres corps et leur liberté.

Que s'est-il passé du mois d'avril à celui de novembre, à quel point des travaux sont-ils arrivés? le registre de la chambre des comptes n'en dit rien ; et ce silence ne doit pas être interprété avec faveur. On voit en effet que les choses n'ont pas réussi par l'enquête suivante :

Le xiij[e] jour de novembre 1451 (1), en la présence de Monsr du Couldray, le président des comptes, Robert Jarry, Guillaume Bernard, Thibaut Lambert, sont venus en lad. chambre Jehan Nicolas et Guillaume Nicolas, frères, maistres de l'ouvraige des fontaines, aux quels on a faist les interrogatoires qui s'ensuivent :

Premièrement, au regart de la fontaine de plus loing vers Villevesque, leur a esté demandé s'il leur semble qu'il y ait remède de y avoir eaue et de la recouvrer:

Respondent que l'eaue en est toute perdue et n'y a remède de y avoir eaue, et ne se y fault point attendre.

De la seconde fontaine, enquis aussi s'il y a eau suffisant:

Dient que il y en a, mais c'est peu; et ne croient pas que l'eau suffise, car elle est plus que faillie.

Touchant les tueaulx de boys, leur a esté demandé combien en sont en œuvre et en terre :

Respondent qu'il y en a d'assiz environ 2500 qu'il faut relever de terre, et pourront servir autre part.

Enquis quel nombre ilz ont de tueaux percez, oultre led. nombre de 2500 :

Dient environ 100.

Au regart de l'autre fontaine dernier trouvée pres du

---

(1) Fol. 84, v° 85.

Perray aux Nonnains, leur a esté demandé si la place dont part lad. fontaine est de telle haulteur qu'elle puisse venir au chastel d'Angiers :

Dient que oy, en la place de devant la cuisine; et que le lieu dont elle part est vingt piez plus hault que lad. place de la cuisine, avant plus que moins.

Enquis si lad. eaue est si vive qu'elle puisse fournir à emplir les tueaulx et la faire venir jusques aud. chastel devant lad. cuisine :

Dient que elle viendra bien aud. chastel, et que elle emplira la moitié desd. tueaulx ou environ, et non plus; et se font fors, à peine de leurs vies, de la y faire venir.

Enquis s'il y a assez de tueaux, tant de ceulx qui sont en terre comme de ce qui est sur la place et que doit encore Guillaume de la Planche :

Dient que oy, et qu'il suffira d'en avoir jusques à 5000 ou environ pour le tout.

Enquis pour quel pris ilz feront venir lad. fontaine dernière dud. lieu jusques aud. chastel, c'est assavoir fournir de fossez, de virolles et de leur peine et despenes :

Dient qu'ilz le feront pour le prix qu'ilz avoient des deux autres fontaines, c'est assavoir d'estre parachevez de paier jusques à 1200 escuz que porte le premier marché.

Enquis quelle somme ilz ont receue sur lad. somme de 1200 escuz :

Dient environ 440 escuz. Ainsi resteroit qu'ilz demanderoient à avoir, pour lad. dernière fontaine, la somme de 760 escuz, et que pour moins ne le feront point.

Enquis quel argent ilz demandent présentement pour entrer en lad. besoigne, et en faisant icelle :

Demandent présentement 100 escuz, à Noël 100 es-

cuz, à Karesme prenant 100 escuz; et le sourplus en faisant la besoigne.

Enquis combien coustera le charroy de ramener les tueaulx des premières fontaines jusques à la dernière trouvée :

Dient qu'il cousteroit, par extimation, environ 50 ou 60 livres. Dient en oultre qu'ilz feront relever les tueaulx qui sont dedans terre à leurs propres coustz et despens.

Enquis dedans quel temps ilz rendront prest l'ouvraige de lad. fontaine jusques aud. chastel :

Dient dedans Pasques prochain venant, ou au plus tard dedans la Saint George.

Des réponses faites par les Nicolas à MM. de la chambre des comptes, il résulte qu'après des travaux énormes, et entr'autres l'enfouissement de 2,500 tuyaux, offrant ensemble une longueur de 5,000 mètres, force a été de renoncer à des fontaines dont les eaux sont reconnues insuffisantes.

Tout espoir n'est cependant pas perdu, d'après les maîtres fontainiers, dont la bonne foi était plus grande que la science. Au lieu de Villevêque, c'est le Perray-aux-Nonnains qui fournira, disent-ils, de l'eau vive au château. Seulement, à cause de la différence du niveau, c'est désormais devant la cuisine et non près de la chapelle, qu'ils la feront arriver. En tout cas, la dépense sera la même, sauf quelques centaines de tuyaux neufs, et une cinquantaine de livres pour transporter les anciens tuyaux de la ligne de Villevêque sur celle du Perray.

Cependant, l'insuccès des travaux avait rendu MM. de la chambre des comptes passablement incrédules. Un examen consciencieux leur faisait croire qu'on ne réussirait pas plus dans le nouveau projet que dans le premier. Ils ont constaté que le niveau de la fontaine du Perray, loin d'être supérieur de 20 pieds à celui de la cuisine du château, lui est au contraire inférieur de 40. Ils ne peuvent pas non plus voir une source d'eau vive dans ce qui n'est que le produit des égoûts des collines voisines. Enfin le volume d'eau est si peu considérable qu'il sera certainement absorbé par les joints des tuyaux et par le bois lui-même, beaucoup moins avantageux, sous ce rapport, que les conduits en briques jadis employés, à l'Evière notamment, par les Romains.

Malgré toutes ces considérations, les gens des comptes condescendent aux demandes de ces honnêtes mais trop présomptueux artistes. Avec une bienveillance qui est le propre du caractère angevin, ils fournissent aux Nicolas l'occasion qu'ils réclament, de se réhabiliter; surtout ils ne veulent pas que ces étrangers puissent proférer, quelque part que ce soit, aucune plainte contre le roi de Sicile, ni contre ses officiers. Un nouveau marché est donc passé pour les eaux du Perray.

Après ce que messire Loys de Bournam sieur du Couldray (1), Guillaume Gauguelin, président des comptes, et

(1) Fol. 85, v.

maistre Jehan du Ponton, par commandement dud. seigneur, ont esté visiter les fontaines dont dessus est faicte mencion, c'est assavoir les deux premières, et dont l'une est toute faillie et l'autre à pou près, tellement que la despense de lad. seconde fontaine a esté et seroit encores plus perdue que devant;

Et aussi ont visité la dernière fontaine trouvée au Perray aux Nonnains;

Ont esté d'opinion, par leur rapport fait à Monsr de Precigny, commis à les oyr de par led. seigneur, que lad. fontaine, pour deux causes, ne peut venir jusques aud. chasteau : l'une pour ce qu'il leur semble que la place dont part lad. fontaine est plus basse, de quarante piez ou environ, que la plaine place dud. chasteau; et l'autre cause pour ce que l'eaue n'est pas vive et, à leur advis, ne suffisoit pas pour continuer si long chemin; mais croyent mieulx que autrement, veu la situacion de lad. fontaine, qui est en bas lieu, avironnée de touz costez de haultes terres, que ce soient agouz desd. terres que source d'eaue vive. Et supposé que l'eaue qui de présent y est fust eau vive et de vive source, si semble il que le boys et les joincts des tueaulx en peuent boyre et faire perdre la plus grant partie.

Mais affin que lesd. ouvriers, qui sont d'estrange nacion, ne puissent faire plainte, en ce pays ne dehors, que, par le deffault dud. seigneur ou de ses gens et officiers, led. euvre des fontaines soit du tout demouré; pour obvier aussi au bruit et à l'escande qui en pourroit estre, a de rechief esté fait marché et appoinctement nouvel avecques lesd. ouvriers, pour la fontaine dernièrement trouvée près le Perray aux Nonnains, en la manière qui s'ensuit.

Le xiij^e jour de novembre 1451, en présence de

Monsr du Couldray, du président des comptes et de Guillaume Bernart, fut fait l'appoinctement qui s'ensuit avecques Jehan et Guillaume Nicolas, frères, maistres en ouvraige de fontaines. C'est assavoir que lesd. Jehan et Guillaume Nicolas ont promis de faire venir la fontaine qui est proche du Perray aux Nonains devant la cuisine du chasteau d'Angiers, dedans Pasques prochainement venant ou dedans la feste de saint George prouchainement ensuyvant, par ainsi que on les fournira de boys en place de rompre la roche à l'endroit du chasteau par où on doit passer. Et aussi leur sera baillé le xve jour de cest présent moys 50 escuz, et 50 escuz en la fin de cest moys, 100 escuz à Noël, à Karesme prenant 100 escuz, et le sourplus selon qu'ilz auront besoigné et feront led. ouvrage. Et seront tenuz avoir avecques eulx, continuelment, dix-huit hommes ouvrans; et auront ung homme d'entre eulx pour la garde de lad. fontaine, que le roy fera paier, affin que les dessusd. ne puissent alléguer aucun inconvénient fait par autres que par leurs gens. Et en oultre aura led. seigneur, s'il luy plaist, ung homme qui visitera l'ouvraige chascun jour et les ouvriers que les dessusd. tiendront en la besoigne, affin qu'il n'y puisse avoir aucun deffault.

Et les dessusd. Jehan et Guillaume Nicolas, frères, se sont obligez et obligent et se font fors de faire venir lad. eau aud. chastel, en la place de devant la cuisine, à moitié des tueaulx; et en cas qu'ilz ne le feroient, sont contens que leurs corps soient arrestez et emprisonnez jusques à ce qu'ilz ayent restitué tout l'argent qu'ilz auroient receu pour faire led. ouvraige, tant à cause de ce qu'ilz ont receu des premières fontaines que de ce qu'ilz auroient receu depuis.

Item a été appoincté avecques lesd. Jehan et Guillaume

Nicolas, frères, que led. homme qui par eulx sera mis à faire la garde, tant de jour que de nuyt, durant lad. besoigne, aura par chascun moys cent solz tournoys, affin que on ne puisse empescher le cours de lad. fontaine; et par ce moyen, ont prins les dessusd. le fés et la charge de garder lad. fontaine, durant lad. besoigne, de tout empeschement et en respondre, et sur les peines dessusdictes.

Le nouveau travail devait être fini à Pâques ou à la Saint-Georges, c'est-à-dire le 9 ou le 23 avril 1452. Dix-huit ouvriers y seraient employés chaque jour. Sans compter un expert chargé, au nom du roi, de visiter quotidiennement les opérations, un surveillant payé aussi par lui (ce dernier à raison de 100 sous par mois), avait pour mission spéciale d'empêcher qu'on n'apportât, soit de jour, soit de nuit, aucun préjudice ni aucun trouble aux entrepreneurs et à leurs gens. Pour faire arriver l'eau au château, on ne devait plus rompre le rocher, mais fixer les tuyaux sur des supports en bois; et les fontainiers n'étaient plus astreints à la fournir à plein tuyau, mais seulement à la moitié. Comme dans le marché primitif et même plus explicitement, ils se soumettaient, s'ils ne réussissaient pas, à être emprisonnés jusqu'à restitution complète de l'argent reçu par eux.

Malgré la mauvaise saison, les frères Nicolas procédèrent avec une certaine activité qui les obligea à demander de l'argent à MM. les gens des comptes. Le résultat n'était pas encore constaté le

21 janvier 1453. On lit en effet, au folio 99 du registre cité :

Aujourduy xxj^e jour de janvier 1452, sont venuz en la Chambre les fonteniers, lesquelz ont demandé argent pour continuer le fait de la fontaine : ausquelx a été respondu par mons. le président qu'il leur seroit baillé présentement 60 escuz, et pour tout le moys de febvrier 40 escuz ; et cependent le seigneur envoyera de l'argent de Prouvence et seront paiez. Et aussi leur sera fait et fourny de charroy par Jamet Thibault, par manière qu'ils n'auront cause de chomer. Et a esté ordonné en lad. Chambre a maistre Jehan Vercle leur bailler lad. somme ; aud. Jamet Thibault, lequel prendra obligacion d'eulx, de besoigner ou dit ouvraige.

A partir de cette époque, malgré les recherches les plus minutieuses, nous n'avons pu rien rencontrer qui soit relatif à nos maîtres fontainiers et à leurs travaux.

Cependant vingt mois plus tard, 6 novembre 1453, le livre de la chambre des comptes contient une délibération constatant que tant de peines et de dépenses ont abouti à un résultat complétement nul.

Sur les 3,000 tuyaux que devait fournir Guillaume de la Planche, au prix de 900 livres, les deux tiers seulement avaient été livrés par lui aux frères Nicolas, 800 étaient faits lorsque l'entreprise fut abandonnée. On établit qu'ils ne peuvent désormais servir qu'à faire du feu, ou tout au plus du colombage de maisons, et on les abandonne à Guillaume moyennant la somme du 100 livres, qui sera employée à construire, en pierres, un des piliers des Ponts-de-Cé.

Les 200 derniers tuyaux, qui sont encore sur *bout, demeurront ainsi qu'ilz sont.*

Le ve jour de novembre, l'an 1453 (1), est venu Guillaume de la Planche en ceste Chambre des Comptes, en la présence de mons^r. de Precigni, et a dict et remonstré que sur les 3000 tuaulx qu'il devoit fournir, pour le fait des fontaines que le roy devoit faire venir de Villevesque au chastel d'Angers, et dont il devoit estre payé la somme de 900 livres tournois, il devoit encore le nombre de 1000 tuaulx ou environ (2); des quels 1000 tuaulx les 800 sont tous couppés, prestz de bailler et livrer où seroit advisé, et les 200 restans dud. millier sont demourez sur bout ou boys; des quelx il a demandé que om lui déclairast ce que en seroit de faire.

Sur quoy, après ce que a esté enquis du fait dud. boys, et qu'il a esté trouvé qu'il ne peut plus servir à la chose pour laquelle led. seigneur l'avoit fait achater, et ne peut plus estre exploicté que à columbaige de maisons ou à chauffaige;

A esté appoincté que lesd. 200 tuaulx qui sont sur bout demourront ainsi quilz sont, et les doit led. Guillaume pour les livrer au bon plaisir dud. seigneur. Et

---

(1) Fol. 163, v°.
(2) Il a été constaté plus haut, que dès le 13 novembre 1451, les fontainiers avaient à leur disposition 2600 tuyaux, dont 2500 déjà placés en terre. Ainsi il en avait été fourni 600 pour le moins, avant le marché fait avec Guillaume de la Planche.

pour les 800 qui sont couppez, led. Guillaume de la Planche payera la somme de 100 livres tournois qu'il emploiera, par l'ordonnance du Conseil, en la réparacion des Ponts de Sée, à querir pierre, chaux et autres matières nécessaires à faire ung des piliers de pierre qu'on entend faire au Pont de Sée. Et en ce cas demeurent aud. de la Planche lesd. 800 tuaulx.

Fait en lad. Chambre, Présens mond. sieur de Precigui et autres, etc., etc. Ainsi signé : B. de Beauvau, G. Gauguelin, G. Rayneau.

Si les tuyaux neufs étaient à peine bons pour faire du colombage, ceux qui avaient été garnis de ferrures et enfouis en terre ne pouvaient plus être utilisés que comme bois de chauffage. Le nombre de ces derniers s'élevait à 2,600, et la somme qu'ils représentaient n'était pas moindre de 780 livres tournois, même sans tenir compte de leurs viroles de fer, qui avaient aussi perdu toute leur valeur de fabrique et n'étaient plus à apprécier que comme matière première et au poids.

Tout autre que le roi René, cédant à une impression d'autant plus naturelle que sa confiance et sa longanimité avaient été plus grandes, se serait empressé de faire disparaitre, à tout prix, ce qui lui rappelait une entreprise aussi tristement infructueuse. Dans cette circonstance comme dans plusieurs de celles qu'il eut à traverser, le bon prince montra non-seulement le calme, la résignation de son caractrère, mais encore sembla n'y voir qu'une occasion d'exercer sa munificence. Un de ses officiers les plus chéris, M. de Beauvau, sénéchal d'Anjou, que nous avons déjà vu admis par son maître dans le sanctuaire où la lecture, l'étude, offriront toujours le meilleur remède pour les peines du cœur et de l'esprit, sans se laisser décourager par l'insuccès des tentatives faites par le roi, voulait amener dans son château de Champigné, l'eau d'une fontaine voisine. Par les trois lettres qui suivent, René alors en Italie ou en Provence, ordonne à ses gens des comptes de lui faire délivrer 600 tuyaux des meilleurs, et tout garnis de leurs viroles.

I.

Anjourduy, xj^e jour de décembre 1455 (1), ont esté apportées en ceste Chambre troys lettres closes du roy de Secile, avecques le double du testament dud. seigneur roy de Secile, par Guillaume Barbe, clerc de mons^r. le Président....

Item les autres (2) faisant mencion de 400 tuaulx qu'il vieult estre baillez aux gens de mons^r le Séneschal d'Anjou, pour faire une fontaine à Champigné, les quelz tuaulx seront prins en terre tout ferrez ; et devoient servir à la fontaine que led. seigneur pensoit faire venir en son chastel d'Angiers.

II.

Aujourduy darrain jour de décembre, l'an 1455 (3), Pierre Bouteiller a apporté céans deux lettres closes du roy nostre maistre, dont la teneur s'ensuit.

(1) Folio 172.
(2) Troisième lettre.
(3) Folio 175, v°.

DE PAR LE ROY DE SECILE (1).

Noz amez et féaulx, comme par Françoys, chevaucheur de nostre escuerie, vous avons escript, nous avons donné au séneschal d'Anjou troys cents des tuaulx de boys que feismes autresfois faire pour la fontaine que nous voulions faire venir en nostre chastel d'Angiers, pour iceulx 300 tuaulx faire employer en la fontaine qu'il vieult faire venir à Champigné, mais ne savons encores si les luy avez fait délivrer. Et pour ce voulons et vous mandons, si desjà ne les luy avez fait délivrer, que incontinent vous le faictes, et que ce soient de ceulz qui sont ferrez, et des meilleurs que Thibault de Cossé, qui est pour luy par delà, vouldra choisir; et qu'il ny ayt point de faulte. Noz amez et féaulx, notre seigneur soit garde de vous. Escript à Plaisance, le xe jour de décembre *ainsi signé*: RENÉ. *et plus bas :* Tourneville.

III.

A noz amez (2) et féaulx conseilliers les Gens de nostre Chambre des Comptes, à Angiers.

DE PAR LE ROY DE SECILE.

Noz amez et féaulx, nous avons sceu que, en obéissant à autres noz lettres que naguères vous avons escriptes, vous avez fait délivrer 400 tuaulx aux gens de notre séneschal d'Anjou, pour le fait de sa fontaine de Champaigné, dont nous sommes bien contens. Mais pour ce qu'il a esté advisé par lesd. officiers que lesd. 400 tuaulx ne suffisent à ce que besoing luy est pour le fait de lad.

---

(1) Cette lettre est la seconde. La première concerne des réparations à faire au château de Saumur.
(2) Folio 188.

fontaine, il nous a supplié de luy en donner encores aucun autre nombre, ainsi que sera nostre bon plaisir. Si voulons et vous mandons que par Guillaume Robin, Maistre de noz Euvres d'Anjou, ou par Guillaume de la Planche ou autres ayans la garde et charge de nos tuaulx de boys que, comme savez, feismes autresfois faire pour le fait des fontaines qu'entendions faire venir en nostre chastel d'Angiers, vous faictes incontinent bailler et délivrer à Thibault de Cossé ou à Guillon, maistre d'ostel de nostre dit séneschal, ou autre de par luy, le nombre de 200 tuaulx, oultre les autres 400 tuaulx dont autresfois vous avons escript, comme dit est, c'est assavoir de ceulx qu'ils vouldront choisir et eslire. Et gardez qu'il n'y ait faulte. Et en rendant par celluy qui délivrera lesd. tuaulx ces présentes, avec reconnoissance sur ce desd. Thibault de Cossé ou de Guillon, maistre d'ostel de nostred. séneschal ou de l'un deulx, nous voulons que d'iceulx 200 tuaulx il soit tenu quicte et deschargié sans aucune difficulté. Noz amez et féaulx nostre seigneur soit garde de vous. Escript en nostre cité d'Aix, le IXe jour de febvrier, *ainsi signé*, RENÉ, *et plus bas* Tourneville.

Est-ce aux frères Nicolas que M. de Beauvau s'adressa pour alimenter d'eau vive son château de Champigné? Fut-il plus heureux dans son entreprise que ne l'avait été le roi son maitre? Il nous a été impossible de le constater.

Il n'est pas possible non plus d'établir quelle somme le roi René dépensa, en pure perte, pour avoir des fontaines dans son château d'Angers.

Le prix convenu pour les fontaines, de Villevêque d'abord, puis pour celle du Perray, avait été de 1,200 écus. Sur cette somme, il paraît constant que les fontainiers touchèrent, pour le moins :

Avant le 13 novembre 1451....	440 écus.
Le 15 du même mois.........	50
Le 30.................	50
Le 25 décembre..........	100
Le 21 janvier 1452.........	60
C'est-à-dire............., .	700 écus.

A l'égard des tuyaux ou conduits en bois, la commande faite à Guillaume de la Planche avait occasionné une dépense d'environ 750 livres, déduction faite des 100 livres au prix desquelles il en avait repris 800, et 50 livres, ou à peu près, à déduire pour les 200 qui étaient restés *sur bout*. On ne peut estimer les 600 fournis en dehors du marché de la Planche, et dont nous avons déjà parlé page 273, à moins de 200 livres. Enfin le transport de ces mêmes tuyaux de Villevêque au Perray est porté à 50 ou 60 livres : ce qui donne pour cet article seulement un total qui ne peut pas avoir été inférieur à 1,000 livres.

La dépense bien constatée s'élève donc d'une part à 700 écus (1), et de l'autre à 1,000 livres.

Outre ces charges, le roi René dut subvenir encore à des frais considérables, afin de faire voûter les fontaines de Villevêque, et probablement aussi celle du Perray.

---

(1) Il s'agit sans doute ici d'écus d'or du poids de Florence, dont chacun valait, en 1469, 27 sous 6 deniers tournois.

Les travaux exécutés pour les aqueducs destinés à conduire les tuyaux en bois, depuis l'extérieur du château, d'abord près de la chapelle et ensuite devant la cuisine, n'ont pu manquer d'être aussi très onéreux, tant en main-d'œuvre qu'en bois de chêne, pierres, chaux.

Les divers experts dont il est question dans nos documents, et surtout le gardien à 100 sous par mois, qui veillait de jour et de nuit à ce que personne n'endommageât ou n'arrêtât les travaux, étaient aussi à la charge du roi de Sicile.

Enfin, il ne faut pas oublier non plus qu'il devait encore rendre *contens et taisans toutes parties qui pourroient prétendre avoir aucunes actions d'intérestz ou desdommaigemens sur les dommaiges qui à eulx et chascun d'eulx peuent ou pourroient avenir, touchant le passaige et chemin qu'il fault prendre sur plusieurs terres, prez, vignes et autres héritaiges à eulx appartenans, par les quelx il faut prandre le conduit et chemin à faire venir l'eau des fontaines au d. chastel.*

Le paiement de ces indemnités ayant porté sur les deux lignes, tant du Perray que de Villevêque, on doit reconnaître qu'il a atteint un chiffre très élevé.

Ce serait, pour notre histoire financière, une étude curieuse et intéressante, de prendre l'un après l'autre les articles de dépense que nous venons d'indiquer. Tout ce que nous pouvons faire aujourd'hui c'est de la signaler. Mais comme il faut néanmoins donner une conclusion quelconque, nous nous soumettons à cette nécessité, sauf toutes les réserves résultant de notre incompétence.

Nous pensons donc que la dépense occasionnée au roi René, par son désir d'avoir des eaux vives dans son château d'Angers, ne peut être évaluée à moins de 3,000 ou même 4,000 écus.

Lorsque, le 24 avril 1469, il racheta le comté de Beaufort, au vicomte et à la vicomtesse de Turenne, il leur paya 30,000 écus pour en avoir la pleine propriété (1). En 1469, vingt ans de paix et d'une administration aussi paternelle que la sienne, avaient rétabli la prospérité en Anjou, et par conséquent diminué le pouvoir de l'argent d'une manière très notable. Le roi René aurait donc déboursé, par suite de sa confiance trop aveugle dans le talent des prétendus *maistres de faire fontaines*, le dixième ou le neuvième de ce que valait le comté de Beaufort, le plus riche fleuron de son duché d'Anjou.

Comme garantie de leur premier marché, 6 avril 1451, Jean et Guillaume les Nicolas, obligeaient *eulx et toz leurs biens meubles et immeubles, présens et à venir, quelz qu'ilz soient, à prendre, vendre, etc., etc., et leurs propres corps à tenir prisons et hostaiges en quelque royaume, duchié, conté ou autre seigneurie qu'ilz et chascun d'eulx pourront estre trouvez.*

---

(1) Archives d'Anjou, vol. 2, p. 213 et suiv.

Dans le cas où ils n'exécuteraient pas le second, 13 novembre 1451, *ilz sont contens que leurs cors soient arrestez et emprisonnez jusques à ce qu'ilz ayent restitué tout l'argent qu'ilz auroient receu pour faire led. ouvraige, tant à cause de ce qu'ilz ont receu des premières fontaines que de ce qu'ilz auroient receu depuis.*

Les conséquences de leur insuccès n'étaient pas très redoutables avec un prince naturellement bon et toujours enclin à la pitié. MM. de la chambre des comptes, dont la commisération n'était pas aussi grande et qui devaient, avant tout, mettre leur responsabilité à couvert, en l'absence de leur maître, ne pouvaient pas se montrer aussi débonnaires que lui. Dans le cas, fort probable, où les frères Nicolas ne remboursèrent pas la somme qu'ils avaient touchée, ils peuvent bien avoir été renfermés, dès le mois d'avril 1452, sous les lugubres et humides voûtes de la prison d'Angers, et fait de tristes réflexions sur les inconvénients qu'il y avait pour les *maistres de l'ouvraige des fontaines*, à ne pas remplir des promesses si positivement garanties par les termes de leurs marchés.

Dans le cas où ils auraient été arrêtés et emprisonnés, il est permis de croire que leur captivité cessa lorsque René revint en Anjou, dans le second semestre de 1452. Le prince qui, à l'occasion de l'entrée de l'évêque d'Angers, Jean de Beauvau, dans son église-cathédrale, signait, sous les ombrages de son manoir de Chanzé, l'ordre de mettre en liberté les criminels détenus dans la CHARTRE D'ANGIERS (1), ne pouvait pas y laisser languir deux pauvres étrangers, dont le crime, non moins commun aujourd'hui qu'alors, était une trop grande confiance dans leur talent.

P. Marchegay,
archiviste du département de Maine et Loire.

(1) De par le Roy,
Vous, les juges, et autres officiers de nostre justice à Angiers, Nous voulons que, pour l'entrée de l'évesque d'Angiers, naguères faicte en son église, vous délivrez touz les prisonniers qui sont détenuz, pour cas de crime, en la Chartre d'Angiers. Et gardez que en ce n'ait faulte, incontinant que vous aurez receu ces présentes. Donné en nostre manoir de Chanzé, ce dimanche au soir iije jour d'octobre. *Signé* RENÉ. *Archives de l'Empire* p. 1341, fol. 126.

MONUMENT DU ROI RENÉ.

Le premier épisode de nos fêtes vient de s'accomplir. Depuis hier, la statue du roi René est dressée sur son piédestal. Cette opération a été exécutée avec promptitude, et toute la journée, des groupes nombreux n'ont cessé de stationner au pied du monument, en rendant hommage à l'œuvre de M. David et à son heureuse position.

C'est l'événement de la ville, et nous ne sommes que vrais en assurant qu'il cause une satisfaction générale; d'abord, parce qu'il s'agit d'un juste tribut à la mémoire bienfaisante du prince qui gouverna si paternellement notre pays; ensuite, parce que l'on voit avec plaisir notre administration s'associer dignement à la générosité patriotique de M. Théodore de Quatrebarbes.

La statue est posée, avec raison, selon nous, en face du boulevard des Lices. Lorsqu'on la contemple de la chaussée, elle se détache admirablement sur une vaste étendue de ciel; vue de côté, elle semble sortir fièrement du château formidable qui fut le berceau de René d'Anjou. Quel que soit, du reste, le point choisi par le spectateur, elle est pleine de vie et de mouvement; il semble qu'on la voit marcher. Aussi s'écriait-on naïvement à côté de nous : « Ah! mon Dieu! comme elle regarde, on dirait une personne qui s'avance. » Il n'y a pas d'éloge plus vrai que cette simple appréciation.

Cette statue n'attendait pour être jugée définitivement et produire tout son effet qu'un piédestal élevé, qui, la mettant à son vrai point d'optique, lui donnât l'air, la lumière et l'espace.

C'est dans une guirlande de niches ogivales creusées sur les flancs du piédestal, que s'encadreront les douze statuettes de bronze, qui complètent le monument et lui donnent sa haute valeur historique.

« Ces statuettes, dit M. Th. de Soland dans un travail que personne n'a oublié, se composent d'abord de tous les hommes illustres qui ont gouverné ou défendu notre province, depuis les Romains jusqu'au XVe siècle, puis de tous les rois que les diverses maisons d'Anjou ont donnés à l'Europe, enfin des deux femmes et de la fille de René. — C'est là une galerie à peu près complète des grands hommes, et une histoire sommaire des princes qui ont fait notre histoire nationale, jusqu'au moment où cette histoire cesse d'être l'histoire d'une province pour devenir l'histoire de France, c'est-à-dire jusqu'à la réunion définitive de l'Anjou à la couronne, depuis Dumnacus jusqu'à René.

» Le gaulois Dumnacus est la première grande figure qui ouvre cette série de personnages historiques. Aspirant de ses narines frémissantes le souffle de la liberté et les parfums du sol natal, il foule aux pieds l'aigle romaine, signe de servitude et de conquête, et brandit la framée qui doit se briser contre la fortune de Rome.

» De Dumnacus nous passons à Roland, cet idéal des preux et des paladins, dont les grands coups d'épée, recueillis dans la chronique de l'archevêque Turpin, ou mis en vers et chantés par les troubadours, ont si souvent rempli les veillées du château.

» A l'ennemi des légions romaines, à l'adversaire des armées infidèles, succède le vainqueur des hordes normandes, le comte Robert-le-Fort. La hache à la main, le pied sur la première marche de l'église de Brissarthe, il se jette plein d'audace, de fougue et d'emportement, au-devant de la mort que lui prépare Hastings.

» Viennent ensuite :

» Foulques-Nerra ou le Noir, le grand édificateur, comme l'appellent les chroniques, auquel remonte la fondation de plus de douze villes ou bourgs, en Anjou, en Touraine, en Poitou, et la construction de presque tous les grands édifices élevés au XIe siècle dans ces contrées.

» Foulques V, comte d'Anjou, que sa valeur et sa loyauté firent déclarer le chevalier le plus accompli de son temps.

» Henri II, le constructeur de l'hôpital d'Angers et le fondateur d'une partie des levées de la Loire.

» Philippe-Auguste, qui réunit l'Anjou à la couronne, en chassant Jean-Sans-Terre.

» Charles d'Anjou, frère de saint Louis, tige de la première maison d'Anjou-Sicile.

» Louis Ier, chef de la seconde maison d'Anjou-Sicile, le compagnon d'armes de Duguesclin, sous qui l'Anjou fut érigé en duché.

» Les trois dernières statues appartiennent à la famille de René. Ce sont d'abord ses deux femmes, Isabelle de Bavière et Jeanne de Laval. La première, digne et fière, porte haut la couronne qu'elle a vaillamment défendue à Naples et en Lorraine; Jeanne de Laval, au contraire, la préférée de René, est frêle, suave, pensive; c'est l'idéal à côté de la réalité.

» Enfin, pour achever cette couronne de grandeur et de gloire qui ceint le monument de René, comme un joyau précieux qui la ferme et la rehausse, surgit radieuse et imposante Marguerite d'Anjou, malheureuse comme son père, mais luttant corps à corps avec l'adversité, et se laissant écraser par elle plutôt que de lui céder sans résistance, dans ce combat terrible et sanglant de la reine pour son royaume, de la mère pour son fils.

» Tels sont les éléments de ce monument splendide, unique peut-être en France, puisqu'à lui seul il personnifie, pour ainsi dire, l'histoire de toute une province. »

Nous avons entendu nombre d'appréciateurs reconnaître que le Roi René produit maintenant un effet bien autre que dans le jardin fruitier, et que les critiques qu'il semblait mériter, à part ses belles et incontestables qualités, n'ont plus guère de motif. Pourquoi ce changement d'opinion chez ces juges sévères! c'est qu'ils se faisaient illusion sur leur point de vue. Il est tout simple que l'œuvre créée par son auteur pour être considérée à quinze pieds en l'air, ne peut que perdre à être étudiée presque horizontalement.

Quand le piédestal du Roi René sera recouvert de pierres de granit, couleur pourpre ; quand ses douze charmantes statuettes en entourant la base dans leur niche de dentelle, et qu'une grille, d'un style plein d'élégance, préservera le groupe merveilleux des célébrités de notre histoire ; quand, enfin, le plan de M. Ernest Dainville sera achevé, notre ville pourra se glorifier à juste titre de posséder une œuvre, qui élève l'âme en satisfaisant le cœur, et, ce qui est trop rare parmi nous, un monument complet par la réalisation, comme il est excellent par la pensée.

Angers, le 1er juin 1853.

www.ingramcontent.com/pod-product-compliance
Lightning Source LLC
Chambersburg PA
CBHW070538160426
43199CB00014B/2294